本书系中共江苏省委党校（江苏行政学院）
马克思主义理论教学和研究创新工程资助项目

互联网技术条件下产业资本运动的新变化研究

Research on the New Changes of Industrial Capital Movement under the Condition of Internet Technology

李策划 ◎ 著

中国社会科学出版社

图书在版编目（CIP）数据

互联网技术条件下产业资本运动的新变化研究 / 李策划著. -- 北京：中国社会科学出版社，2024. 9.
ISBN 978-7-5227-3865-9

Ⅰ. F121.3

中国国家版本馆 CIP 数据核字第 2024QM0773 号

出 版 人	赵剑英	
责任编辑	田　文	
责任校对	刘　坤	
责任印制	张雪娇	

出　　版	中国社会科学出版社	
社　　址	北京鼓楼西大街甲 158 号	
邮　　编	100720	
网　　址	http://www.csspw.cn	
发 行 部	010-84083685	
门 市 部	010-84029450	
经　　销	新华书店及其他书店	

印　　刷	北京君升印刷有限公司	
装　　订	廊坊市广阳区广增装订厂	
版　　次	2024 年 9 月第 1 版	
印　　次	2024 年 9 月第 1 次印刷	

开　　本	710×1000　1/16	
印　　张	17	
插　　页	2	
字　　数	262 千字	
定　　价	98.00 元	

凡购买中国社会科学出版社图书，如有质量问题请与本社营销中心联系调换
电话：010-84083683
版权所有　侵权必究

目　　录

绪　论 ··· (1)
　第一节　问题的提出 ·· (1)
　第二节　研究方法和研究思路框架 ·· (5)
　　一　研究方法 ·· (5)
　　二　研究思路框架 ··· (6)
　第三节　国内外文献综述 ··· (9)
　　一　关于货币资本的相关文献 ·· (9)
　　二　关于生产资本的相关文献 ·· (18)
　　三　关于商业资本的相关文献 ·· (28)

第一章　互联网技术对生产方式的影响 ······································· (36)
　第一节　互联网技术构成与发展阶段 ······································· (36)
　　一　互联网技术构成和特点 ·· (36)
　　二　互联网技术发展阶段 ··· (41)
　第二节　互联网技术条件下生产方式的新变化 ·························· (48)
　　一　互联网生产方式的形成 ·· (49)
　　二　互联网生产方式的特征 ·· (52)
　　三　互联网生产方式下生产过程的特点 ·································· (57)
　本章小结 ··· (64)

第二章　马克思产业资本运动的基本思想 ···································· (66)
　第一节　马克思产业资本运动的基本思想 ································· (66)
　　一　产业资本三种职能形态运动的基本思想 ··························· (66)

二　产业资本运动的时间和空间思想 …………………………（76）
　第二节　对马克思产业资本运动思想的拓展 ……………………（80）
　　一　产业资本运动中引入技术进步因素 …………………………（80）
　　二　产业资本运动中引入劳动关系因素 …………………………（85）
　本章小结 ………………………………………………………………（87）

第三章　互联网技术条件下货币资本运动的新变化 …………（89）
　第一节　互联网技术与货币资本的耦合催生互联网金融 ………（89）
　　一　互联网金融的内在机制 ……………………………………（90）
　　二　互联网金融成为货币资本运动的新节点 …………………（92）
　第二节　互联网金融作为新节点的货币资本运动新变化 ………（94）
　　一　互联网金融下货币资本运动公式的新变化 ………………（95）
　　二　虚拟资本膨胀化 ……………………………………………（98）
　　三　货币拜物教更神秘化 ………………………………………（102）
　本章小结 ………………………………………………………………（107）

第四章　互联网技术条件下生产资本运动的新变化 …………（108）
　第一节　互联网技术与生产资本的融合形成信息化生产 ………（108）
　　一　信息化生产的内在机制 ……………………………………（109）
　　二　信息化生产成为生产资本运动的新节点 …………………（111）
　第二节　信息化生产作为新节点的生产资本运动新变化 ………（122）
　　一　信息化生产下生产资本运动公式的新变化 ………………（122）
　　二　核心生产企业的金融化趋势 ………………………………（128）
　　三　网络化企业的劳动关系 ……………………………………（132）
　本章小结 ………………………………………………………………（134）

第五章　互联网技术条件下商品资本运动的新变化 …………（136）
　第一节　互联网技术与商品资本的结合产生电子商务 …………（136）
　　一　电子商务的内在机制 ………………………………………（137）
　　二　电子商务成为商品资本运动的新节点 ……………………（139）
　第二节　电子商务作为新节点的商品资本运动新变化 …………（144）

一　电子商务下商品资本运动公式的新变化……………………(144)
　　二　物流业成为商品资本运动必不可少的环节………………(148)
　　三　商品资本的独立性增强……………………………………(153)
本章小结……………………………………………………………(157)

第六章　互联网技术条件下产业资本总运动的新变化……………(159)
第一节　产业资本总运动的新变化………………………………(160)
　　一　产业资本总运动公式的新变化……………………………(160)
　　二　产业资本总运动的连续性增强……………………………(162)
第二节　产业资本的形态关系新变化……………………………(168)
　　一　货币资本、生产资本和商品资本之间关系的新变化……(168)
　　二　金融主导的资本积累体制地位上升………………………(175)
第三节　金融主导下资本积累体制导致劳动关系新变化………(186)
　　一　劳动力商品化程度提高……………………………………(187)
　　二　金融化资本对劳动的掠食性………………………………(191)
本章小结……………………………………………………………(195)

第七章　互联网技术条件下我国产业资本运动分析………………(196)
第一节　互联网技术条件下我国产业资本职能形态的
　　　　新变化……………………………………………………(196)
　　一　社会主义市场经济中的资本及其运动规律………………(196)
　　二　互联网技术条件下我国产业资本不同职能形态的
　　　　变化………………………………………………………(201)
第二节　互联网技术条件下我国产业资本总运动的新变化……(211)
　　一　产能过剩是资本运动连续性增强的结果…………………(212)
　　二　"脱实向虚"是金融化资本运动的结果…………………(215)
　　三　以国际金融垄断资本主导的外循环动能减弱……………(220)
第三节　产业资本总运动连续性畅通经济循环…………………(224)
　　一　金融服务实体经济…………………………………………(225)
　　二　构建中国创造和中国制造体系……………………………(227)
　　三　建设现代化流通体系………………………………………(230)

— 3 —

本章小结 …………………………………………………（233）

结语　数字经济时代的资本 ………………………………（234）
　　一　数字生产方式下的经济关系重塑 ……………………（234）
　　二　数字资本特性 …………………………………………（240）
　　三　数字资本行为规律 ……………………………………（245）
　　四　数字资本的评价 ………………………………………（251）

参考文献 …………………………………………………（256）

绪 论

第一节　问题的提出

当今世界正经历百年未有之大变局，新一轮科技革命和产业变革迅猛发展，正在重塑经济社会结构，改变世界经济面貌，加速国际格局演变。事实上，这一大变局起源于20世纪70年代的互联网技术革命。70年代互联网技术革命引发了一系列的社会经济变革，技术经济范式也发生转变。① 互联网技术是机器体系实现生产自动化和信息传递的必然产物，并随着技术进步和基础设施的改善，互联网技术被广泛应用到经济社会各个方面。互联网技术对技术经济范式的影响正如蒸汽机革命和电力革命一样，掀起了一系列技术变革和社会变革，改变着世界的方方面面。

信息化、网络化、全球化、虚拟化和金融化成为近半个世纪以来世界经济的主要特征，它们都与互联网技术的发展密切相关。互联网技术本身作为一种信息技术，把信息作为原料塑造了信息时代。在互联网技术条件下，信息和数据正成为一切事物新的存在形式。互联网技术催动了网络社会的兴起，企业生产组织方式和社会交往方式变成互动式的水

---

① 鄢显俊：《从技术经济范式到信息技术范式——论科技—产业革命在技术经济范式形成及转型中的作用》，《数量经济技术经济研究》2004年第12期。

平结构，通过网络实现分散与集中并存。网络社会把时间和空间编织成经纬，跨国资本沿着网络经纬走向全球各地，以跨国公司母公司为核心，把全球生产活动和流通活动，以及它们的组成元素资本、劳动、原料等通过网络在全球范围内组织起来。

互联网技术不同于以往的技术革命的关键一点在于，互联网技术塑造了虚拟空间，实现了社会经济活动的虚拟化，但并没有脱离现实空间。通过互联网平台把现实空间中的经济主体和经济活动复制到虚拟空间中，按照经济运行机制和逻辑在虚拟空间中从事各项经济活动。比如，电子商务是互联网技术搭建的比较典型的虚拟交易场所，也是较早使用互联网技术进行经济活动形成的商务形式，尤其是互联网技术发展到平台经济阶段，产生了一大批电子商务平台企业，如亚马逊、EBay、淘宝网、京东商城等。电子商务平台企业在互联网技术基础设施和物流基础设施逐渐完善的基础上，加快商品销售速度，为买方和卖方提供便利的条件。为了完成电子商务平台中的买卖交易，出现了电子支付系统，在平台经济阶段演化为互联网金融平台。互联网金融平台增加货币的流动性和收益性，成为金融领域发展的新亮点。随着"互联网+"范围的不断扩大，在互联网平台与传统产业融合过程中，不同部门的各种经济环节都被复制到互联网虚拟空间中，虚拟化的商品、虚拟化的货币、虚拟化的经济主体等如雨后春笋一般出现。

随着互联网技术的不断进步，出现了大数据技术、云计算、物联网技术、人工智能技术等新一代信息技术，推动了生产过程的信息化、数据化和智能化发展。尤其是新一代信息技术演变为数字技术后，数字经济的蓬勃发展带来的产业数字化和数字产业化进一步改变了社会经济生产方式。互联网技术在生产领域生根发芽改变了传统机器大工业方式。互联网技术作为生产的"大脑"，是大机器的控制机，改变生产资料和劳动力结合方式，从而形成互联网生产方式。互联网生产方式不仅改变了传统生产部门生产过程和劳动过程，还形成了新的就业形态，如出现知识工人、自雇佣劳动等。

互联网技术对整个社会生产方式的塑造离不开资本。虽然互联网技术不是由资本创造的，但互联网技术创造了新的资本关系，尤其是互联网技术得到广泛应用以后，互联网技术本身就代表着资本执行相应职

绪　论

能。在资本积累逻辑下，互联网技术成为资本追求剩余价值的工具。同时，互联网技术与资本结合改变资本形态，使产业资本运动出现新变化。

互联网技术起源于美国，与资本结合后，一方面充分释放互联网技术的生产力，推动美国经济进入"全盛时期"；另一方面改变美国产业结构，使美国经济金融化趋势愈加明显。互联网技术带来了技术革命和价值革命，从而使产业资本运动出现波动，影响了产业资本运动的连续性。为了维持产业资本运动的连续性，就需要对产业资本内部各资本形态的规模和结构进行调整，为金融化提供技术基础。同时，互联网技术塑造的虚拟空间最大限度地满足价值自由流动，克服了货币流动的时空界限，释放了金融化资本的"潘多拉"。金融化资本发展引起美国和全球虚拟资本膨胀和泡沫，最终导致2008年全球性的金融经济危机。金融化资本的大发展，金融部门的主导，意味着美国工业部门萎缩，在互联网技术推动的全球网络化分工中，美国工业生产环节纷纷被外包给其他国家和地区，从而导致美国经济去工业化和产业空心化。经济金融化、去工业化和产业空心化发展模式注定是不可持续的，在释放了互联网技术进步收益而出现短暂的繁荣后，美国开始陷入债务困境，最终导致2008年的金融经济危机。诚然，美国金融危机是资本主义基本矛盾的必然结果，但经济金融化是其直接诱因。相比较而言，其他发达资本主义国家如英国、德国、日本等国家也在不同程度上出现金融化趋势，但达不到美国如此之高的金融化程度，因此，危机率先在美国而不是在其他国家发生。当然，金融化是产业资本应对互联网技术带来的技术革命和价值革命以维持其运动连续性结果，但更重要的是美国金融化资本构建了全球积累体系，推动整个世界经济呈现金融化。

改革开放以来，我国抓住互联网技术革命契机，通过调整生产关系，充分释放互联网技术的生产力，大幅提升我国经济实力，使我国GDP仅次于美国，成为世界第二大经济体。特别是，随着大数据、云计算、物联网等新一代信息技术发展，"互联网+"的广度和深度不断增加，我国社会生产方式不断变革，为我国抓住百年未有之大变局机遇，主动作为，提供物质基础。这一过程离不开资本的作用。社会主义市场经济条件下也存在资本，资本是逐利的，必然也是运动的，互联网技术会对社会主义市场经济条件下的产业资本运动连续性产生影响，为了维持其连续性，产业资本内部各资本形态规模和结构也会发生变化，这是产业资本运动的一般规律。在产业资本运动的一般规律作用下，我国经济社会发展出现新的变化，比如近年来，我国经济出现"脱实向虚"趋势，去工业化出现苗头，比如虽然我国制造业占全球制造业比重不断上升，但在国内制造业所占 GDP 比重不断下降；金融部门在国民经济循环中占据重要地位；经济循环不畅通，出现堵点、痛点等。为了解释这些新变化，缓解经济社会发展出现的问题，畅通经济循环，需要分析在互联网技术条件下产业资本运动一般规律。只有认识互联网技术条件下产业资本运动的新变化，才能正确认识资本特性和行为规律，才能认识到哪些现象是技术规律的结果，哪些现象是资本运动规律的结果，哪些现象是资本与技术合谋野蛮生长的结果。只有在认识规律基础上，才能发挥资本作为带动各类生产要素的纽带作用，消除资本消极作用，促进社会生产力的发展，推动经济高质量发展。

资本循环理论是马克思主义政治经济学中的基本理论，主要是对产业资本运动的时空考察，从运动的视角分析资本进行价值和剩余价值的积累。马克思在分析产业资本运动时的生产力基础是机器大工业，生产资本占主导地位，货币资本和商品资本都是为生产资本服务。在现代市场经济中，资本循环理论的基本原理同样适用，产业资本依次执行购买、生产和销售职能，形成货币资本、生产资本和商品资本职能形态。但当前生产力的基础是互联网技术，不同于马克思时代的机器大工业，互联网技术具有开放性、网络化、虚拟化等技术特征，对产业资本运动的不同职能形态产生影响，也让不同职能形态下的劳动关系产生变革，需要对互联网技术条件下产业资本运动新变化进行剖析。

互联网技术条件下，产业资本执行职能时出现了诸如互联网金融、信息化生产和电子商务等新形式，它们是资本在互联网技术条件下的表现形式，对资本运动产生深刻影响。通过分析互联网金融、信息化生产和电子商务为新节点的货币资本、生产资本和商品资本的运动，我们可以认识经济金融化、生产网络化和物流业大力发展等现象，通过分析产业资本内部规模和结果失调、权力关系失衡，我们可以认识金融主导的资本积累体制如何影响当今国际格局和世界秩序。从马克思主义政治经济学视角，基于马克思产业资本运动理论，分析互联网技术条件下产业资本运动新变化，有助于我们认识社会主义市场经济条件下如何利用互联网技术保障产业资本运动的连续性，如何正确处理产业资本内部结构和关系，如何防止经济脱实向虚，如何畅通经济循环，如何构建新发展格局等重大问题。

第二节　研究方法和研究思路框架

一　研究方法

总体的方法论基础是马克思主义的唯物史观和唯物辩证法。具体方法如下。

（一）科学抽象法

从当前世界经济的特征出发，在分析互联网技术在金融、生产和商业等领域应用产生的影响的基础上，抽象出互联网技术条件下的产业资本运动特征。产业资本在不同阶段执行职能时与互联网技术融合形成互联网金融、信息化生产和电子商务，但这些新形式本质上仍然执行资本职能，通过资本运动实现价值和剩余价值。

（二）逻辑与历史相统一方法

在分析互联网技术条件下产业资本运动的新变化时采用了逻辑与历史相统一的方法。从互联网技术的产生到互联网技术被广泛应用是一个不断发展的过程，在这过程中互联网技术与社会经济逐渐融合，使世界经济趋于信息化、全球化、网络化、虚拟化、金融化和智能化。在互联网技术条件下，产业资本运动基本原理没有发生变化，变化的只是产业资本运动的形式，正是这种形式的变化使经济呈现不同的特征。

（三）定性与定量相结合分析方法

在分析互联网技术特征的基础上，分析互联网技术条件下货币资本运动、生产资本运动和商品资本运动以及产业资本整体运动产生的新变化。在分析这些新变化时，利用相关数据描述其发展状况和验证逻辑分析。

二　研究思路框架

从马克思主义政治经济学出发，运用马克思产业资本循环运动思想，研究互联网技术条件下产业资本运动的新变化，以及这种新变化带来的经济社会变革。本书主要研究思路如下。

首先，本书分析了互联网技术与马克思时代机器大工业技术的区别。技术条件是资本循环的物质基础，马克思在《资本论》第二卷中分析产业资本循环是以机器大工业技术为基础的。现今，互联网技术成为社会关键性技术，改变了生产过程中劳动力与生产资料的结合方式，重塑了商品流通模式，改变了社会经济面貌。因此，要研究当代社会中产业资本的运动，我们需要详细分析互联网技术构成和特点、互联网技术发展阶段、互联网技术对生产过程和劳动过程产生的影响等问题。

其次，在继承马克思产业资本循环理论基本思想的基础上，我们建立了新的资本运动的分析框架，分析互联网技术应用影响产业资本运动形成的新变化。互联网技术条件下，产业资本执行职能是采取互联网金融、信息化生产和电子商务形式，并且以互联网金融、信息化生产和电子商务作为新节点的货币资本、生产资本和商品资本运动发生新的变化，这些新变化能够解释当前经济社会现象和问题。同时，互联网技术也会对产业资本总运动产生影响，形成金融化资本，引发货币资本、生产资本和商品资本形态之间比例关系的调整，对资本关系产生重要影响。

最后，根据互联网技术对产业资本运动规律的影响，分析社会主义市场经济条件下的产业资本在互联网技术条件下发生的变化，对经济社会发展产生的影响，并考察如何通过产业资本循环，畅通经济循环，构建新发展格局。

本书一共分为八章，具体框架如下。

绪论，整体介绍选题背景和意义、研究方法和研究思路，并对国内外关于互联网技术条件下产业资本运动的文献进行梳理，为本书问题研究提供参考基础。

第一章是互联网技术对生产方式的影响。本章主要是从技术进步角度分析劳动一般，即历史地、逻辑地考察互联网技术对生产过程和劳动过程产生的影响。首先是分析互联网技术构成与特点，总结互联网技术的发展阶段，历史地考察互联网技术与大机器的技术联系。其次是考察互联网技术条件下生产方式的变革。互联网技术不同于马克思时代机器大工业技术，改变了劳动力和生产资料结合，以及劳动力和生产资料的结合方式，从而形成互联网生产方式。深入探讨互联网生产方式具有的虚拟性、智能化和共享性特征，研究互联网生产方式下的生产过程具有的深化社会协作，促使产业资本外化并形成互联网拜物教，改变生产工艺和劳动过程的特点。

第二章是马克思产业资本运动基本思想及本书框架。本书对马克思产业资本运动基本思想进行梳理，建立了货币资本、生产资本和商品资本运动模型，并对产业资本运动的时间和空间连续性、周转性进行分析。在此基础上，还对马克思产业资本运动基本思想进行拓展，引入技术进步和劳资关系因素，考察产业资本运动中技术变革的影响和劳资关系变化，形成了本书分析的理论基础。

第三章是互联网技术条件下货币资本运动新变化。互联网技术减少了货币资本运动过程中的流通时间和流通费用，增加货币资本运动带来的利润，从而使互联网技术与货币资本耦合形成互联网金融。互联网金融代表货币资本执行购买职能，同时还强化了阶级"共有资本"，有利于把潜在货币资本转化为真正的执行职能的资本。互联网金融作为货币资本运动的新节点，不仅改变了货币资本运动公式，还使虚拟资本运动发生变化，导致虚拟资本膨胀化。互联网金融强化了货币拜物教观念，使金融功能异化和经济金融化。

第四章是互联网技术条件下生产资本运动的新变化。互联网技术不仅减少了流通环节的结构性差异，降低了流通时间和费用，还增强资本的权力，强化了管理层对生产的控制，从而使互联网技术与生产资本结合形成信息化生产。信息化生产代表生产资本执行生产职能，不仅通过进一步分离劳动过程和生产过程，改变劳动力和生产资料的关系，还通过把企业内分工转化为社会分工，形成模块化和网络化企业，改变生产组织方式。在信息化生产下，生产资本内部分工形成研发设计资本和生产制造资本，两者的劳动力和生产资料的关系不同，劳动力和生产资料的结合方式也不同，从而形成各自的循环运动。但从整个生产资本看，又必须把两者结合起来才能创造价值和剩余价值。因此，在生产资本内部分工与循环运动中形成了国际分工体系，建立了固定的生产价值链，其中代表研发设计资本的核心企业获得较高的利润率，其再生产过程中具有金融化倾向，代表生产制造资本的外围企业获得较低的利润率。在网络化企业中，核心企业具有相对和谐的劳资关系，外围企业的劳资关系则更为紧张。

  第五章是互联网技术条件下商品资本运动新变化。互联网技术在商品销售环节的应用降低了纯粹流通费用，并且与交通运输业结合减少了储备和运输时间及费用，从而使互联网技术与商品资本结合形成电子商务。电子商务代表商品资本执行销售职能，此时商品的价值运动和使用价值运动在逻辑上分离，电子商务虚拟平台完成的是价值运动，物流业完成的是使用价值的运动，只有两者相结合才能真正实现资本形态的转化。因此，在以电子商务为新节点的商品资本运动公式中，物流业成为其必不可少的一环，成为产业资本投资的特殊领域。电子商务把执行销售职能的劳动分为电子商务平台上的劳动和从事物流的劳动，两者相互补充完成销售职能。平台上的劳动以客服为主要形式，完成售卖职能；物流劳动以快递工人为主要形式，完成运输职能，两者类型上的不同形成不同的劳资关系。在商品资本运动中，电子商务与互联网金融结合，加强了商品资本金融化，提升商品资本的地位。

  第六章是互联网技术条件下产业资本总运动新变化。互联网技术具有较强的计划性和信用创造功能，为货币资本、生产资本和商品资本形态在时间继起和空间并存上提供保障，增强了产业资本总运动的连续性。在互联网技术条件下，保障产业资本总运动的连续性需要对货币资本、生产资本和商品资本三者之间的比例关系进行调整，出现了货币资本和商品资本比例增大，而生产资本比例减小。在互联网技术条件下，在货币拜物教观念下，货币资本运动被视为产业资本唯一的循环形式，形成金融化资本。金融化资本提升了金融部门的地位，使金融主导的资本积累体制地位上升。这时资本积累方式由生产和贸易渠道转变为金融渠道，在全球化过程中形成国际金融垄断资本主义。金融主导下的资本积累体制提高了劳动力商品化程度，金融化资本对劳动形成掠食性剥削。

第七章是互联网技术条件下我国产业资本运动分析。在我国社会主义市场经济中，存有各类资本，产业资本循环运动理论也一定程度上可以应用于我国。互联网技术在我国的应用，也使得货币资本、生产资本和商品资本三种职能形态在执行购买、生产和销售职能时，逐渐形成互联网金融、信息化生产和电子商务。在互联网技术条件下，我国产业资本总运动连续性增强，但也增强了金融资本家的权力，出现了金融化资本，经济出现"脱实向虚"趋势，我国潜在的系统性金融风险增大，同时，国际垄断资本主导的外循环动能减弱。因此，在建设现代化经济体系、畅通经济循环、构建新发展格局中，仍需以产业资本为主导，以实体经济为基础。具体而言，要监管金融部门，防止金融功能异化，使金融服务实体经济；要打造高端产业链，推动中国制造和中国创造发展，增强国内循环动能；要建设现代化物流体系，以物流业为重点进行信息化、数字化和智能化改造，加快带动要素流动，提高流通效率。

第三节 国内外文献综述

互联网技术作为生产力对社会经济的影响是方方面面的，国内外学者的研究形成了丰硕的成果。这些成果为本书研究提供了重要借鉴。现将国内外文献总结如下。

一 关于货币资本的相关文献

（一）关于金融化的研究

关于金融化含义，有三个层面的研究：第一个层面是从微观企业的资产配置角度，认为企业通常配置金融资产和非金融资产，金融化是指企业增加其金融资产的配置[1]；第二个层面是从中观利益分配角度，认

---

[1] Demir F., "Financial Liberalization, Private Investment and Portfolio Choice: Financialization of Real Sectors in Emerging Markets", *Journal of Development Economics*, No. 2, 2009, pp. 314–324.

为金融化是指利润更多来自金融而非贸易和商品生产①；第三个层面是从宏观经济增长角度，认为金融部门在国民经济中具有主导和支配性作用。②

事实上，金融化的本质是一种资本积累方式，是资本追求利润的积累体系。陈波认为金融化是资本积累的一次修复，是为了解决资本循环过程中出现的资本积累悖论而采取的应对之策。③ 袁辉、陈享光从微观个人、中观企业以及宏观政府和国际社会三个层面分析金融领域开始逐渐控制经济发展方向和节奏，最终形成金融主导的积累体制。他们还认为金融为主导的积累体制具有内在的不稳定性，往往会导致金融繁荣与生产停滞的两极分化，最终产生经济危机。④ 陈享光、朱仁泽从马克思价值形式理论阐述金融资本与金融化资本区别与传导机制，认为金融化生成了金融领域的资本自我循环、自我膨胀的机制，弱化了金融资本与产业资本之间的联系，与金融化相对应的往往伴随着实体经济的脱实向虚。⑤

学者们研究了金融化的机制。鲁春义认为金融化是资本积累除了空间扩张、模式转换之外的第三种修复方式，即时间扩张机制。金融化积累是第三次科技革命与金融资本结合后，把资本主义生产关系延伸到时间领域，把剩余价值与预期剩余价值纳入时间控制机制中，修复资本积累悖论。⑥ 赵峰、陈诚认为金融化对资本主义发展规律与趋势产生重要影响，并分析金融化时代的金融利润来源问题，将其归因于金融资本联合职能资本对全球无产阶级开展相互联系、相互重叠的"超时间""超

---

① [美] 格·R. 克里普纳：《美国经济的金融化》上，丁为民、常盛、李春红译，《国外理论动态》2008 年第 6 期。

② [美] 戈拉德·A. 爱泼斯坦：《金融化与世界经济》，温爱莲译，《国外理论动态》2007 年第 7 期。

③ 陈波：《资本循环、"积累悖论"与经济金融化》，《社会科学》2018 年第 3 期。

④ 袁辉、陈享光：《金融主导积累体制视角下的现代危机》，《当代经济研究》2012 年第 7 期。

⑤ 陈享光、朱仁泽：《基于马克思价值形式理论的金融化分析》，《经济纵横》2022 年第 3 期。

⑥ 鲁春义：《经济金融化的理论机制及其实践——基于资本积累理论的视角》，《山东社会科学》2021 年第 8 期。

空间""超界限"的三个维度的剥削。① 马锦生分析美国金融化实现机制，主要从家庭收入资本化、非金融企业过度资本化、金融功能异化和资本积累全球化四个指标详细剖析利润来源变化。资本的逐利性引导资本走向金融化，以获得较高利润率，但这客观上催生了债务经济，而金融化正是维持债务经济的运行机制。但在实体经济衰退情况下，债务经济只能是一个庞氏骗局，不断借新钱还旧账。当以信用为基础的债务经济膨胀到金融市场不能承担时，金融危机就到来了。②

只是在互联网技术条件下，金融化插上了腾飞的翅膀，彻底挣脱了产业资本的束缚，并反过来实现对产业资本的支配和控制。刘元琪认为互联网技术为金融全球化奠定了技术基础。他认为互联网交易平台与全球金融网络使全球电子金融交易可以在全球范围内 24 小时进行金融交易和资本流动，形成资本主义经济金融化的最高阶段——金融全球化。这时，金融资本与大工业垄断资本不再紧密结合，金融垄断资本拥有最终的控制力和统治力。资本金融全球化的本质是把全球经济要素纳入金融市场，通过互联网技术在全球范围内形成依附网络。金融灵活性和强大控制力为金融垄断资本在全球所有国家攫取利润。③ 贺立龙等认为科技革命与资本主义经济金融化具有耦合关系，科技革命是经济金融化的技术动因，新自由主义、全球化是构成资本主义经济金融化发展与演进的重要催化因素。不同技术形态下资本主义金融化具有不同特点，20 世纪 70 年代互联网技术的发展使资本主义金融化呈现经济虚拟化、数字化特征。④

资本主义金融化积累体制建立标志着资本主义发展到一个新阶段。张宇、蔡万焕总结了 20 世纪 70 年代以后资本主义进入国际金融垄断资

---

① 赵峰、陈诚：《金融化时代的金融利润来源：一个马克思主义的"三维剥削"视角》，《财经科学》2022 年第 1 期。
② 马锦生：《美国资本积累金融化实现机制及发展趋势》，《政治经济学评论》2014 年第 4 期。
③ 刘元琪：《金融资本的新发展与当代资本主义经济的金融化》，《当代世界与社会主义》2014 年第 1 期。
④ 贺立龙、刘雪晴、董自立：《科技革命对资本主义经济金融化的影响》，《东方论坛》2022 年第 4 期。

本主义新阶段，且具有以下新特征：经济结构信息化、经济全球化、经济虚拟化或金融化、新自由主义化。其中，信息化是出现各种特征的物质基础，金融化是金融垄断资本主义产生的推动力，全球化使金融垄断资本走向全球，新自由主义则为国际金融垄断资本主义提供理论支撑。金融垄断资本控制着资本积累，使资本主义出现生产过剩和积累过剩，信用膨胀，虚拟经济与实体经济严重脱钩，收入分配两极分化严重，最终爆发金融危机。① 何秉孟认为国际金融垄断资本主义延缓了实体经济危机的爆发，但由于国际垄断资本主义的寄生性，金融危机是其基本矛盾激化的必然结果。② 程恩富、谢长安认为当代资本主义已进入金融帝国主义阶段，具有一些特征，表现为：金融部门成为调节和控制市场经济的核心；发达国家操控国际金融，构建世界"二元经济结构"；金融危机成为当代经济危机的主要形态；金融资本依靠高新核心技术掠夺财富；少数金融寡头控制本国乃至世界经济命脉。③ 栾文莲认为金融化的发展尤其是虚拟金融垄断资本占主导的金融全球化，加剧了资本主义基本矛盾，还致使资本与劳动的对立更加激烈，资本主义经济危机爆发频繁。④ 王伟光指出国际金融垄断资本主义是当代资本主义发展的新的垄断形态，这种新的垄断形态没有超越列宁提出的帝国主义发展阶段，即国际金融垄断资本主义是新型帝国主义。新型帝国主义具有若干特征：科技创新成为资本积累的主要手段，支配和控制一切产业；少数金融垄断寡头掌握全球资源支配权；经济空心化、虚拟化；以美国为国际金融垄断资本总代理，操纵世界经济治理权和世界政治统治权；等等。⑤

---

① 张宇、蔡万焕：《金融垄断资本及其新阶段的特点》，《中国人民大学学报》2009年第4期。

② 何秉孟：《美国金融危机与国际金融垄断资本主义》，《中国社会科学》2010年第2期。

③ 程恩富、谢长安：《当代垄断资本主义经济金融化的本质、特征、影响及中国对策——纪念列宁〈帝国主义是资本主义的最高阶段〉100周年》，《社会科学辑刊》2016年第6期。

④ 栾文莲：《金融化加剧了资本主义社会的矛盾与危机》，《世界经济与政治》2016年第7期。

⑤ 王伟光：《国际金融垄断资本主义是垄断资本主义的最新发展》，《是新型帝国主义》，《社会科学战线》2022年第8期。

(二) 关于货币资本循环与金融化的研究

2008年金融危机以后,学术界对金融危机发生的原因进行探讨,其中有的学者从货币资本循环视角来解释金融危机。张彤玉、李强认为金融危机有两种类型:一是生产和商业危机先导的金融危机,这是由生产与消费的矛盾、资本积累与价值增殖的矛盾引起的,并在商业货币膨胀和信用收缩情况下爆发;二是金融系统内部产生的独立于生产和商业过程的危机,这是由虚拟资本膨胀以及信用膨胀导致的赌博投机过剩,并由货币紧缩导致的金融危机。在新自由主义政策以及美元主导的货币体系下,虚拟资本过剩和过度投机的美国爆发金融危机并波及全球。① 刘泽云根据资本循环理论对2008年金融危机进行分析,他认为借贷给消费者的次级贷款是生息资本,但由次级贷款不能为资本提供平均利润甚至提供零利润,导致资本不能正常回流,要求新的货币注入从而开始新一轮的借贷。当借贷规模越来越大,金融衍生品链条越来越长,虚拟泡沫膨胀到实体经济不能支撑的地步,最终导致了全球范围的金融危机。② 陈享光、袁辉分析了现代金融资本循环。他们认为现代金融资本通常是以生息资本和虚拟资本两种方式参与实体经济的资本循环,但生息资本和虚拟资本因其独立性产生了自身独特的循环。因此,循环的复杂性致使现实经济中的平衡很难实现,而最终金融资本回流要求实现的积累是对再生产的限制。一方面是金融资本不断膨胀的索取权,另一方面是萎缩的生产职能,从而导致金融资本不能回流,产生金融危机,进而传导至实体经济,发生危机。③ 杨继国从货币资本回流规律研究虚拟经济危机。实体经济中不能回流的过剩资本进入虚拟领域,并通过虚拟资本相对独立的循环获得较高的利润。但虚拟资本不可能一直存在于虚拟经济领域,货币资本回流规律要求把虚拟资本强制性地拉回现实中的货币资本起点。而这一虚拟资本转化为现实货币资本过程就产生了虚拟经济危机,最终导致

---

① 张彤玉、李强:《当前国际金融危机的成因、性质和趋势》,《中国人民大学学报》2009年第4期。

② 刘泽云:《资本循环理论与金融危机》,《河北金融》2010年第11期。

③ 陈享光、袁辉:《论现代金融资本的循环与积累》,《学习论坛》2011年第9期。

全面的经济危机。① 袁辉认为货币资本存在生产过程中的货币资本、借贷货币资本和"虚拟的货币资本"三种形式,在循环运动中三种形式的积累过程相互支持、相互融合,但借贷货币资金和"虚拟的货币资本"运动具有脱离生产过程的趋势,且能够不断自我膨胀,而一旦这两者规模膨胀超出生产过程的承受能力就会引发经济危机。② 康翟从马克思生息资本理论出发,从理论逻辑和现实路径探讨虚拟资本积累视角下的资本主义金融化。他认为货币资本积累是虚拟资本积累的基本前提,由于信用制度的发展,货币资本往往会出现过剩积累,过剩的资本就会转化为货币,而货币又会以生息资本的形式借贷出去,从而推动虚拟资本积累,特别是金融产品创新发展使虚拟资本积累不断突破束缚,但这也导致经济金融危机的风险。③ 黄泽清、陈享光认为在金融垄断资本建立的全球积累体系中,发展中国家出现从属性金融化,即发达国家利用货币资本、借贷资本和虚拟资本运动的空间化,把全球生产网络纳入金融化资本积累体系中,推动金融化资本在全球范围积累和循环,从而导致发展中国家被动金融化。这种从属性金融化一方面使金融化资本支配发展中国家生产过程,另一方面也受到发达国家金融化资本积累的控制,从而导致金融投机性、风险性,导致金融经济危机。④

针对金融危机中虚拟经济的发展以及近年来我国经济"脱实向虚"趋势,学者们进行相关研究。成思危等在《虚拟经济概览》一书中系统研究了虚拟经济范畴,并指出货币信用化是虚拟经济膨胀的条件。⑤ 经济"脱实向虚"的主要原因在于实体经济利润率下降。⑥ 刘晓欣、田恒认为利润率是货币资本转换的指挥棒,当产业资本获得的利润率较高

---

① 杨继国:《货币资本回流规律与虚拟经济危机》,《当代经济研究》2013 年第 5 期。

② 袁辉:《货币资本积累与现代危机》,《中共中央党校学报》2015 年第 3 期。

③ 康翟:《马克思的生息资本理论与当代资本主义金融化——基于虚拟资本积累视角的考察》,《哲学动态》2017 年第 2 期。

④ 黄泽清、陈享光:《从属性金融化的政治经济学研究》,《教学与研究》2022 年第 4 期。

⑤ 成思危、李平、刘骏民:《虚拟经济概览》,科学出版社 2016 年版。

⑥ Greta R. Krippner, "The Financialization of the American Economy", *Socio-Economic Review*, Vol. 3, No. 2, 2008, pp. 173–208.

时，货币资本则执行购买职能，转化为生产资本，而如果虚拟资本获得利润率较高，货币资金则转化为金融资本、虚拟资本。现实经济发展中，实体经济受限于资本循环与周转速度，获得的利润率往往低于虚拟资本；并且，虚拟资本能够实现资金的"空转"自循环、自膨胀，从而导致产业资本走向了"脱实向虚"的道路。① 刘晓欣、张艺鹏通过编制实体经济与虚拟经济投入产出表，通过实体经济与虚拟经济之间联系，实证虚拟经济的自我循环、自我膨胀效应，并且发现虚拟经济具有部门内乘数效应、低溢出效应、低反馈效应的特征。② 向威霖等认为货币信用化是实体经济虚拟化的支撑，其中，基础货币支撑实体经济循环，由基础货币衍生出来的信用货币支撑虚拟资本循环，与产业资本运动相背离。实体经济循环与虚拟经济循环相互独立，只有在虚拟资本形成过程以及剩余价值从实体经济向虚拟经济输送时二者才会发生关系。③

（三）关于互联网金融的研究

计算机和通信网络技术发展并与20世纪90年代开始商业化，涌现出新型商业模式即电子商务和互联网金融。最初，互联网技术被用于金融行业产生了电子金融④，主要是为了适应电子商务支付需求而产生的金融运作模式。1992年产生第一家互联网经纪商E-Trade，1995年世界上第一家互联网银行即美国安全第一网络银行（SFNB）诞生。进入21世纪以后，互联网技术与传统金融行业融合更加紧密，以银行为代表的传统金融加快了信息化和网络化的进程。2007年，美国出现"人人贷"（P2P Lending）网络融资模式，实现了点对点的去金融中介化的直接融资，互联网技术与金融业的融合进入一个新阶段。我国互联网金融的发展与美国发展历程相似，也大致分为三个阶段。现阶段，由于云

---

① 刘晓欣、田恒：《中国经济从"脱实向虚"到"脱虚向实"——基于马克思主义政治经济学的分析视角》，《社会科学战线》2020年第8期。

② 刘晓欣、张艺鹏：《中国经济"脱实向虚"倾向的理论与实证研究——基于虚拟经济与实体经济产业关联的视角》，《上海经济研究》2019年第2期。

③ 向威霖、苏培、王在全：《货币循环与实体经济增长》，《上海经济研究》2022年第6期。

④ Allen, H., Hawkins, J., Sato, S., *Electronic Trading and Its Implications for Financial Systems*, BIS Papers Chapters with Number 07-04, November, 2001.

计算、大数据技术逐渐成熟和应用，互联网金融业务和运行机制日趋多样。①

互联网金融概念首先被谢平、邹传伟提出，他们认为互联网技术在金融部门的应用，以至出现了不同于传统商业银行间接融资和资本市场直接融资的"互联网直接融资市场"或"互联网金融模式"。② 互联网金融概念一经提出就受到普遍关注，对互联网金融内涵，模式，影响等进行分析。吴晓求把互联网金融看成一种新的金融业态，互联网金融是由互联网平台和金融功能两个核心要素融合成的第三种金融业态，并界定互联网金融是依托互联网平台，以云计算整合为基础的具有金融功能的新金融业态。根据金融系统六大功能与互联网技术特点，分析了互联网技术与金融功能的耦合状况，两者在基因上的匹配是互联网金融生产的逻辑基础。③ 谢平把互联网金融划分为八种创新模式：传统金融互联网化、移动支付和第三方支付、互联网货币、基于大数据的征信和网络贷款、基于大数据的保险、对等联网（P2P）、众筹、大数据在证券投资中的应用。④ 郑联盛则把互联网金融分为四大类：一是传统金融业务互联网化，二是第三方支付及其运行机制，三是互联网信用业务及其运行机制，四是互联网虚拟货币。⑤

互联网金融作为新金融业态的出现，对传统金融制度、金融机构、金融市场等产生重要影响。Allen et al. 认为互联网金融一定程度上解决了信息不对称问题，降低了市场不确定性，从根本上克服金融中介化存在的一些问题，从而出现了脱媒现象。⑥ 金融体系"资本性"脱媒和互联网"技术性"脱媒冲击着金融机构，改变传统金融体系经营模式，但并没有从根本上颠覆传统金融业。互联网金融与传统金融机构之间是竞

---

① 郑联盛：《中国互联网金融：模式、影响、本质与风险》，《国际经济评论》2014年第5期。

② 谢平、邹传伟：《互联网金融模式研究》，《金融研究》2012年第12期。

③ 吴晓求：《互联网金融：成长的逻辑》，《财贸经济》2015年第2期。

④ 谢平：《互联网金融的现实与未来》，《新金融》2014年第4期。

⑤ 郑联盛：《中国互联网金融：模式、影响、本质与风险》，《国际经济评论》2014年第5期。

⑥ Allen, F., J. McAndrews, P. Strahan, "E-finance: A Introduction", *Journal of Financial Services Research*, No. 22, 2002, pp. 130 – 141.

争与合作关系，而不是简单替代关系。① 皮天雷、赵铁认为互联网金融互联网通过大数据和云计算等技术手段实现无时间和空间界限交易，资源高效配置等优势冲击了以银行为代表的传统金融业，改变了金融体系的价值创造和实现方式。② 王宇、阚博认为互联网金融不仅以其便利性和创新性覆盖了传统银行的业务盲区和空间盲区，更是在多个领域与商业银行存在着竞争，导致商业银行的盈利领域不断被侵蚀。③ 张小茜等认为互联网金融对传统银行的冲击体现在债务结构扭曲和存款竞争两方面，导致传统银行理财产品发行量增加，尤其是中小银行更是如此。但互联网金融完全代替商业银行，两者在功能上是竞合互补关系。④ 金鳞详细分析了金融体系的功能，他认为互联网金融可以代替部分传统金融机构的功能，但不能全部替代。⑤ 刘澜飙等也认为互联网金融并不能替代传统金融中介结构。⑥

互联网金融与虚拟经济发展具有契合性。肖大勇和胡晓鹏发现互联网金融具有自身的独立性，可以在银行体系之外创造信用链条和多次证券化，实现信用体系的膨胀。⑦ 洪娟等认为，互联网金融的本质是金融，金融本身就是虚拟化的，同时互联网也具有虚拟性这一技术特点，所以互联网金融具有二重虚拟性，表现在互联网金融开展的业务活动中以电子信息形式进行。⑧ 梁力军和赵鑫明确地定义互联网金融为"虚拟金融

---

① 郑联盛、刘亮、徐建军：《互联网金融的现状、模式与风险：基于美国经验的分析》，《金融市场研究》2014 年第 2 期。

② 皮天雷、赵铁：《互联网金融：范畴、革新与展望》，《财经科学》2014 年第 6 期。

③ 王宇、阚博：《互联网金融对商业银行盈利的影响》，《财经科学》2021 年第 11 期。

④ 张小茜、任莉莉、朱佳雪：《互联网金融及其监管对传统银行的溢出效应》，《财贸经济》2023 年第 8 期。

⑤ 金鳞：《互联网改变金融》，《东方证券行业研究报告》，2013 年。

⑥ 刘澜飚、沈鑫、郭步超：《互联网金融发展及其对传统金融模式的影响探讨》，《经济学动态》2013 年第 8 期。

⑦ 肖大勇、胡晓鹏：《互联网金融体系的信用创造机制与货币政策启示》，《福建论坛》(人文社会科学版) 2014 年第 1 期。

⑧ 洪娟、曹彬、李鑫：《互联网金融风险的特殊性及其监管策略研究》，《中央财经大学学报》2014 年第 9 期。

模式",这里的"虚拟"仍然是二重性的。① 张沁悦等认为互联网金融通过互联网虚拟介质平台提供金融服务产品,实质是经济运行的双重虚拟化。互联网金融依托于互联网虚拟空间开展金融投资活动,是现实金融活动的延伸,从而使互联网金融产生双重虚拟价值。② 马艳、杨培祥认为互联网金融具有叠加虚拟性。互联网金融是一种特殊的"互联网空间",是将金融活动"复制"到互联网虚拟空间中,即互联网金融是现实金融活动的映射,从而赋予了互联网金融契合广义虚拟经济的内涵与特征。互联网金融是传统金融与互联网技术相互融合创新的产物,不仅具有传统金融的虚拟性,而且叠加了互联网虚拟性,从而形成了叠加虚拟性。③

二 关于生产资本的相关文献

(一)关于互联网技术下生产方式变化的研究

互联网技术改变了生产资料和劳动力,也改变了生产资料和劳动力的结合方式,从而使机器大工业生产方式又一次进化。

互联网技术改变了生产资料与劳动对象。互联网信息技术产生以后,在生产过程中由廉价的能源投入为基础的技术,转变为以廉价信息投入为基础的技术,从而形成信息技术范式④:(1)在信息技术基础上,信息是一种原料,成为一种重要的经济要素。(2)信息技术一经运用就强烈地塑造着个人和集体存在的所有过程,包括生产、生活过程。(3)这些新技术的网络化逻辑日趋复杂互动,互动的创造性力量不可预料发展。(4)信息技术范式以弹性为基础,它的独特之处在于重新构造的能力,所有过程都可以逆转,组织与制度也可以修正,甚至彻底改变。(5)信息技

---

① 梁力军、赵鑫:《互联网金融风险分析与监管策略探究》,《河北金融》2015年第8期。

② 张沁悦、杨培祥、邬璟璟:《互联网金融的双重虚拟性本质及其双重风险管控》,《教学与研究》2016年第7期。

③ 马艳、杨培祥:《广义虚拟经济视角下互联网金融的叠加虚拟性研究》,《广义虚拟经济研究》2019年第3期。

④ [美]曼纽尔·卡斯特:《网络社会的崛起》,夏铸九、王志弘等译,社会科学文献出版社2001年版,第85—90页。

术是一个高度整合的系统，在此系统中，把所有技术轨迹整合起来，完全无法区别技术发展轨迹。杨叔子把互联网技术作为一种新的生产技术，表现在它使用了一种新的资源——信息。信息作为人类物质文明三大支柱之一，其可开发的潜能超过了其他要素。① 速继明认为互联网技术革命的实质就是信息技术革命，互联网将信息技术革命的对象进行转换，从技术转变成信息，即由原先的收集、储存、传输信息的技术转向信息本身。互联网技术试图为整个世界贴上数据的标签。数字已经代表了人类的生活方式的转变，从这种数字中形成新的"价值"，使数字自己说话，应用于各个领域。②

互联网技术改变了生产资料和劳动对象，形成一种新的经济形态，从而对劳动技能提出新要求。唐文全、傅晓兴探讨了信息技术、互联网技术与知识经济的关系，他们认为信息技术的发展使知识的创造、储存、学习和使用方式产生了第二次革命。互联网不仅服务于知识经济发展的需要，同时，知识经济的进步也会直接促进网络技术的全面进步，推动互联网的应用向深度和广度发展。两者的良性互动关系促进了经济、社会的进步。③ 随着信息技术的发展，工业资本主义的物质生产劳动被信息资本主义的非物质劳动如知识、信息、交际、人际关系或情感劳动所取代。④ 人类通过控制机器代替人进行工作，推动一些其他职能产业群的发展。在生产过程中的人与人的关系发生了变化，工人与工人之间开始出现分层，出现知识工人⑤，资本家与工人之间也并非仅仅是雇佣关系，劳动关系发生很大变化。互联网时代，生产资料的表现形式是知识和互联网设备，因此当前的生产方式是劳动者与生产资料结合即劳动者拥有部分生产资料（知识要素），而不像以前剥削社会生产资料和劳动者是完全相分离的。与此同时，劳动者技能可根据自身的需求进

---

① 杨叔子：《先进制造技术及其发展趋势》，《中国科技信息》2004 年第 13 期。
② 速继明：《互联网技术革命与社会进步》，《教学与研究》2016 年第 7 期。
③ 唐文全、傅晓兴：《信息技术、互联网与知识经济》，《管理信息系统》2000 年第 4 期。
④ Hardt, M., Negri, A., *Multitude: War and Democracy in the Age of Empire*, London: Hamilton, 2004, p.108.
⑤ 梁萌：《互联网领域中的知识工人》，《学术探索》2014 年第 3 期。

行调整，而不是被动地跟随着机器的需求来改变。① 但佟新、梁萌进一步分析互联网技术下知识工人的劳动关系。他们认为一些成功的互联网企业家其实是金融资本主导的一场智力资本"选秀"活动，这是不同资本类型塑造的教育类型而产生的知识型工人的产物。金融资本的分化导致互联网企业的分层，从而分化了工人。高端劳动力凭借智力优势具有工作自主权和部分资本所有权，与资本形成了合作型的劳动关系模式。低端无技能劳动力在互联网时代的工作具有不稳定、高强度和碎片化的特点，并且资本借助互联网技术特点，对他们的控制力度更大。②

互联网技术对劳动过程产生影响。陈永志研究了互联网技术革命对劳动过程的影响，他认为互联网技术革命使劳动过程和生产过程在时空上进一步分离，一般劳动过程从生产过程中脱离出来，成为独立的一个环节，决定着生产过程。互联网技术革命还使企业内部的生产过程和劳动过程转化为社会协作的生产过程和劳动过程，协作的规模和范围，以及协作创造的价值更大。互联网技术对一般劳动过程产生的变化进一步强化了劳动对资本的隶属关系，资本对劳动的剥削更加深化。但是马克思的生产劳动理论并没有过时，在互联网技术条件下，劳动过程依然是价值和剩余价值创造的唯一源泉。③

互联网技术改变了生产组织方式。互联网技术条件下出现智能化大规模定制，使知识在生产过程中越来越重要，从而推动企业组织、管理结构和社会结构均呈现扁平化。④ 信息化改造后的企业组织开始走向网络化、虚拟化、扁平化，当然，此时企业的全球化水平就更高了——它获得了在全球范围配置资源的超强能力。⑤ 马克思说："各种经济时代的

---

① 张世琦：《互联网信息技术革命背景下人类生产方式变革》，硕士学位论文，沈阳师范大学，2015年，第24—26页。
② 佟新、梁萌：《致富神话与技术符号秩序——论我国互联网企业的劳动关系》，《江苏社会科学》2015年第1期。
③ 陈永志：《新技术革命与马克思生产劳动理论》，《经济评论》2002年第3期。
④ 陈其林：《产业革命之技术与制度层面的考察》，《中国经济问题》2005年第4期。
⑤ 鄢显俊：《信息垄断：信息技术革命视阈里的当代资本主义新变化》，博士学位论文，云南大学，2010年，207页。

区别，不在于生产什么，而在于怎样生产，用什么劳动资料生产。劳动资料不仅是人类劳动力发展的测量器，而且是劳动借以进行的社会关系的指示器。"①

互联网技术改变了生产资料与劳动力结合方式。互联网技术催生了灵活就业、零工经济等新的就业形态，还出现了生产资料与劳动力直接结合的自雇佣。② 互联网经济条件下，劳动者工作自主性增强的同时，呈现劳动本身从属方式不断弱化、劳动资料提供方式多方并存、劳动过程监督方式技术强化、劳动产品归属方式权属不明、劳动报酬支付方式灵活多样的特征。③

互联网技术催生了新的生产方式。杨志、赵秀丽认为互联网技术的应用形成一种新型社会，即网络经济。网络经济作为一种新的经济结构和经济形态对社会经济结构产生重大影响，是资本主义生产方式的变迁和扬弃。同时，经济结构和社会结构的变迁作为外在推动力，技术进步作为内在张力，共同推动生产方式的革命，形成网络生产方式。④ 网络生产方式是继机器生产方式之后形成的最新的生产方式。⑤ 随着互联网技术进步，大数据技术对人类物质生产方式产生根本性的变革，信息代替了资本驱动经济发展，以消费为主导形成网络化、自动化、智能化、服务化生产模式。⑥ 互联网技术是先进生产力的代表，它的应用一定会对生产过程和劳动过程产生重要影响，形成具有互联网技术特性的

---

① 马克思：《资本论》第1卷，人民出版社2004年版，第210页。
② 李策划：《互联网时代数字劳动的政治经济学分析》，《改革与战略》2020年第3期。
③ 戚聿东、丁述磊、刘翠花：《数字经济时代新职业发展与新型劳动关系的构建》，《改革》2021年第9期。
④ 杨志、赵秀丽：《网络二重性与资本主义生产方式新解——网络经济与生产方式关系研究系列之一》，《福建论坛》（人文社会科学版）2008年第7期；杨志、赵秀丽：《网络二重性与资本主义生产方式新解——网络经济与生产方式关系研究系列之二》，《福建论坛》（人文社会科学版）2008年第10期。
⑤ 谢荣博：《论网络生产方式是生产方式发展的新阶段》，《现代商贸工业》2012年第1期。
⑥ 张建云：《大数据互联网与物质生产方式根本变革》，《教学与研究》2016年第11期。

生产方式。

随着人工智能、物联网、大数据等新一代信息技术的发展，形成生产资料、劳动对象和劳动者"三位一体"数字化的数字生产力。① 新一代信息技术赋予大机器信息化、智能化和数字化，推动生产资料的数字化，表现为生产工序自动化和系统化程度提高。② 新一代信息技术推动信息和数据成为重要原料，同时也作为新型劳动对象被劳动者加工。③ 而劳动对象和劳动资料的信息化、智能化和数字化也对劳动者技能提出新的要求，形成数字劳动。④

（二）关于模块化生产网络的研究

互联网信息技术改变生产组织流程，塑造了模块化生产网络。Sturgeon认为在20世纪80年代初，随着信息通信技术以及经济全球化的发展，劳动的产品内分工更加深化，形成了按照一定规则相互连接的模块，各模块之间利用标准化接口进行知识共享和资源整合。不同企业围绕产品的不同生产工序进行分工，这样便形成以产品的模块化为基础，在编码化信息传递基础上，将生产和组装模块的不同企业连接而成的模块化生产网络。⑤ 青木昌彦等指出，模块化包括"模块分解化"和"模块集中化"两个过程，两者共同构成模块化生产网络。模块分解化就是按照一定规则复杂生产系统分解若干子系统，模块集中化就是按照一定规则把若干子系统组合起来。无论是模块分解还是模块集中都是建立在统一生产标准之上的。⑥ Ulrich和Eppinger从五个方面分析了模块化分

---

① 何玉长、王伟：《数字生产力的性质与应用》，《学术月刊》2021年第7期。

② 何爱平、徐艳：《劳动资料数字化发展背景下资本主义劳动关系的新变化——基于马克思主义政治经济学视角的分析》，《经济纵横》2021年第11期。

③ 王璐、李晨阳：《平台经济生产过程的政治经济学分析》，《经济学家》2021年第6期。

④ 郑礼肖：《马克思主义政治经济学视域下数字劳动的含义辨析》，《理论月刊》2021年第8期。

⑤ Sturgeon, T. J., "Modular Production Networks: A New American Model of Industrial Organization", *Industrial and Corporate Change*, Vol. 11, No. 3, 2002, pp. 451 - 496.

⑥ ［日］青木昌彦、安藤晴彦：《模块时代：新产业结构的本质》，周国荣译，上海远东出版社2003年版，第3—27页。

工对生产的影响：一是标准化生产带来了规模经济；二是模块组合创新实现产品创新，丰富了产品多样性；三是模块取代零部件，缩短产品生产时间；四是模块平行开发易于设计和创新；五是能有效满足消费者对多样化的需求。① Baldwin 和 Clark 认为模块化分工增加了企业创新的能力，但付出的成本却较少，因此模块化分工大幅提高了企业生产能力和竞争能力。②

互联网技术条件下的模块化生产网络对生产组织产生重要影响。模块化从技术上的系统设计扩展到生产分工模式和企业组织形式。模块化是一种既具备整体功能、又具备相对独立性分层式组织模式，统一起来形成模块化网络产业结构，并逐渐成为主要的国际分工形式。在分工的基础上，依据产品不同工序建构模块，并体现为递进的模块层次序列，每一层次的部件作为一个整体由下一层次的部件构成。于是，某一部件内部可能是高度集成的，而其更高层次的系统则是高度模块化的，该部件在上一层级的系统中作为模块使用。③ 陈硕颖认为模块化分工推动网络组织变革最根本的表现在于促进供应商分层。在模块化网络中，网络旗舰企业负责制定设计规则，并保留产业链最高端的环节，其他环节是产业链的低端，处于边缘地位。一些边缘地位的低层供应商处于产业链的低端，既不制定设计规则，也不直接向下游客户销售，只能被锁定在"微笑曲线"的底部。④

互联网技术条件下模块化网络生产对劳资关系产生重要影响。谢富胜认为模块化生产网络是资本主义积累方式转变的结果，形成复杂劳资关系。对劳资关系。从 20 世纪 70 年代末 80 年代初开始，资本主义积累体制从福特制向灵活积累体系转变，资本主义生产组织方式也从垂直控

---

① Ulrich, K. T., Eppinger, S. D., *Product Design and Development*, Ist ed. McGraw-Hill, Boston. 1995.

② Baldwin, C. Y., Clark, K. B., "Managing in an Age of Modularity", *Harvard Business Review*, Vol. 32, Oct1997, 84 - 93.

③ Ulrich, K. T., "The Role of Product Architecture in the Manufacturing Firm", *Research Policy*, Vol. 24, No. 3, 1995, pp. 419 - 440.

④ 陈硕颖：《模块化生产网络背景下的劳动关系研究》，《教学与研究》2011年第5期。

制转向标准控制下的模块生产与组合。模块化生产网络在将生产过程零散化的同时，也使劳动过程碎片化。与模块化分工相伴随的跨国资本对劳动力的分化组合形成了复杂的劳动关系，一方面，资方通过诱导、控制和激励等手段来诱发核心员工的合作，借助于授权、责任自治，把一线雇佣工人的创新动力转化为资本积累的新源泉；另一方面利用机器加强外围员工的剥削，通过管理控制，增加价值和剩余价值的创造。① 高良谋、胡国栋对模块化生产网络的劳动过程进行分析，发现劳动过程也呈现网络化特征。模块化网络的劳动过程是由不同生产企业采用跨组织的模块化分工协作，而不是局限于单个企业内部简单的分工协作。在网络化企业中表现为由旗舰企业到外围供应商逐渐分化的复杂分工协作体系，该分工协作体系把劳动者分化为核心劳动力和边缘劳动力两大群体。劳动力的分化增加了资本的权力，在模块化生产网络中，劳动关系也分化为核心企业劳动关系和边缘企业劳动关系，但总体来说劳动关系是"资强劳弱"格局。②

随着新一代信息技术的发展，模块化生产网络进一步发展。新一代信息技术条件下，生产经营活动能够被分解为极其分散且疏远的微型任务（micro-task），散布在全球各地的个人都可以承担其中一个模块，形成了"众包"（crowdsourcing）模式。个人作为"独立承包商"承接模块化分散的生产，企业利用平台实现模块化集中生产。这一过程中，众多个人"独立承包商"使模块化生产网络协同效应进一步放大，使生产网络更加扁平化。③ 秦臻、王生升认为模块化生产网络是垄断资本对生产过程控制在信息技术下的表现形式，这一过程中大企业利用模块化分工实现生产分散化和网络化，中小企业和个体劳动者构成网络化生产的支撑体系。但网络化生产没有改变资本集中和集聚

---

① 谢富胜：《资本主义劳动过程与马克思主义经济学》，《教学与研究》2007年第5期。

② 高良谋、胡国栋：《模块化生产网络中的劳动关系嬗变：层级分化与协同治理》，《中国工业经济》2012年第10期。

③ Matthieu Montalban, Vincent Frigant, Bernard Jullien, "Platform Economy as a New Form of Capitalism: A Regulationist Research Programme", *Cambridge Journal of Economics*, Vol. 43, No. 4, 2019, pp. 805–824.

绪　论

的趋势，没有否定生产控制权的集中，没有改变资本的劳动支配与控制关系。①

（三）关于全球生产网络的研究

互联网技术推动模块化生产网络的同时，也扩大模块化生产网络的空间范围，形成全球生产网络。曼纽尔认为信息时代的网络化社会与工业时代的垂直型社会相对应，信息化、全球化与网络化经济是20世纪最后25年经济的特征，信息技术提供了不可或缺的物质基础。正是由于经济的知识、信息基础、全球性的触角、以网络为基础的组织形式，以及信息科技革命之间的历史演进，催生了一个新的、独特的经济系统。②鄢显俊认为互联网技术是信息技术革命的结晶，它集信息、通信和商务活动于一体，成为整合全球资源有力手段。信息经济的独特性使它拥有三大经济规则：摩尔定律、梅特卡夫法则和信息垄断。这些法则促进了"新经济"或"网络经济"的发展。全球化是产业革命以来不变的主题，当前互联网技术革命赋予全球化新的特征，使资本、劳动、原料和管理等活动随着信息流动全球化而分布在世界各地，通过网络把它们组织起来，形成以跨国公司为载体的全球网络化生产。③

全球生产网络是全球商品链的结果。Gereffi 提出全球商品链和全球价值链概念，企业通过外包在全球范围内进行生产，形成价值链空间化体系。④ 主导企业通过价值链控制和网络化动态生产，协调被外包的企业在全球进行价值创造和价值分割。⑤ Sturgeon 提出生产网络范式，根据企业在全球价值链网络中的地位，从事不同层次的工作，核心企业主要从事创新、设计和研发工作，外围企业则主要从事生产、加工和组装

---

① 秦臻、王生升：《信息技术条件下生产网络的特征与影响——一个政治经济学分析》，《教学与研究》2022年第5期。

② [西] 曼纽尔·卡斯特：《网络社会的崛起》，夏铸九、王志弘等译，社会科学文献出版社2001年版，第91页。

③ 鄢显俊：《互联网时代的全球化：缘起及经济特征》，《世界经济与政治》2003年第4期。

④ Gary Gereffi, "International Trade and Industrial Upgrading in the Apparel Commodity Chain", *Journal of International Economics*, Vol. 48, No. 1, 1999, pp. 37 – 70.

⑤ Gary Gereffi, John Humphrey, Timoth Sturgeon, "The Governance of Global Value Chains", *Review of International Political Economy*, Vol. 12, No. 1, 2005, pp. 78 – 104.

工作。它们通过内部网络联系降低交易成本，扩大规模经济，减少风险。① 李晓华认为20世纪80年代以来，计算机企业的标准化和模块化生产使生产重组在全球范围内进行，由原来的垂直一体化变为网络化关系。垂直分解和网络化对生产绩效、生产方式和国际分工产生重要影响。② 全球生产网络下，劳动作为价值最终来源，只有通过分析劳动特点才能最终解释全球生产网络价值流动问题。③ 模块化、标准化和知识解码是在全球范围内配置劳动力的必要前提，也是提高生产效率的技术手段。组织和雇佣的灵活性是全球生产网络的重要特征，价值链低端产业工人技能较低，可替代性较强，雇佣关系不稳定，把生产外包出去的同时也把这种劳动特点外包出去。④ Sokolm 运用资本循环理论把全球生产网络价值链关系进行分析。他把处于同一生产网络中的不同企业的生产和销售联系起来，上游企业的产品作为生产资料销售给下游企业，从而实现了商品剩余价值。下游企业生产的商品和价值继续流动，直到销售给最终消费者。这时，直接面对消费者的资本家获得价值和剩余价值，并把实现的部分剩余价值用于归还商业借贷，企业部分用于再生产，以此类推从而清除全部贷款。⑤ 借贷循环链条下社会空间的价值流动表现为金融化现象，全球金融资本循环通过生产网络价值链流动实现，从欧洲金融资本循环看，借贷关系的循环造成了全球不平等。⑥

---

① Sturgeon, T. J., "Modular Production Networks: A New American Model of Industrial Organization", *Industrial and Corporate Change*, Vol. 11, No. 3, 2002, pp. 451–496.

② 李晓华：《产业组织的垂直解体与网络化》，《中国工业经济》2005年第7期。

③ Susan McGrath-Champ, Al Rainnie, Graham Pickren, Andrew Herod, "Global Destruction Networks, the Labour Process and Employment Relations", *Journal of Industrial Relations*, Vol. 57, No. 2, 2015.

④ Flecker, J., Haidinger B., S. Annika, "Divide and Serve: The Labour Process in Service Value Chains and Networks", *Competition & Change*, Vol. 17, No. 1, 2013, pp. 6–23.

⑤ Martin Sokolm, *Economic Geographies of Globalization*, Cheltenham: Edward Elgar Publishing, 2011, pp. 80–92.

⑥ Martin Sokolm, "Towards a 'Newer' Economic Geography? Injecting Finance and Financialisation into Economic Geographies", *Cambridge Journal of Regions, Economy and Society*, Vol. 6, No. 3, 2013.

绪　论

全球生产网络是资本积累全球化和剥削全球化的结果。Wallance 和 Brady 提出空间化的积累结构（SSA of Spatialization）。互联网信息技术的发展使生产空间化成为可能，从而导致了劳动的地理分散化。跨国公司在全球范围内寻求预付资本最小的地区进行生产，并利用网络指挥和组织生产活动，分化了工人联合能力。核心与外围生产模式造成了技术严重分化和工人的分层，资本家与核心技能劳动者联合，从而导致全球劳动都被资本控制和整合。① 互联网信息技术增强了生产中资本的权利，资本利用数控技术和智能化设备对劳动远程控制，从而把劳动在全球范围内进行"分割"，重构了资本积累的社会结构，形成空间化的积累的社会结构。全球空间化生产中的中心—外围模式强化了资本对劳动的"分割"。在核心垄断企业内，垄断资本与具备核心技能的垄断层级的工人联合，这些工人与资本家更具有共同的认知感，而不是更与普通附属层级工人紧密。② 宋宪萍、孙茂竹分析了计算机强大的计算功能和信息通信技术发展，促使金融商品交易、跨国公司的管理、生产的控制能够在虚拟世界运作。网络节点与核心形成不同的层级组织，资本根据层级控制形成新工业空间。新工业空间以微电子精准化生产为基础，实现了流动的网络空间。资本循环在互联网技术支撑下，形成跨国空间生产、销售和消费，在全球范围内执行资本循环各阶段的职能，每一个执行职能资本都以不同方式依赖物质的市场空间与概念化市场空间的多重关系，发展成开放式的多元循环路径。③ 沈能、周晶晶认为在全球生产网络中，发达国家跨国公司构建价值链"U"形微笑曲线，而对于发展中国家来说则是倒"U"形悲伤曲线，形成"网络陷阱效应"的影响，致使发展

---

① Wallance M., Brady D., *Globalization or Spatialization? The Worldwide Spatial Restructuring of The Labor Process*, Contemporary Capitalism and Its Crises: Social Structure of Accumulation Theory for the 21st Century, 2010.

② Michael Wallance, David Brady, *Globalization or Spatialization? The Worldwide Spatial Restructuring of the Labor Process*, in Terrence McDonough, Michael Reich, David M Kotz ed., Contemporary Capitalism and Its Crises: Social Structure of Accumulation Theory for the 21st Century, New York: Cambridge University Press, 2010, pp. 121 – 131.

③ 宋宪萍、孙茂竹：《资本逻辑视阈中的全球空间生产研究》，《马克思主义研究》2012 年第 6 期。

中国家的技术和产品被锁定在低端环节,形成"网络锁定效应"。[①]

互联网信息技术提高了劳动生产力,使生产不断扩张,导致生产过剩,资本循环可能不能正常实现。标准化和模块化生产为全球化生产提供条件,当出现过剩资本导致资本积累过度危机时,需要打破地域限制,在全球范围吸收盈余资本。跨国公司以外包方式进行标准化、弹性化生产,形成全球生产网络。在全球范围内寻找资源禀赋优异的地区和国家进行专业化生产,可在降低成本的同时实现资本循环。空间生产的本质是资本循环的一种修补方式,通过外部方式化解资本循环内部聚集起来的各种矛盾。但空间生产的修补方式并不能治愈资本循环根本性的断裂,只是短期调节方式,当空间生产不能修复裂痕时,真正的危机就要爆发了。

三 关于商业资本的相关文献

(一) 关于电子商务的研究

电子商务源于20世纪70年代的电子数据交换(EDI),目的是共享信息而建立的统一标准传输网络。20世纪90年代互联网技术不断提高,技术应用不断普及,电子商务逐渐成形。1996年IBM提出Electronic Commerce(E-Commerce)概念,并于1997年又提出Electronic Business(E-Business)概念。因此,电子商务可以区分为狭义电子商务和广义电子商务。[②] 狭义电子商务即E-Commerce,指企业与客户商务活动的信息化,强调企业外部贸易活动的信息化。广义电子商务即E-Business,不仅强调企业与客户之间商务信息共享,还强调企业内部各个环节也实现电子化和信息化。王超贤、李晨惠认为电子商务主要有两种类型,"其划分标准是处于核心地位的电子商务企业是否介入'供销存'这一核心流程",具体是平台电子商务和自营电子商务。自营电子商务介入"供销存"过程,是作为独立商品经营资本,通过向上下游供应链购买产品,向消费者销售商品,并组织物流把产品运送给消费者,当然买卖是

[①] 沈能、周晶晶:《参与全球生产网络能提高中国企业价值链地位吗:"网络馅饼"抑或"网络陷阱"》,《管理工程学报》2016年第4期。

[②] 李广乾、沈俊杰:《电子商务与电子商务经济:概念与框架》,《产业经济评论》2014年第3期。

通过电子商务平台进行的。平台电子商务不介入"供销存"过程，而是建立虚拟的网络集市，各主客体通过逛电子商务"集市"达成买卖，产品的物流也是通过电子商务平台实现的。①

一些学者对电子商务在流通环节执行职能的特征进行分析。Seyhold 认为电子商务是一个电子交易平台，通过平台交换商品信息，利用拍卖、交换和网上目录等方式达成网上交易。② Bakos 从信息传递角度分析电子商务。他认为电子商务市场是一种广泛的组织间信息系统，它把卖方和买方聚集在这个市场上交流商品信息与达成交易。电子商务平台结合互联网技术信息传递优势，提高了商品信息搜索效率，降低搜索成本。③ 胡宏力认为电子商务市场是一种完全不同于传统市场的、虚拟的、新兴的、依赖于互联网技术发展的市场。它较传统的市场更能有效调节供给与需求，更具有竞争性。④ 易明认为电子商务冲击了传统的商品销售环节，它改变了商品模式，减少了中间商的转售环节，节约了大量流通时间和流通费用。⑤ Elizabeth M. Daniel 和 David J. Grinshaw 以英国为例分析了电子商务发展的内在动力，他们发现小企业使用电子商务增强了客户黏性和供应商的关系，节约了营销费用。⑥ 倪梦佳对比电子商务与传统市场，她认为电子商务与传统市场相比优势在于电子商务利用互联网技术突破了空间和时间的限制，使销售商品的时间延长到 24 小时，商品销售的范围扩展到全球，这成为电子商务主导现代商业领域的一大关键因素。利用互联网技术建立的电子商务具有互联网技术的特

---

① 王超贤、李晨惠：《中美比较视角下我国电子商务的演进道路——从模仿起步到分化创新的三个特征事实》，《企业经济》2022 年第 1 期。

② Seyhold, "How to Be an E-survivor in Current Economic Climate: E-commerce Strategies and Tactics to Adopt for Success", *Journal of E-Business*, No. 2, 2002, pp. 1 – 13.

③ Bakos J., "Toward Managers Model for E-business Strategy Decision", *Journal of General Management*, No. 4, 2005, pp. 73 – 89.

④ 胡宏力：《论传统市场功能在电子市场新形势下的变化》，《山西大学学报》（哲学社会科学版）2005 年第 2 期。

⑤ 易明：《电子商务对流通渠道的影响分析》，《商业研究》2005 年第 1 期。

⑥ Elizabeth M. Daniel, David J. Grinshaw, "Development of an Electronic-business Planning Model for Small and Medium-sized Enterprises", *International Journal of Logistics Research and Applications*, No. 4, 2003, pp. 289 – 304.

点，可以通过传递商品信息建立交易关系，利用大数据技术优化商品的供给和需求信息流，有效解决了传统市场中信息传递低效的问题。她还根据马克思资本循环和周转理论分析电子商务对交易费用、纯粹流通费用和生产性流通费用的影响。① 王奇等研究电子商务下沉到农村后，一方面缩短了城市与乡村的距离、生产与消费的时间和空间距离，另一方面降低了流通费用，提高了流通效率，从而增加了农村消费，并且对线下消费没有产生挤出效应。②

电子商务的应用不仅减少流通时间，降低流通费用，还改变了生产组织方式。王核成认为电子商务具有的信息共享性与技术网络性，改变了传统刚性组织模式，推动企业流程再造，实现企业内部的营销系统、研发系统、生产系统、物流系统的组织创新，也推动了企业组织界面的创新。③ 李骏阳认为电子商务推动商品流通产生新的时间概念和空间概念，提高了流通效率，同时电子商务还推动企业外部的市场组织代替企业内部，减少商品流通的中间环节，少了市场组织生产的费用，提高生产效率。④ 电子商务改变了企业的组织结构。电子商务减少商品流通的中间环节，把迂回生产转变为直接生产；生产信息的动态共享，加速打破了大规模标准化生产，建立柔性化生产；生产的专业化提高，企业内部的组织结构由原先的垂直层级变成水平网络。⑤ Vamsi Vakulabharana 认为从 20 世纪 70 代年以来，亚马逊、沃尔玛、家乐福等大型商业、零售业企业在职能资本中占据主导地位，商业资本已经与金融资本一道支配着工业资本。他构建了马克思主义资本循环框架，分析商业资本由于它的独立性和垄断性，不再参与利润率平均化过程，而是通过在全球建立交换和生产网络，从而获得较高

---

① 倪梦佳：《电子商务对经济增长的促进机制研究——基于马克思商品经营资本理论的视角》，硕士学位论文，南京财经大学，2014年，第11—19页。

② 王奇、李涵、赵国昌、牛耕：《农村电子商务服务点、贸易成本与家庭网络消费》，《财贸经济》2022年第6期。

③ 王核成：《基于电子商务的组织创新研究》，《中国软科学》2001年第5期。

④ 李骏阳：《论电子商务对流通效率与交易费用的影响》，《商业经济与管理》2002年第8期。

⑤ 杜梅：《电子商务的经济学分析》，博士学位论文，西南财经大学，2001年，第77—80页。

绪 论

的利润率。① 王军华认为电子商务具有系统开放性、系统远离平衡态、系统的非线性特点，使商业系统演化产生变革，推动个体适用机制的基因突变和企业基因的突变，是传统组织方式发展到信息化、数字化时代的产物。② 肖潇认为电子商务从事商品买卖活动会产生"集数据产生、收集、存储、传输、处理、分析等为一体的数据生命初始阶段"，通过横向数据汇聚和纵向数据整合，把零散化的数据变成潜在使用价值的数据。③

有的学者研究了电子商务与供应链之间的关系。金世伟等认为基于互联网技术的电子商务克服了传统的商品销售在时间和空间上的限制，改变了企业的管理模式，从基于单个企业的管理模式演变成为基于扩展企业的管理模式。在扩展企业的管理模式中，要解决的主要问题是供应链问题，即如何有效地整合、集成和利用整个价值链的信息流、物流和资金流的问题。电子商务与 SCM 和企业资源计划（ERP）之间是相辅相成的关系，电子商务销售商品需要时需要协调其他部门和其他关联企业，通过 ERP 与 SCM 的集成系统把企业内部和企业之间的信息共享，保障企业内部流畅。④ Charles 和 Michael 认为信息技术在信息传递方面的优势把企业的生产、物流和销售环节整合起来，并且与上下游企业进行整合，电子商务与 SCM 结合节省交易费用，提升企业竞争力。⑤ Premkumar 总结了电子商务在供应链中应用，即信息传递，实现与客户供应商协商价格、订立合同，顾客网上发送订单、网上跟踪订单、网上支付。⑥ 孟

---

① Vamsi Vakulabharana, "Merchant Capital in Neoliberal Capitalism: A Mere Appendage to Industrial Capital or a Determining Force?", *Studies in People's History*, Vol. 2, No. 1, 2015, pp. 105 – 116.

② 王军华：《基于自组织理论的电子商务市场网络演化机制探讨》，《商业经济研究》2017 年第 2 期。

③ 肖潇：《数字时代电子商务数据流通：合规方案、法律模式与规范路径》，《中国流通经济》2022 年第 2 期。

④ 金世伟、艾文国、李一军：《基于电子商务的供应链管理与 ERP 集成的研究》，《决策借鉴》2002 年第 6 期。

⑤ Charles, C. P., Michael B., *E-Supply Chain*, Ikrrett-Kcchler Publishers, lnc. 2000.

⑥ [美] 查尔斯·C. 波里尔、迈克尔·J. 鲍尔：《电子供应链管理》，谢冬梅等译，机械工业出版社 2002 年版，第 84～94 页。

晓明对比了传统供应链管理和电子商务供应链管理，他认为与传统供应链管理相比，电子商务供应链管理能更高效地将供应商、生产商、销售商和消费者的资源整合，并极大提高信息传递效率，节约流通费用。①余福茂等认为电子商务通过提高供应链内企业信息共享、增强企业间的信任合作、减少企业间的响应时间、形成市场资源协调、推动供应链内企业间合作与竞争。②刘芷豪认为电子商务通过对产业链、流动链的协调运作，推动供应链战略协同、管理协同和技术协同发展，促进供应链上下游企业内部和外部信息共享，提高流通企业协同交互能力，进而能够实现产业集群发展。③

（二）关于互联网技术下物流业的研究

彼得·德鲁克把物流看作降低成本的最后领域，是一块未开垦的处女地，是挖掘企业除原材料和劳动力之外的第三利润源泉。生产领域和销售领域随着技术水平和管理水平的提高，成本降低的空间较小，在生产和销售以外的物流领域则有很大的空间减少成本。④ 20 世纪 80 年代，随着信息技术提高和经济全球化的发展，生产的大规模要求流通的大规模，因此，对物流的需求增加，要求物流执行的职能也增加，物流业从概念到执行进行变革。物流从原先 Physical Distribution（实物配送）变成现在 Logistics（物流），即从原先的销售物流扩展到现在三个方面：供应物流、生产物流和销售物流。联合国物流委员会对物流作出的界定是："物流是为了满足消费者需要而进行的从起点到终点的原材料、中间过程库存、最终产品和相关信息有效流动和存储计划、实现和控制管理过程。"⑤ 20 世纪 90 年代，物流被看成供应链一部分，正如 1998 年美国物流管理协会对物流下的定义："物流是供应链活动的一部分，是

---

① 孟晓明：《电子商务供应链管理与传统供应链管理的比较》，《中国管理信息化》2006 年第 3 期。

② 余福茂、孙晓莉：《电子商务驱动产业集群供应链协同机制案例研究》，《科技管理研究》2018 年第 2 期。

③ 刘芷豪：《电子商务应用、供应链协同与流通产业集群的互动关系探讨》，《商业经济研究》2021 年第 8 期。

④ Martin Christopher, *Logistics and Supply Chain Management*, Pirmin Publishing, London, 1998.

⑤ 王国华：《中国现代物流大全》，中国铁道出版社 2004 年版，第 11 页。

绪 论

为满足顾客需要，对商品、服务以及相关信息从生产地到消费地高效、低成本流动和储存而进行的规划、实施、控制过程。"① 基于供应链的物流管理的终极目标是在原材料供应商、生产企业、批发企业、零售商和最终用户间，通过业务伙伴之间的密切合作，实现以最小的成本为用户提供最优质的服务。

互联网技术条件下物流业的发展能够带来效率的提升。林玢根据供应物流、销售物流和生产物流在原料提供、商品保障和生产环节中零部件提供衔接的作用，分析物流对缩减生产周期，节约劳动成本。物流的作用是保证合理的储备，降低运输费用。② 吴庄莹分析马克思资本周转理论发现，企业要加快资本周转，减少资本周转在物流环节中耗费的时间，需要突破物流业多环节低效率的物流模式，建立现代物流。③ 张立国认为第三方物流企业专业化经营是全球生产外包的重要组成部分，是全球生产资源配置的重要内容，因而全球生产外部的发展有助于第三方物流企业专业化经营，有助于提升物流产业效率。④ 曾倩琳等认为互联网信息技术对物流业的发展具有"溢出效应"，即互联网信息技术的投入增加比物流业的投入增加带来更大效率提升。⑤ 互联网技术促进了物流发展模式多样化，形成超级网络物流、实时物流、预测物流、城市物流、大众物流、全渠道物流、物流企业联盟、虚拟无水港、供应链物流一体化等新模式、新业态，提升物流产业效率。⑥ 刘国巍指出物流技术创新特别是与新一代信息技术结合，有助于降低成本、提高效率，更好地获取前沿知识与技术，进而提升

---

① ［日］日本综合研究所供应链研究部：《供应链管理》，李建华译，中信出版社 2001 年版，第 37 页。

② 林玢：《资本循环和周转理论在物流业建设中的运用》，《改革探索》2003 年第 8 期。

③ 吴庄莹：《从马克思资本周转理论看现代物流》，《理论观察》2004 年第 5 期。

④ 张立国：《我国物流业转型升级研究综述》，《技术经济与管理研究》2015 年第 1 期。

⑤ 曾倩琳、孙秋碧：《信息业对物流业发展溢出效应的实证分析》，《华东经济管理》2015 年第 9 期。

⑥ 梁红波：《云物流和大数据对物流模式的变革》，《中国流通经济》2014 年第 5 期。

运输、仓储、包装等作业效率。①

关于流通产业的地位和作用的研究，有学者进一步深化与延伸到关于产业链、供应链与价值链的研究。Waters 把物流（Logistics）称为供应链管理（Supply Chain Management，SCM），它把供应商、制造商、仓库和商店结合成一套运作系统，能在短时间内以较低的价格实现商品的空间传输。② 电子商务是一种新型的商业模式，但它与传统商业模式一样，内容上都是以货币为媒介的商品交换，目的都是解决生产与消费之间的各种矛盾。为了实现商品价值并赚取利润，商人们利用商流、物流、信息流、资金流解决了商品流通矛盾，完成商品流通过程。黄卫平、朱文晖认为在互联网技术产生后，出现了新的管理方式即供应链管理，由此衍生出了第三方物流。互联网和电子商务主要在技术上解决了供应链管理的信息处理问题。现代物流、供应链管理和互联网电子商务的发展使生产可分布在全球进行。③ Goldsby 等认为互联网技术推动物流业发展，同时也助推商业模式创新，两者有机结合能够更好地推动物流企业的发展和变革。④ 张建军、赵启兰认为物流供应链与产品供应链和价值链密切相关，优化物流供应链能够更好地优化产品供应链。⑤

从已有文献看，关于互联网技术对经济社会发展影响的研究很多。一些学者的研究注意到 20 世纪 70 年代以后世界经济发展的新特征，他们把这些变化归结为新自由主义思想的指导，以及随之产生的自由化的影响，但没有从生产力与生产关系方面寻找原因，没有认识到这是互联

---

① 刘国巍：《物流技术创新对物流业的影响测度与路径分析——基于 2000—2015 年省际空间杜宾面板数据模型》，《中国流通经济》2018 年第 1 期。

② Waters D., "Global Logistic and Distribution Planning", Boca Raton: CRC Press, 1999.

③ 黄卫平、朱文晖：《温特制：美国新经济与全球产业重组的微观基础》，《美国研究》2004 年第 2 期。

④ Goldsby, T. J., Zinn W., "Technology Innovation and New Business Models: can Logistics and Supply Chain Research Accelerate the Evolution?", *Journal of Business Logistics*, Vol. 37, No. 2, 2016, pp. 80 – 81.

⑤ 张建军、赵启兰：《基于"互联网+"的产品供应链与物流服务供应链联动发展的演化机理研究——从"去中间化"到"去中心化"》，《商业经济与管理》2017 年第 5 期。

网技术对资本关系的调整。现有研究没有形成一个系统性的分析框架，基本上是从一个角度，或者从生产资本，或者从货币资本，或者从商品资本来研究互联网技术的影响，研究主题比较分散，没有从资本循环运动的角度来研究互联网技术对经济社会发展产生的变革，这为本书的研究提供了一个新的视角。互联网技术对整个社会的影响是全面而深刻的，如果仅从某一个角度而不是从全局分析，只能导致形而上学地认识互联网技术条件下的经济社会发展。马克思资本循环理论为我们系统认识互联网技术条件下经济社会发展、生产关系重塑等方面提供了系统的分析框架。

第一章

互联网技术对生产方式的影响

互联网技术作为机器体系相对独立的一部分，具有自身的发展规律。互联网技术改变了马克思时代机器大工业生产方式下的劳动力与生产资料结合方式，但并没有脱离机器体系，没有脱离机器生产方式的本质。

第一节 互联网技术构成与发展阶段

互联网技术是内生于机器体系的控制机，它的产生和应用经历不同阶段。作为技术革命，互联网技术具有自身的特点。

一 互联网技术构成和特点

（一）互联网技术构成

互联网技术由硬件设备、网络服务协议和应用程序三部分组成，每个部分都有着自己的特点。

1. 硬件设备

硬件设备是互联网技术的物质基础。计算机是互联网技术的先天因素，源自大机器的计算需求。由于机器体系的快速发展，生产社会化和分工专业化要求大机器在生产过程中计算生产过程、记录生产流程、对接生产工序等，计算机最初是用来实现计算器的功能，最终成为互联网技术的物质载体。第一部通用电脑被称为电子数值积分器与计算机

（ENIAC），重达30吨，由9英尺高的金属模型组构而成，有7万个电阻和1.8万个真空管，并且有体育场那么大。但是，随着配套硬件设备的发展，比如晶片、晶体电路板、微处理器等关键技术的创新，在计算功能上越来越快速、在体积上越来越小、在重量上越来越轻，计算机也不断完善与成熟。随着生产的发展，计算机向两个方向发展，一是专门用于计算功能的超级机器，如位于美国橡树岭国家实验室的超级计算机Frontier的运算速度达到每秒1.1百亿亿次，中国的超级计算机如神威·太湖之光，其运速为每秒9.3亿亿次，天河2号的运速为每秒6.144亿亿次；二是可随身携带、轻巧的个人计算机，从1981年IBM组装出轻巧的个人计算机（PC）以来，个人计算机就成为互联网技术的重要硬件载体，被广泛应用于生产、生活中。计算机的产生是为了配合大机器的生产过程，随着生产过程的时间和空间扩展，计算机与计算机之间的连接就成为必要，数据的网络传输功能由此产生。

当然，数据的网络传输要以全面的硬件设备为前提的，除了计算机的这个终端以外，还必须由网络传输的发起机器如卫星、传输机器如电缆、数据的储存机器如存储器等等。这些都是互联网技术的硬件设备。这些硬件设备只是为生产过程服务的，其加速大机器体系生产的自动化、数据化，改变了机器体系的运作流程。计算机可以执行各种计算职能，通过可编程序方法控制设备自行运行，形成数控机床，可根据管理层的指令自动操作，而无须劳工的干预。以计算机为基础的数值控制增强资本的力量，扩大了管理层的权利。工人的作用只是执行某个特定的操作，甚至不需要工人也可以完成整个生产过程。

2. 网络服务协议

网络服务协议是为了让计算机能完成连接任务而建立的标准和规则，典型的网络服务协议如DNS、TCP/IP、HTTP等等。网络服务协议把在地理空间上分散的计算机连接起来，实现点对点的传输，计算机不再是独立的工具机，而是形成一个网络化体系。只有把分散的硬件设备连接起来才可以称为具备互联"网"的功能。硬件设备由网络服务协议连接，通过计算机直接对话，分享生产生活的各种数据和信息，增加人类生产生活的空间，尤其是使大机器生产方式快速扩展到全球每个角落。

网络传输协议形成的网络化体系具有正外部效应，即互联网络具有的潜力和创造的收益呈指数增长，而成本却呈线性增长。罗伯特·梅特卡夫在1973年提出一个简单的公式，这个公式显示网络的收益会随着网络里的节点数目增加呈现指数级增加。这个公式是 $V = n^{(n-1)}$，其中 n 代表网络中的节点数目。由此可知，网络传输协议每多连接一个硬件设备，网络的收益就呈指数级增加。这种网络正外部效应，超越了大机器生产下的规模经济范畴，是互联网技术区别于其他技术的特征，这就决定了互联网技术在生产社会化中具有极其重要的作用。

在网络正外部性作用下，互联网突破了地区和国界限制，打破了时间约束，把世界各地的人类经济活动连接起来，商品生产和销售的触角延伸到世界的每一个角落。在跨国公司主导下，全球形成供应商网络、生产者网络、顾客网络、标准联盟网络和技术合作网络五种网络类型，并塑造了公司内部网络的结果和动态。劳动力市场逐渐全球化，根据企业在网络中的不同地位，形成劳动的全球网络化。网络化企业组织形式是企业对信息成为生产要素的最优反应，网络经济是以信息流为中心的经济，各种经济活动如商流、资金流、物流等环节的实现和有效运作都受到信息流的控制和支配。

3. 应用程序

应用程序是指为了完成某项或某几项特定任务而被开发运行于操作系统之上的平台如搜索网页、网络游戏、电子邮件、通信软件等等。对于广大接触互联网技术的人来说，应用程序是他们直接接触的互联网。应用程序深刻影响人们生活的方方面面，如人们的交往、生产和生活等都可以通过应用程序实现，这也是互联网技术最具魔力的一面。应用程序之所以能够承担这一任务，是因为应用程序背后有算法支撑。按照一定规则、原则、法则搭建的算法，塑造出一个工具机，与其说能够协助劳动者完成特定的任务，毋宁说控制、支配着整个世界。在算法搭建的应用程序上，人们处于一个虚拟化、数字化的空间。在这个虚拟化、数字化的空间中，算法为现实空间中的经济社会事务构建三维坐标，把现实空间里的要素分解成0和1的二进制单位，表现为符号、声音、文字、图形、图像等信息和数据资源。在虚拟化、数字化的空间中，信息与数据成为主要原料、生产资料和产品，成为人与人之间关系的载体。

应用程序可以看成互联网体系的工具机，它是直接接触劳动对象的控制器，也正是这些应用程序，把现实中存在的一些经济活动和经济机制复制到互联网虚拟空间中，它可以复制实体企业，使之成为虚拟企业；它可以复制实际市场，使之成为电子商务；它可以复制银行，使之成为电子银行；它也可以复制社会，使之成为虚拟社区等。虚拟企业、虚拟市场、虚拟银行和虚拟社区拥有一套和现实经济活动相同的运行方式和运行逻辑，虚拟化的商品按照一般经济运行方式执行职能。虚拟社区、虚拟银行等任何人都可以使用，除了必要的技术条件之外，不存在任何门槛。这种复制的零边际成本特征决定了现实经济虚拟化的必然性。[1]

(二) 互联网技术特点

互联网技术的三个组成部分共同构成完整的互联网技术体系。与大机器体系一样，互联网技术体系一经形成，就对生产过程的各个环节、对劳动过程、对劳动者产生深刻影响，这种影响首先是基于互联网技术体系的技术特征，其次是基于互联网技术体系的社会关系的塑造。互联网技术具有以下特点：(1) 网络性。网络服务协议就是把各个硬件设备连接起来的传输机，是信息和数据传输与分享的枢纽。网络正外部性是互联网技术的内在规律，这一规律驱动着互联网技术广泛地、几乎免费地、尽可能多地被使用，只有让尽可能多的硬件设备接入网络，才能让尽可能多的人分享信息，才能最大化互联网技术的收益。而硬件设备本身分散在世界各地，看似是孤立的、单个的、无联系的，但通过网络服务协议可以把分散在世界各地的硬件设备连接起来、把依靠硬件设备的生产生活连接起来。这种连接不是单线的、时有时无的，而是交互式的、经常性的连接，并且每个硬件设备就像一张网的每个节点一样被编织在互联网技术中，形成有序、有节的网络。互联网技术的网络化必然带来生产过程和流通过程的网络化，进而塑造管理方式的改变，从原先机器大工业中垂直型的权威管理改变为水平型的信息交流。随着新一代信息技术的广泛应用，把一切生产、分配、交换和消费活动数字化，通

---

[1] 这里的现实经济不同于实体经济，是与互联网虚拟空间中的经济活动相对应的现实空间中的经济活动，而实体经济是与虚拟经济相对应。

过计算机网络进行传输和存储,实现物与物、人与物、人与自然的交流。互联网技术的网络性特点把生产、分配、交换和消费每一个环节都纳入网络中,尤其是在资本的控制下,网络上的每一个点都成为资本积累的工具。(2)开放性。网络化正外部性也一定会推动互联网开放性,因为只有把互联网技术开放给所有人使用,才能最大规模地增加网络节点,增加网络价值。随着生产率的提高,一些硬件设备尤其是 PC 和智能手机生产成本大幅下降,它们进入劳动力再生产组成部分。PC 和智能手机等硬件设备的普及,为人们随时随地连接互联网提供了硬件基础。除此之外,互联网技术采取开放源代码形式,它在开源社区内公布,任何人都可以免费获得。源代码是互联网技术开放的基因,表明互联网技术是一种准公共产品,不存在排他性和竞争性,并不像私人产品要求明晰的产权,任何人都可以几乎免费使用,这也是互联网技术快速发展的原因。(3)虚拟性。互联网技术通过构建一个虚拟空间,把现实经济复制并投掷到虚拟空间中,在互联网虚拟空间中从事经济活动。在互联网构建的虚拟空间里从事经济活动,对虚拟化的商品交易并不存在时间和空间的界限。虚拟空间里信息传递时间和流通成本几乎为零,在相距很远的地方,也可以实现各种经济活动目标,并不像现实经济需要实实在在地穿越地理空间上的距离才能完成特定的经济活动。并且,现实经济因平均成本的变动,存在着最优的供给规模,但在互联网虚拟空间中,商品的供给有很大的弹性,它的规模并不是由生产的规模决定的,而是由需求端的规模决定的。虚拟化的商品供给和需求两端都能获得正外部性,它的规模就会越来越大。

互联网技术产生的最初原因是进行信息传递。信息是人类有别于其他物种的一种指标,它让人具有社会性而不仅仅是群体性。人类生产与生活都离不开信息,在人类历史上发生了四次信息技术革命:文字、印刷术、电报、电话、互联网。与前三次信息技术提供客观信息不同,互联网技术提供双向互动的信息,并且具有速度快、内容丰富等特点。互联网技术革命产生了一种新的信息技术范式,它把以前主要以廉价的能源投入基础的技术,转移到主要以廉价的信息投入为基础的技术。人们在搜寻信息时直接面对的是计算机,通过网络连接,我们可以在全世界任何有网络连接点的地方和在所有时间内收集和储存信息,并运用计算机相应功能对信息进行加工和处理以得到预期的信息。最初，信息作为一种原料推动着技术持续创新。当信息技术不断实现网络化和智能化以后，技术不再是人们关心的主要对象了，虽然技术仍然是提高生产力的主要手段，但信息本身成为生产领域和商业领域的聚焦点。一旦信息成为社会普遍关注的东西，信息本身的生产属性就会延伸到社会中，形成承担社会生产关系的社会属性。

二　互联网技术发展阶段

互联网技术最初产生时并不是作为独立的体系存在，而是在生产过程中机器进化的产物，成为机器体系的另一个组成部分——控制机。随着互联网技术商业化的不断推进，互联网技术的应用领域和范围越来越广，涉及生产研发和设计、机器控制、商品交换、生活交流等各方面，互联网技术就变成一个相对独立的体系，成为社会关键性的技术，改变了机器体系下的生产组织方式。根据互联网技术发展的历史梳理，互联网技术的发展大体可以分为三个阶段：一是互联网技术的产生阶段（20世纪40年代—70年代），即互联网技术内生于机器体系；二是互联网技术的扩散阶段（70年代—90年代），即"＋互联网"阶段；三是互联网技术应用深化的平台经济阶段（90年代至今），即"互联网＋"阶段。

（一）互联网技术产生阶段

机器体系内生出互联网控制机是生产力发展的必然结果，大致经历了四个阶段：机器的动力革命、机器的程序辅助、机器的计算功能、机器的对话需求。首先，发电机和电力系统的发明和应用扩张了机器的外延，改变了工具机依靠机械力推动的情况。电磁规律则为改变工具机的内部运作机制提供准备，也为互联网技术的产生作铺垫。其次，随着生产规模不断扩大，对机器具有的功能提出一些要求，催生出机器的程序辅助。机器在生产时按照内置电路控制完成更精准和更复杂的工作，在提高机器整体工作能力的同时，提高了机器的可控性和可塑性。机器内置辅助程序增强了计算机对机器的控制力。再次，计算机的出现使机器不仅代替了体力劳动，还具备代替脑力劳动的功能。电子学的发展改变了计算机形状和性能，应用程序拓展了计算机的功能，为实现机器与机器之间的对话打下基础。最后,当两台独立的计算机分工完成一个完整的工作时,需要把它们完成的内容进行整合才可以完成目标。不同计算机之间的输入、输出"原材料"显得尤其费时费力,更何况如果两台计算机是处于相距很远的两个地方时,整合内容将花费更多的资源。因此,计算机之间的连接显得尤为必要。

随着晶体管和微电子技术发展,电子计算机以及相应的应用程序的问世,生产过程由机械化步入自动化。20世纪60年代初的信息技术革命开端,计算机被引入工厂车间,被称为计算机数控技术。利用数控技术,计算机程序可以指示一台机器如何生产零件,并指示机器人在车间里制造和组装产品零件,如指示数控机床精确地轧制、压板、焊接、装配或喷涂一块金属。计算机数控促进生产率大幅提升,这是计算机和编程技术逐渐取代人类劳动长期过程的第一步,其编程和管理仅需少量专业技术人员。数控技术是管理革命的根源,对机器的管理代替了对人的管理。计算机程序控制的工厂越来越规范,智能化水平越来越高,现在,信息技术、计算机和机器人开始接管越来越多的以往由工人完成的工作。比如在钢铁工业中,计算机程序和机器人在近几十年里的应用代替了大量劳动力。如从1982年到2002年20年间,美国钢铁产量从7500万吨增至1.2亿万吨,而钢铁工人却从28.9万减少至7.4万。互联网精准加工系统也取代了传统的手工劳动,如成衣仓储、装卸、包装、运输都实现了计算机化,大大提高了生产效率和生产力。在计算机的协助下,服装本身的制作开始使用更少的工人。50年前,一名纺织工人操作5台机器,以每分钟100次的频率穿过织机,完成一个线程;现在,机器的运行速度是以前的6倍,并且由一名工人监管100台织机,这相当于每名工人产出增至以前的120倍。①

(二)"+互联网"阶段

互联网技术扩散阶段是传统企业利用互联网技术获取和发布信息,这时互联网技术是作为工具嫁接到原有的生产和流通环节,因此该阶段可以看成"+互联网"阶段。互联网技术作为一种工具被使用,改善了

---

① [美]杰里米·里夫金:《零边际成本社会——一个物联网、合作共赢的新经济时代》,赛迪研究院专家组译,中信出版社2014年版,第126页。

机器体系的生产方式，相应的也推动社会经济出现了变革。互联网技术，这个在20世纪70年代成形的系统的新技术，是80年代社会经济再塑的根本基础，这些技术在80年代的应用大体决定了这些技术在90年代的应用和轨迹。①

普及互联网技术不是简单的事情，需要在硬件和软件方面投入大量的资源。首先是政府要投入大量资源建设传输信息的主干道，如美国"信息高速公路"、欧盟提出的欧洲信息基础设施建设等。美国政府在1993年提出美国国家信息基础结构（NII），即计划用20年，耗资2000亿—4000亿美元，把通信网技术、光纤通信网（SDH）及异步转移模式交换技术、数据库和信息处理技术、信息通用接入网技术、移动通信及卫星通信、高性能并行计算机系统和接口技术、数字微波技术、图像库和高清晰度电视技术、多媒体技术等作为美国发展政策的重点和产业发展的基础，形成信息高速公路（ISHW），改变人们的生活、工作和相互沟通的方式。

其次是企业也要投入大量资源。企业在互联网技术方面的投资，形成一种专用网络系统，把分散的产品链条整合起来，强化了社会协作，形成更大的社会生产力。例如花旗集团在20世纪80年代末形成世界上最大的专用系统，可以把该集团在全世界94个国家的办事处联系起来，每天为2000亿美元的外汇交易提供支持服务。除此之外，企业内部的内联网（Intranet）的建立还加强企业内部资源共享，加强分散员工之间的协同工作，避免重复劳动。Intranet协调并扩大了公司内部对存储在多个公司网络上的信息的访问，形成专有的系统数据库。雇员通过访问数据库可以获取各种信息，使企业内部一个个活动孤岛实现互联，节约大量成本。例如为了赶工期，摩托罗拉把一种新产品的清晰图片放在Intranet上，在马萨诸塞州的工厂可以依照总部的指示进行产品组装、测试、包装及发货，降低大量成本。② 当Intranet发展到外联网（Extranet）就构建了一个企业网络。一家企业可以通过Extranet把产品供应链上下

---

① [西]曼纽尔·卡斯特：《网络社会的崛起》，夏铸九、王志弘等译，社会科学文献出版社2001年版，第71页。

② [美]丹·席勒：《数字资本主义》，杨立平译，江西人民出版社2001年版，第27页。

游企业纳入共同的数据库，共享产品生产过程信息和公司数据，根据其他企业产品生产的细节安排具体的生产环节，提高社会协作能力和社会化程度。Intranet 和 Extranet 共同构成了企业到企业（B2B）电子商务的先导，通过网络把企业与企业无时无刻地联系起来。

互联网技术在信息收集、加工处理、储存和传递方面的独特优势使互联网技术脱离了机器体系，形成独立的互联网技术体系，在流通领域扎根发芽。互联网技术在流通领域应用较早的是金融市场。从 20 世纪 80 年代开始，互联网技术把全球金融市场整合起来，日益脱离国家经济进行资本流动。互联网技术使金融市场去中介化，通过电子交易把投资者和证券市场直接联系起来。从 1971 年纳斯达克公司成立到 1999 年纽约证券交易所建立电子交易，网络使证券市场、外汇、债券以及其他投机性票据的交易量呈指数级增长。

互联网信息技术的发展，改变了原有的生产和组织方式，使资本主义的经济和组织出现变革，推动了全球化的发展。但若无解除管制和私有化，以及贸易和投资自由化等政策，其本身并不会演变成为网络的全球化。例如 20 世纪 80 年代的解除管制与自由化运动，对电信业的重组与增长非常关键。新电信网络与信息系统的存在，为全球金融市场的整合，以及全世界生产与贸易的区域化结合提供基础。① 互联网技术成为资本主义摆脱凯恩斯主义下的大政府，推动市场化和自由化的契机。因为一方面，互联网技术以及形成的相应信息技术产业在商业化以后得到了蓬勃发展，为市场化和自由化提供了物质基础；另一方面，随着互联网技术在不同领域的迅速扩展，成长起来的资本迫切需要摆脱政府的政策束缚，让资本自由流动起来，寻求利润最大化的点。在此基础上，新自由主义开始盛行，强调解除政府管制，反对政府干预，加强私有化、自由化、市场化，使资本恢复自由身，进行不受约束的资本积累。

（三）"互联网+"阶段

随着互联网技术发展和应用深化，互联网技术不再简单地作为工具嫁接到生产、流通、营销和管理环节，而是成为整个经济活动的技术基

---

① ［西］曼纽尔·卡斯特：《网络社会的崛起》，夏铸九、王志弘等译，社会科学文献出版社 2001 年版，第 72 页。

础和物质基础，成为生产生活的出发点，改变了原有的机器生产方式和经济运行方式。互联网技术开始作为基础技术衍生出新的产业和新的领域，并与农业、工业和服务业融合紧密，实现技术融合、产品融合、业务融合、市场融合和组织融合，因此，该阶段可被称为"互联网+"阶段。"+互联网"中的互联网技术作为工具，而"互联网+"中的互联网技术是决定性的生产方式，是各种经济活动的推动力。

技术进步是互联网技术应用深化的基础。在伯纳斯·李发明"超文本传输协议"（HTTP）后，与之匹配的万维网（WWW）则通过 HTTP 来控制网络的传输，使互联网（Internet）成为交互式的，人们可以访问网站，可以给网站增添内容，可以编辑网站的内容，还可以与网站交流互动。可以说，WWW 出现以后，Internet 才开始成为互联网，WWW 也成了互联网的代名词。在此之后，出现了一批对社会影响深远的互联网公司，如第一家浏览器企业网景公司，成为纳斯达克资本市场上的奇迹，其他互联网浏览器公司如雅虎、谷歌、百度等都成为新媒体的代表。除了新媒体类企业，互联网企业还有亚马逊、eBay、阿里巴巴、淘宝等电子商务类企业，Facebook、Twitter、微博、微信等社交类企业，Stripe、Klarna、蚂蚁金服等融资服务类企业，等等。这些从事不同行业的互联网企业是互联网技术作为技术基础和物质基础的产物，也是互联网技术作为资本的具体形态。这时，与其说互联网技术与资本结合得更紧密，不如说互联网技术本身就是资本，在资本积累过程中，担当增殖的技术基础。

随着互联网技术本身的发展，出现移动互联网、大数据、云计算、区块链、物联网等新一代信息技术。新一代信息技术推动整个社会的数字化变革，数据成为重要的原料和劳动对象，改变生产过程和劳动过程，实现"互联网+"跨越式发展。在数字经济时代，数据作为一种生产要素，具有劳动、土地等生产要素不具备的特征，即数据具有规模报酬递增、边际成本递减甚至是零边际成本的特点，改变了生产的可能性边界。数据是一种资源，如果要把数据转化为现实生产要素，就必须把数据与土地、劳动、资本等结合。数据在与其他生产要素交叉融合过程中，催生人工智能等"新技术"、数字资本等"新资本"、智能机器人等"新劳动"、数字孪生等"新土地"等新型生产要素，不断放大、叠加、倍增数据要素的赋能效应。数据一旦独立出来成为新的生产要素，就具备一种能力，这种能力使数据就像纽带，能够串联其他生产要素和原料，这种能力就是基于新一代信息技术的数字化能力。数据能够自生长和自扩散，在新一代信息技术支撑下，数据的生产来自现实空间中事物的虚拟化、数字化，而数据的再生产则来自数据自身，虽然仍旧脱离不了现实空间中的事物，但已经不是直接反映，就像放飞的风筝，在空中如何摇摆都不是地面能够控制的，风筝与地面只靠一根线连接着，如此而已。

  当前，互联网技术的广泛商业化应用使其呈现为平台。平台是互联网技术塑造的新的生产组织方式，其核心是不同生产要素的数字化结合方式。平台就如同互联网技术这一"潘多拉"的钥匙，能够开启互联网技术的秘密。平台这把钥匙具有两个显著特征。首先，平台是双边市场，即平台是信息传导中介，不提供产品，通过交叉网络外部性、杠杆效应，接入平台的两方能够实现利益互动，比如接入平台的一方因为某种问题导致数量增加或者减少，那么就会形成更多的或更少的、可以选择和匹配的信息增多或减少，就必然对接入平台的另一方的收益产生影响，会随着一方数量的增加或减少而增加或减少。当然，平台不是无所作为的，平台可以根据某一方的偏好有针对性地提供更好的信息搜寻匹配服务，从而增加其中一方的流量，另一方的流量也就自然而然地增加了。其次，平台可以跨界。双边市场是就平台结合不同生产要素而言的，事实上，平台能够匹配多个领域的信息，不仅仅是两个领域，即把多个领域通过平台将各经营单元相互协同并有序更新，对多个领域协同整合成"瞬时优势"，形成流动性竞争优势。[①] 跨界的前提是破界。传统的经营活动中，各个领域的相关信息专有化程度较高，想要破界需要花费很多才能打破这种信息的专有化，但即使打破了信息的专有化界限，所获得收益也是有限的。但平台不提供产品，只提供信息搜寻匹配服务，从而使信息的专有化变成专有化的信息，使信息的界限变成信息交融的触角。平台跨界又进一步激发平台双边市场，进一步放大平台在

---

① 赵振：《"互联网+"跨界经营：创造性破坏视角》，《中国工业经济》2015年第10期。

信息搜集和匹配中的作用，一旦平台成为商业化的主体，就会超越以往的任何经营主体，成为互联网时代的主导者。比如肯尼亚的 M-Pesa 平台是一个非常经典的案例。这个平台让世界上最贫穷国家之一的肯尼亚经济在 10 年里发生了巨大变化。肯尼亚移动钱包 M-Pesa 背靠通信巨头 Safaricom，通过手机及电信网络提供跨境支付、短期借贷、工资领取、账单支付等服务。肯尼亚中央银行公布的一份调查显示，截至 2020 年底，银行只有约 1000 个网点，且定位为服务少数高端用户，而 M-Pesa 背靠的 Safaricom 在肯尼亚有 25000 多个代理商，拥有客户 4970 万人、代理商 91.85 万人，完成交易 150 亿笔，是肯尼亚占据绝对垄断地位的移动钱包。M-Pesa 对双边市场发挥极大作用，肯尼亚传统金融服务普及率较低，银行账户在成年人中的渗透率不到 30%。然而有一款移动钱包产品，绕过传统银行和智能手机，仅用几年就成为肯尼亚最大的移动金融平台，平均每两个人中就有一位它的用户，交易规模相当于整个国家 GDP 的 40%。2020 年，在全球新冠疫情期间，M-Pesa 的交易比 2019 年增加了 45%。根据肯尼亚中央银行提供的数据，这一交易量相当于肯尼亚 GDP 的一半。随着流量的增加，M-Pesa 也发挥跨界效应。M-Pesa 的服务范围十分广泛，除了传统的金融服务以外，还提供商户服务和数字服务。比如 M-Pesa 提供购买服务和生活服务，利用 M-Pesa 可在线上或线下商店购买商品或服务，还可以用来支付水电费、学费、税费和其他费用以及手机充值等；M-Pesa 也可用于企业管理，可为企业客户定制在智能手机和台式机上使用、用于财务管理和仓库管理的应用；M-Pesa 还向广大开发者开放 API 中心，允许其在其他第三方平台上安全地测试和发布 M-Pesa 服务，同时 M-Pesa 也对外出售其应用内的广告位。在此基础上，M-Pesa 打造了"Mini 应用"，为客户创建了一个第三方服务的完整生态系统。可以说，M-Pesa 方案实施，改变了肯尼亚银行、保险公司等金融机构与居民之间的沟通方式及信用关系，并让全体居民可分享到现代金融服务。M-Pesa 的成功，让肯尼亚的非银行金融服务实现三级跳，即由非银行的无金融服务跳过传统银行阶段和信用卡阶段，直接跳到金融科技下的新形态的金融服务，并由此建立起了便利、高效、普惠的金融服务体系。肯尼亚居民通过新形态的金融服务，改变了自身生活方式，增加了创造财富的机会，同时促进了国家经济的发展。

互联网平台整合的范围有金融领域，商业领域，还包括生产领域。平台资本由主要应用于流通领域，开始应用于生产领域。例如在研发和设计环节出现的"创客"平台，生产制造企业在"创客"平台上把产品的研发和设计外包出去，通过"创客"平台另一端庞大的供应群体，提供最优的方案。随着技术的进步，互联网平台运行过程本身就是生产过程，特别是物联网技术在工业生产中的应用，构建网络化物理设备系统（CPS），进而使各生产设备能够自动交换信息、触发动作和实时控制。物联网技术有助于加快生产制造实时数据信息的感知、传送和分析，加快生产资源的优化配置。互联网平台在生产领域和生产环节应用的深化说明互联网生产方式已经形成，并逐渐战胜机器大工业生产方式，成为当代主要的生产方式。

平台是互联网技术条件下新的执行职能的资本形式。平台资本以其具有的聚集性、整合性、外部性、协同性和开放性等特点成为生产环节和流通环节中必不可少的一环。互联网技术条件下，产业资本运动时采取互联网平台执行相应职能，使平台资本成为资本运动的一环。这时，产业资本执行任务时会具有互联网平台的特性和互联网技术的特点，如在商品资本运动中充当电子商务平台，把现实经济的商品资本复制到互联网虚拟平台上，形成电子商务商品，并在互联网平台上实现价值流动，具体的使用价值则通过现实经济中的物流环节实现。电子商务平台改变了传统商品资本的运动方式，降低交易时间和交易费用，缩短商品资本实现"惊险一跳"的时间，加快资本周转速度，提高利润率。

互联网技术的不断革新，推动平台资本在生产领域和流通领域的应用加深。在当前移动互联网、云计算、大数据等技术大力发展下，互联网平台不断突破发展限制，通过平台本身的聚合优势进行跨界融合。

第二节　互联网技术条件下生产方式的新变化

互联网技术在发展和应用中逐渐改变了机器大工业生产方式下的劳动力和生产资料的结合方式，形成互联网生产方式。互联网生产方式具有不同于机器大工业生产方式的特征，对生产过程产生重要影响。

第一章 互联网技术对生产方式的影响

一 互联网生产方式的形成

在马克思主义政治经济学中,"生产方式"有着多重含义,广义的生产方式是指生产力和生产关系的总和;狭义的生产方式是指生产的技术方式,即生产资料和劳动者的具体结合方式。本书是从狭义上使用"生产方式"这个范畴,在这个意义上,生产的技术变化直接表现为生产方式的变化,马克思指出:"生产方式的变革,在工场手工业中以劳动力为起点,在大工业中以劳动资料为起点。"① 在工场手工业中,技术条件是简单的手工工具,此时,劳动者控制工具,劳动过程中工人既要提供技术,也要提供技能,因此,人使用工具是生产方式的基本特点。马克思指出,工场手工里每个工人是工场的器官,"局部工人作为总体工人的一个肢体……使他转化为本能地准确地起作用的器官"②。当生产技术发展到机器大工业时代时,生产资料和劳动力的结合方式也发生了改变,这种生产的动力由机器提供,机器主导生产过程,劳动者主要从事简单劳动,变成了机器的一个器官。"这些工人本身只表现为机器的有自我意识的器官(而不是机器表现为工人的器官),他们同死器官不同的地方是有自我意识,他们和死的器官一起'协调地'和'不间断地'活动,在同样程度上受动力的支配,和死的机器完全一样。"③ 由于生产方式的变化,对资本家组织生产也产生了相应的影响。在工场手工业时期,资本家把拥有技能的劳动者聚集在一起,劳动者与资本之间是形式从属关系;机器大工业阶段,工人对资本之间变成实际从属关系。互联网技术产生于大工业机器传递信息的需求,并在技术的改进和应用中改变了劳动者和生产资料的结合方式,形成互联网生产方式。④

---

① 马克思:《资本论》第1卷,人民出版社2004年版,第427页。
② 马克思:《资本论》第1卷,人民出版社2004年版,第404—405页。
③ 《马克思恩格斯全集》第47卷,人民出版社1979年版,第356页。
④ 互联网技术应用到国民经济各个领域,对劳动力和生产资料结合方式产生变革,在这个意义上,本书使用"互联网生产方式"。互联网生产方式并没有脱离机器生产方式,就像互联网技术是机器体系新的组成部分一样,互联网生产方式是机器生产方式的新发展阶段。在机器生产方式范畴内部,本书着重分析的是与马克思时代机器大工业生产方式相对应的互联网生产方式。

互联网生产方式体现在技术条件和社会条件的变化。在技术条件上，互联网是利用硬件设备、网络服务协议和应用程序搭建的虚拟空间。互联网虚拟空间是在现实经济基础上重构的新的经济活动空间，虚拟空间和现实空间两者相对应和转化。在生产活动中，硬件设备成为劳动资料的一部分，是虚拟空间的出入口，成为自动化生产中不可或缺的控制终端。应用程序依托硬件设备为载体构筑一个平台，成为通过编程和指令作用生产过程的生产工具。不同硬件设备以节点的形式被网络连接起来，平台通过网络传输编程和指令作用于劳动对象完成劳动任务。不同于大机器下的生产工具和劳动资料，劳动者使用互联网技术进行劳动的内容是搜集、储存、加工和传输信息，劳动成果以信息和数字的形式呈现，劳动对象同样也是以信息和数字形式呈现，这也是互联网生产方式最显著的特征。互联网虚拟空间把现实空间里的要素分解成0和1的二进制单位，表现为符号、声音、文字、图形、图像等数据资源。数据资源作为互联网虚拟空间里的生产原料，能够参与到生产和再生产中，不断被传递、被复制、被加工和再加工，一方面能够形成新的数据产品；另一方面可能在现实空间中的生产过程被物化，形成复杂的物质劳动产品。比如华为鸿蒙操作系统本身就是以代码、算法、协议等形式存在的数据产品，它一方面可以继续被加工创造，形成性能更好的操作系统；另一方面也可以物化在手机、电脑等硬件设备上，形成实实在在的物质产品。在互联网虚拟空间中，人类的劳动过程就是使用互联网技术搜寻、传递、加工数字资源，数字资源变成新的劳动对象，扩展了人类劳动的范围。

在社会条件上，由于劳动资料通过网络连接起来，从而使与劳动资料结合的劳动者呈现网络化。马克思指出："劳动过程的协作性质，现在成了由劳动资料本身的性质所决定的技术上的必要了。"[①] 互联网技术成为新的劳动资料，从而决定了劳动过程的协作程度。在互联网虚拟空间中，劳动过程以硬件为节点分散在全球各地，扩大了生产的空间范围，同时以平台为纽带连接起来，聚集了劳动的协作力。

数字虚拟空间具有网络正外部性，使用的节点越多，数字虚拟空间

---

① 马克思：《资本论》第1卷，人民出版社2004年版，第443页。

中聚集的数据资源就越多,所创造的价值就越大。互联网技术作为先进生产力的代表,深化了生产分工,并把分工扩展到全球各地,延长了生产链条,并通过互联网虚拟空间组织全球产业链,充分利用网络正外部性提高协作程度。首先,互联网虚拟空间扩大劳动的空间布局,形成分散社会化生产。在机器生产过程中,机器的机械性质决定了生产环节衔接分工必须在有限的空间内进行,扩大生产规模及信息传递的便捷都要求商品产业链变成产品生产链,使企业间分工被企业内部分工代替,实现工厂集中社会化生产。作为技术体系,互联网在生产中的应用,不仅进一步把劳动对象分解,还因在信息传递方面的优势增强了劳动过程和劳动组织的连续性,扩大了生产的空间布局,完善了产业链分工。互联网把局部劳动转变为社会劳动,把产品上的联系转变为商品交换上的联系,进而把企业内的分工转化为社会分工,形成各独立的生产企业。独立的生产企业往往只专注于产品生产的一个环节,以高度专业化劳动参与社会协作。由于互联网传递产品链信息,独立的生产企业不必集中在同一地区,可根据不同生产环节的劳动特征选在不同的地方。互联网虚拟空间能够把分散在全球各地的产业链上所有生产企业协作起来,形成前所未有的社会生产力。与机器生产过程中的集中社会化生产不同,互联网技术下的生产过程是分散社会化生产。其次,以虚拟空间为枢纽把劳动编织成一张网络,推动劳动过程的网络化协作。与机器大规模集中生产不同,在互联网时代,轻巧、便捷的计算机等硬件成为把劳动者组织起来的劳动资料,互联网硬件通过网络被连接起来,从而使劳动者的劳动实现网络化协作。在机器大工业生产中,机器体系协调局部劳动,把分解的劳动对象统一起来,最终形成整体的产品。为了实现整体产品,需要统一指挥不同生产环节的劳动者,机器大规模集中在工厂,依附机器的劳动者也集中在工厂里。互联网硬件如计算机、智能手机是一个个独立的客体,分散在全球各个地方。由于硬件的便携,劳动者家中也可放置。通过分散式的互联网硬件组织起来的劳动者必然也是分散的,劳动者可以在自己家中,在不同地区,在不同国家,只要有互联网硬件就可以被组织起来。虽然,劳动者是分散的,但劳动过程却是协作的。互联网硬件通过网络连接虚拟空间,并把虚拟形式的劳动对象分解成相互补充的部分,劳动者利用互联网完成不同的环节和任务,通过虚拟空间中的局部劳动，形成劳动过程的网络化协作。互联网时代，劳动者不需要大规模集中在一起就能产生规模经济，通过虚拟空间把分散在全球的劳动者聚集起来，就能进行劳动过程的网络化协作。

"随着新的生产力的获得，人们便改变自己的生产方式，而随着生产方式的改变，他们便改变所有不过是这一特定生产方式的必然关系的经济关系。"① 互联网生产方式的形成不仅改变了生产领域的经济关系，同时也塑造了流通领域的经济关系。在流通领域中，平台作为流通环节中的劳动工具与劳动者结合，为流通领域的资本家转移剩余价值。价值在互联网虚拟空间的流通最为引人注目，它不再受限于物质使用价值的地理空间。然而，经济规律的规制强制虚拟空间的价值流动必须转化为现实经济的使用价值运动，但价值和使用价值的运动在互联网生产方式下又相对独立。

二　互联网生产方式的特征

互联网技术改变了生产劳动的技术条件和社会条件，形成互联网生产方式。与传统的机器大工业生产方式相比，互联网生产方式具有以下特征。

（一）虚拟性

在互联网虚拟空间中，在平台主导的劳动过程中，劳动对象和劳动结果都以虚拟形式表现出来。互联网生产方式下的生产过程是对客观现实进行数字化处理的过程，或者是传输、加工处理、存储、显示和应用已有信息的过程，它的原料和产品都是数据信息。互联网通过比特（bit）信息单位，把现实世界数字化，形成符号、声音、文字、图形、图像等信息载体，以集合的形式存在于虚拟空间，并可对它们进行高效、快速、共享和无损地存贮、运算和传输。互联网技术试图为整个世界贴上数据的标签，从这种数字中形成新的"价值"，使数字自己说话。

虚拟空间是互联网技术搭建的一个经济活动的场所。在这个场所内，经济运行规律和逻辑没有发生根本性的变化，人们可以在虚拟空间中从事各项经济活动，通过劳动和交换来实现价值和剩余价值。但在虚

---

① 《马克思恩格斯选集》第4卷，人民出版社2012年版，第410页。

拟空间中，人们经济活动的对象是虚拟化的，是依靠技术手段建立的可视化景象或者虚拟客体，形成虚拟化经济。虚拟化经济是通过应用程序，把现实经济复制到互联网上，利用平台进行生产、分配、交换和消费活动的经济。通过复制现实经济中的企业，就形成虚拟企业；复制现实经济中的银行，就形成电子银行；复制现实经济中的交易市场，就形成电子商务；等等。以现实经济为基础复制出的虚拟客体在虚拟空间中运行，虚拟企业可以雇佣劳动力进行劳动，电子银行能够从事货币资本的经营业务，电子商务可以通过虚拟化的商品的买卖实现价值和剩余价值。

互联网虚拟空间不是想象出来的纯粹的抽象物，而是在现实经济基础上形成并与现实经济相关联。在这过程中实现了虚实转换，首先是现实经济转换虚拟化的商品，其次是虚拟化的商品转化成现实经济。比如电子商务首先是由实向虚转化，当虚拟企业向互联网用户（消费者）买卖商品时，买卖活动是通过网络完成的，但商品的运输和消费则是在现实经济中完成的，从而实现了由虚向实的转化。电子商务形成一种观念上的电子商务商品，然后通过网络平台匹配，进行电子商务商品交易，但现实的物质使用价值需要通过现代物流配送到消费者手中。值得注意的是，在虚实转化中，价值转换并不一定是等价转换，有可能导致虚拟化的商品价值超出现实经济价值，从而出现虚拟泡沫。

（二）智能化

互联网技术作为机器的控制机，在劳动过程中脑力劳动增加，从互联网技术控制机器的程序、产品的研发和设计、企业生产系统管理到生产和销售数据分析都需要大量的脑力劳动者。正如布莱恩约弗森等所说"就像蒸汽机及其他后来的技术发展克服并延展了肌肉力量一样，计算机和其他数字技术——那种用我们的大脑理解和塑造环境的能力，正在对金属力量做着同样的事情"[①]。在工厂里，由于信息化和自动化的发展，尤其是在当今人工智能大力发展下，自动化生产和智能机器人使机器自行执行职能，劳动者逐渐退出直接生产过程，随着生产的自动化程

---

① ［美］埃里克·布莱恩约弗森、安德鲁·麦卡非：《第二次机器革命》，蒋永军译，中信出版社2016年版，第10—11页。

度越来越高，智能机器人成为工厂里主要的"工人"。生产过程中智能机器人的使用，直接物质生产过程的工厂车间变成了"无人工厂"。

互联网生产方式下，脑力劳动成为劳动力的主体，知识和信息成为最主要的生产要素，竞争的焦点在于获取并利用知识和信息进行创新。资本家为了获取垄断利润，不断投入社会剩余进行设计和研发，创造出新的产品和工艺设计。毫无疑问，知识和信息在物质生产过程乃至整个人类社会活动中的作用越来越重要，尤其是当前智能化生产趋势下，知识和信息决定着竞争的成败。但知识的作用在于：知识是人类物质生产的主观条件，人在劳动中利用知识生产产品，而不是脱离人的劳动。①人类物质生产的主观条件被称为"前生产阶段"，是生产的逻辑起点。②知识在逻辑上是为了培育劳动者的生产能力，为劳动者在生产过程中创造更大的价值作准备，这一阶段是生产过程还未开始之前进行的。随着互联网生产方式在社会中占据主导地位，"前生产阶段"成为人类经济活动的主要领域。互联网技术为"前生产阶段"生产提供便利的技术支撑，研发、设计和创新活动可以通过互联网技术不断试错积累，源源不断的剩余资本投入该领域，以求获得控制生产的垄断权。

"前生产阶段"的资本雇佣高技能脑力劳动者进行"生产"，生产的"产品"是没有物质载体的知识和数据，这些"产品"的特点是可以很容易地复制和传播。这些"产品"的销售并不像物质产品以使用价值为载体换取价值，它们的特点决定了在以使用价值换取价值的同时，自身的所有权发生变化，而使用权可以被扩散，这种特点在社会关系中产生了"知识产权"。竞争的焦点向前移动，使"前生产阶段"的资本家在交易中凭借"知识产权"保持所有权，分享生产领域创造的剩余价值。知识和科学作为一种控制力，掌握着竞争中获胜的关键要素创新的源泉，从而把这种控制力延伸到生产领域，依靠垄断权无偿占有剩余价值。

随着"前生产阶段"积累和自动化、智能化生产以及智能机器人的

---

① 张德育：《知识和知识产品不能混淆——兼与王鹏程商榷》，《经济学动态》1985年第8期。
② 张俊山：《"前生产阶段"——现代资本积累的新领域》，《福建论坛》（人文社会科学版）2008年第1期。

出现，互联网生产方式具有智能化的特点。在互联网生产方式下，"前生产阶段"的"产品"在生产过程的物化是智能化的，并且物化的产品范围广泛，不仅在生产领域，还扩展到流通领域和人的社会生活方面。在当前大数据、云计算、物联网等数字技术大力发展下，智能化已经逐步实现。

（三）共享性

互联网生产方式的共享性体现在互联网技术本身的网络性、开放性和虚拟性对产权产生的冲击，共同分享技术进步的成果。网络以公共品形式被提供，应用程序表现为准公共品，而硬件设备则为私人品，因此，三者构成的互联网技术是准公共品。在虚拟空间中，虽然平台的所有权归私人，但互联网技术的准公共品性质决定了平台的使用权具有非竞争性，甚至是非排他性，因此平台是准公共品。利用准公共品进行劳动，生产的产品不具有竞争性。因此，以信息和数字形式的劳动产品多为准公共品，可以在人们之间共享。

在互联网生产方式下，劳动产品以信息和数字形成呈现，且具有较强的复制性。再生产这些信息和数字不需要重新准备原料，只需要劳动者利用劳动资料，根据原有的生产流程再现出来，花费较少甚至成本为零。互联网生产方式下，脑力劳动者尤其是高技能脑力劳动者凭借自己掌握的知识获得了共享一部分剩余价值的权力，改变了企业的管理方式。一些高技能脑力劳动者打破了生产资料和劳动力分割的雇佣劳动方式，形成自雇佣劳动。因此，劳动力再生产可以通过共享互联网技术即共享互联网技术硬件设备和网络服务以及应用程序提供的功能和服务进行，而不是通过被资本家雇佣实现劳动力再生产。劳动者拥有生产资料改变了其在原先生产中分配的地位，打破了劳动从属资本的关系。

互联网技术本身携带共享基因，它在生产、流通、消费各个领域，为人与人之间建立共享关系提供了物质技术基础。

从生产领域看，互联网的共享基因体现在生产资料的准公共产品性质，从而，在互联网共享空间中，劳动者对劳动产品具有一定的索取权。在组成互联网共享空间的三个部分中，有些产品属于公共产品或准公共产品，如硬件设备中花费较大的设备如光纤、传输信号用的卫星等基础设备，一般由政府建设作为公共产品为社会提供服务；网络服务协议一经搭建就不作为私人物品，而是作为公共产品或准公共物品使用，网络本身并不具有排他性和竞争性，作为私人产品的只是一些硬件设备；应用程序中也存在着一些免费软件，或者边际成本为零的软件。当然，互联网组成部分中也存在着纯粹的私人物品，如一些不具有特殊性的硬件设备以及一些应用程序。总的来看，互联网具有准公共产品的性质。互联网共享空间是一个开放的空间，任何人都可以接入并使用互联网，这也是网络正外部性的必然要求。

在互联网共享空间中，劳动产品以数字、信息等虚拟劳动产品形式存在，这种产品一经生产就具有很强的复制性，其再生产只需较少的劳动力甚至不需要再投入劳动就可以免费获得，所以它们是准公共产品。以数字、信息形式存在的劳动产品也作为生产资料被用于生产新的虚拟劳动产品，因此，在互联网共享空间中，劳动者可以拥有这部分原料，成为自雇佣劳动者。此时，信息和数字形式的劳动产品即虚拟化的劳动产品是共享空间中创造的价值形式，如果劳动者使用的硬件设备是自己所有，网络平台是准公共产品，那么劳动产品就归劳动者所有；而如果劳动者使用的硬件设备是别人所有，那么劳动产品就可能被别人占有。但由于虚拟化劳动产品具有很强的复制性，不用投入较多的费用就可以再生产出来，因此，虚拟化的劳动产品可以被许多人共同使用而保持其所有权不变。比如利用互联网平台创造的图片或产品设计方案，以虚拟化的数字和信息的形式存在，可以被其他人借鉴和使用，但它们的所有权没有发生改变，并且在市场经济条件下，它们的所有者可以根据所有权收取专利费用。这种使用权的交易冲击了产权观念，利用互联网平台形成新的商业模式，即"不求为我所有，但求为我所用"的"共享经济"。在互联网共享空间中，价值被创造出来并进行相对独立的运动，拥有劳动产品的人可以将该劳动产品的使用权进行买卖，从而共享劳动创造出来的价值。

从流通领域看，互联网的共享基因体现为价值在共享空间中运动因降低流通费用、减少流通时间而增加的收益由各参与方共享。互联网虚拟空间中的虚拟化商品，或以图片形式或以数字形式展示了商品的使用价值，不需要把具体的实物形式的产品运输到消费地。当在互联网虚拟空间中达成交易以后，才通过运输业把真实的使用价值运送到消费地点，这一过程极大地降低流通费用、减少流通时间。互联网技术的准公共产品性质决定了它带来的技术收益被各参与方共享。

从消费领域看，互联网共享基因体现为使用价值利用共享空间改变消费与生产和流通的关系，从而使消费具有共享形式。互联网技术以及人工智能的产生和发展，改变了传统的生产和消费关系。比如，生产和消费在过程上具有同一性。3D打印、4D打印技术的出现，生产和消费这两个环节在时间和空间上具有一致性。再如，互联网技术导致流通与消费具有同一性，由于电子商务和网络购物发展，使流通本身变得简单、方便、快捷，只要有网络，人们随时随地都可以去买自己想要的东西。消费与生产和流通的同一性，增强了消费在生产和流通中的反作用，使消费具有共享形式。比如消费者能够根据自己的需要定制个性化产品或者在千万种产品中筛选，提高销售和购买匹配度，同时减少销售时间和购买时间，共享了技术收益。还有，消费模式发生了变化，出现了各种各样的共享消费模式，比如共享房屋、共享家具等等，使用权之间的交换使闲置资源得到优化利用。

互联网技术改变了传统的产权观念，为共享经济发展提供了技术基础。由于机器大工业时代的技术本身就具有强烈的垄断性和私有产权，所以在传统的观念里，如果需要使用某些产品，那就必须花费货币购买它的所有权，也就是支付价值获得了使用价值。然而，在互联网生产方式下，使用某些产品可能不需要拥有它的所有权，获得它的使用权同样能够满足需求。在私有制条件下，所有权仍旧是生产关系的核心，但互联网促使所有权和使用权分离，使用权开始成为市场交易的对象。人们利用互联网平台分享或者交易产品和服务的使用权，满足特定需求，却花费较少，同时也节约社会总资源。互联网技术促使所有权向使用权的转变，人们开始共享使用权，共享互联网技术进步带来的收益，排他权开始向共享转变，催生了新型的共享经济。

三　互联网生产方式下生产过程的特点

（一）社会协作程度加深

互联网技术作为机器体系控制机参与生产过程，互联网技术的控制性体现在：劳动者利用互联网技术控制机器进行物质生产过程。在生产过程中互联网技术的应用形成一个特定的部门。在这个部门中，脑力劳动者利用互联网平台从事研发和设计等工作，而工厂生产部门则是对脑力劳动成果进行物化活动，即根据脑力劳动的产品进行物质生产的活动。

互联网技术进步使生产过程、生产环节和生产工序在技术上的可分性增强，并且互联网技术在信息传递方面的优势强化了劳动过程和劳动组织的联系，把产品上的联系转变为商品交换上的联系，进而把企业内的分工转化为社会分工。企业内分工转化为社会分工形成各独立的生产企业，它们和生产部门与原生产部门之间存在着共同商品的联系。互联网虚拟空间克服了现实经济的规模限制，使生产可以在全球范围内组织起来，尤其是生产以外包形式进行，形成了全球生产网络。全球生产网络把整个世界的劳动者整合起来，形成无与伦比的社会协作力，即社会生产力。虽然，产品生产部门分布在全世界，但只有所有分工企业的产品组装成完整的商品，即形成最终消费产品时，才能实现商品的价值和使用价值统一，即"局部工人不生产商品，转化为商品的只是局部工人的共同产品"[①]。商品生产的社会协作性要求局部产品的生产必须相互衔接，因此，商品生产的计划性不可避免地增强。互联网技术在信息收集、存储、加工和传递方面的优势，使生产链条上的每一个独立的生产环节相应的信息被汇总，并作出相应的生产计划，协调商品生产过程。如企业利用互联网技术建立供应链管理系统，供应链上的企业共享生产的信息，根据生产信息协调各企业产品供应；除了生产信息在供应链上共享以外，流通信息尤其是运输信息也在供应链上被共享，使生产企业根据原料和商品储备情况计划生产过程。

大规模生产是以大规模流通为前提的，如果商品没有在流通环节实现价值和剩余价值，即如果商品没有销售出去，就会出现产品过剩危机。生产力的进步使生产能力和社会协作程度都有很大提高，以致出现经常性的生产过剩。互联网生产方式下的计划性为这种经常性过剩危机找到一条出路。根据供应链管理完成产品的生产和流通环节，通过收集、存储和分析利用互联网平台销售的商品数量，指导商品的生产。生产企业根据以往的销售数量预测，使企业的生产数量保持在一定限度

---

① 马克思：《资本论》第1卷，人民出版社2004年版，第411页。

内，从而使生产过剩前移，即不再是生产出来的商品过剩，而是生产商品的生产能力过剩，即产能过剩。生产能力的扩大是生产社会化的必然结果，而产能过剩则是资本运动的结果。

互联网技术利用信息传递优势增强产业资本运动的计划性，提高社会协作程度。生产资本内部各个生产环节取得独立的生产企业形式，生产的分工协作扩大。例如企业利用互联网技术建立供应链管理系统，在供应链上的企业共享生产的信息，根据生产信息协调各企业产品供应。除此之外，生产过程和流通过程的分工协作也不断扩大。在单个产业资本内部，生产和流通是相对的，但在产业资本总体中，生产和流通需要保持一定的比例，才能实现产业资本运动的连续性。生产的结果需要依靠流通环节来实现，生产的原料也需要依靠流通环节提供，因此，生产的社会化必然导致流通的社会化。与生产社会化相同，流通社会化一方面表现在流通规模的增大，另一方面表现在流通的专业化程度提高。流通过程的计划性也不断增强，比如除了生产信息在供应链上被共享，流通信息尤其是运输信息也在供应链上被共享，使生产企业根据原料和商品储备情况计划生产过程。

互联网生产方式下，生产部门内部分工更加细化，企业内分工转化为社会分工，通过网络把分布在全球的生产环节联系起来，形成庞大的社会生产力。同时，生产部门和流通部门的分工进一步加深，通过共享各部门内部的信息强化生产和流通的协作，增强资本运动的连续性。

(二) 产业资本外化与互联网拜物教

虽然流通从属于剩余价值生产，但流通具有自身的独立性，从而形成流通规律。专门在流通环节执行职能的资本，赋予特定的职能，形成商人资本。商人资本可以减少生产资本在流通环节的消耗，从而使生产企业专注于生产和再生产过程，创造更大的价值和剩余价值。产业资本中的货币资本和商品资本独立化以后，就会形成商人资本，商人资本与产业资本可相互转化。产业资本转变为商人资本的条件是，商人资本从事的流通活动获得的利润率大于产业资本，只有在商人资本和产业资本获取的利润率达到平均利润率时，才会停止转化。

互联网虚拟空间极大地促进了价值的流通。互联网平台在流通领域的应用，降低流通费用，减少流通时间，加快资本周转，提高了商人资本获得的利润率。在利润率的引导下，在产业资本运动各环节执行职能的资本外化采取独立的形式。这种外化的冲动是资本本性在资本运动中的表现，资本总是想摆脱生产的倒霉事，最理想的运动形式是 G—G′，即钱能生钱，而不是经过一系列的资本形态转化后再获得更多的价值。

互联网技术为资本外化提供技术条件。互联网技术加大了社会分工，加大了专业化程度，生产环节和流通环节不必由同一个企业完成，事实上一个企业只是完成生产环节或流通环节中的很小部分。但在互联网虚拟空间中，利用互联网平台进行流通克服了时间和空间限制，扩大了流通的规模，建立了互联网平台的垄断地位，从而获得较高的利润率。在高利润率的引导下，产业资本内部执行职能的资本向流通领域集中，同时执行流通职能的资本独立化为货币经营资本和商品经营资本。

产业资本外化形成的商人资本利用互联网平台执行职能，好像互联网平台自己完成流通职能一样。例如利用互联网平台销售商品，对于买方来说，通过互联网平台购买就可以获得商品的使用价值，好像商品是互联网平台直接生产出来的一样；对于卖家来说，通过互联网平台就能把商品卖出。在这一过程中，互联网技术充满形而上学形成和神学的怪诞，认为只要利用互联网技术就可以得到想要的东西。互联网技术被认为是无所不能的，它可以顺利实现资本循环，加速资本周转，也可以不断创新，形成"知识价值论"，同时还创造了美国在 20 世纪 90 年代的"新经济"等。这些看法都是互联网拜物教的体现，没有看到互联网技术只是工具，不可能成为主宰人类命运的力量。① 互联网拜物教忽略了互联网平台背后人的劳动，正是人的劳动才在资本运动过程中创造了互联网神的地位。

（三）互联网技术改变了生产工艺

在机器大工业生产方式下的生产过程中，机器是生产的主动力，劳动者是生产的辅助力。机器把劳动者集中到工厂里进行劳动，劳动者集中提高生产规模形成规模经济，减少流通时间和流通费用。在流水线上标准化生产大幅提高生产的效率，但也导致生产产品的无差异化。互联网技术生产方式改变了机器的大规模、标准化和流水线的生产，通过互

---

① 陈淮：《信息化要警惕"拜物"观念》，《光明日报》2001 年 2 月 14 日。

联网技术控制生产和流通各环节从而出现了小批量、个性化定制生产。

互联网技术是现今先进的生产力，为生产工艺的改变提供物质基础。在互联网技术条件下，丰富的物质产品满足了人们的基本生活需求，更高层次的个性化享受产品需求不断增长。互联网技术尤其是互联网平台的发展改变了单边市场，通过互联网平台两端在供给方和需求方进行了新的传递，形成双边市场或双边平台。[①] 在双边平台中，不再是"有什么给什么"而是"要什么给什么"。在平台需求端，用户根据自身的偏好对产品提出特定的要求，通过平台传递给供给端，生产企业则根据要求生产出个性化的产品。个性化定制和多样性产品成为适应互联网灵活性的主要生产模式，摆脱了大机器标准化统一生产模式。在网络正外部性的作用下，双边平台供给端和需求端规模呈螺旋式上升，尤其是在移动互联网及手机应用平台大力发展以后，平台克服了现实场所有限的局限性，在增加需求端的同时增加了供给端，实现规模经济递增。

互联网技术与传统产业融合后，互联网技术改变了机器既定的生产工艺，形成新的劳动形式。比如印刷业通过互联网摆脱了传统的制作菲林和印版技术，形成的数码印刷，通过计算机把图文信息数字化处理，并将数字信息传递到印刷系统，再通过印刷机直接完成图文信息的生产工艺。以丝印为例，传统印刷工人制版时首先将涂有感光材料腕片基感光膜面朝上平放在工作台面上，将绷好网框平放在片基上，然后在网框内放入感光浆并用软质刮板加压涂布，经干燥充分后揭去塑料片基，附着了感光膜腕丝网即可用于晒版，经显影、干燥后就制出丝印制版。根据制版选择油墨和材料，刮板的挤压使油墨通过图文部分的网孔转移到承印物上，形成与原稿一样的图文。数码印刷工人则是利用计算机预先调整印刷的格式和版式，通过网络直接通过印刷机形成图文信息。在信息化范式下，工作的种类改变了，在质、量以及执行工作的性质上都发生了变化。

（四）互联网生产方式下劳动过程的特点

在互联网虚拟空间中，劳动场所、劳动资料和劳动对象都发生了变

---

① 李允尧、刘海运、黄少坚：《平台经济理论研究动态》，《经济学动态》2013年第7期。

化，那么整个劳动过程也必然发生变化。首先是要求使用新型劳动资料作用于新型劳动对象的劳动"力"智能化。

劳动"力"智能化。传统大机器生产方式对劳动"力"的要求更倾向于体力劳动，即机器主导着标准化、规模化的生产过程，如在福特制生产过程中劳动者成为机器的附庸，在体力上配合机器的各个生产环节。随着机器体系的发展，出现后福特制生产过程，脑力劳动开始逐渐被重视，但受限于机器体系的技术特点，体力劳动仍然是劳动"力"的主要方式。数字技术加快体力劳动和脑力劳动分工，体现为劳动过程与直接物质生产过程的进一步分离。劳动者的劳动过程多集中在互联网虚拟空间或从现实空间转化到互联网虚拟空间中，一般是脑力劳动过程，而体力劳动多集中在现实空间或从互联网虚拟空间转化为现实空间中，直接物质生产过程主要是现实空间的物质产品生产，并逐渐由智能工厂、机器人进行生产制造。在互联网虚拟空间中，劳动者劳动的内容是搜集、储存、加工数据资源，劳动对象和劳动成果都以数据资源形式呈现出来，对劳动"力"的要求转变为脑力劳动为主。互联网虚拟空间为脑力劳动者提供场所，数据资源的搜集、储存和加工都需要脑力劳动，尤其是生产的研发和设计环节，智力和创造力成为决定产品使用价值的关键性因素。因此，在互联网虚拟空间中的劳动过程，劳动"力"要求智能化。智能化的劳动"力"体现在数字技术创造的一些新工作类别和新职业，如平面设计师、软件工程师、创客、电子商务师、客服、动漫设计师、自媒体工作者等等。这些新工作和新职业都在以数字技术为基础构建的互联网虚拟空间中进行数据搜集、加工和处理，以脑力劳动为主，他们生产的产品也都以数据资源的形成呈现出来。

在互联网虚拟空间中，由于生产条件数字化和劳动"力"的智能化，生产资料与劳动者结合的劳动过程表现为非物质化过程。除了硬件设备，数字技术的传输网络和数字平台都是非物质的。更为重要的是，作为生产原料的数据资源来源于人类生产生活的"痕迹"，不需要特定的劳动过程就能够生产出来，而作为劳动成果的数据资源同样也是以非物质化形式存在。劳动过程非物质化还体现在再生产过程中，数据资源的再生产过程就是劳动者对已有数据资源处理和加工的过程，而劳动"力"的再生产是在保持生命体的基础上脑力的开发和提升，是知识的学习过程。知识是人类生产活动的总结和主观条件,是经验上的传承和观念上的创造,是非物质存在的。

互联网生产方式下社会协作程度加深,分工不断细化,劳动过程中需要的劳动者技能呈现两极分化,即高技能劳动者和低技能劳动者规模不断提高,而中等技能劳动者规模则减少的极化现象。比如从1970到2000年,白领雇员在总雇员中的比例由47.5%增长到59.4%,白领雇员内部结构也出现变化。管理人员和专业技术人员比例均上升,分别由8.1%和14.5%上升为14.6%和18.9%,普通员工则由17.8%到13.8%,销售人员由7.1%上升到12.1%。[1] 这些数据大致反映出互联网生产方式下劳动力技能极化现象。收入与劳动技能直接关联,劳动技能极化导致贫富分化进一步拉大,其中所谓中产阶层也不断被挤压,如1991年德国的低收入、中等偏低收入、中等收入、中等偏高收入以及高收入者的占比分别为20%、10%、60%、8%、2%,2013年这一占比变化为21%、12%、54%、9%、4%[2],中等收入减少了6个百分点,与此对应的是低收入、中等偏低收入和中等偏高收入、高收入者的比重增加,正如马克思所说一极是财富的积累,另一极是贫困的积累。

互联网技术在生产过程的应用提高了资本有机构成,把一部分劳动者从生产领域排挤出去,形成庞大的产业后备军。在产业后备军竞争压力下,数字工人不得不延长劳动时间,以获取就业机会,否则就会被其他工人取代,由此产生了所谓加班文化和"996"工作制。在社会中形成了两个极端,一方面是劳动者"自觉"地延长劳动时间,另一方面则是一些工人以兼职或临时工形式被雇佣,劳动时间比较灵活、短暂,但工资微薄。

互联网技术打破了传统的工作制度,形成了弹性化工作。互联网生产方式下,劳动者不需要大规模集中起来才能进行生产,通过网络可以把分布在世界各地的劳动者集聚在一起完成生产。劳动者利用互联网平台劳动,就形成弹性化工作。劳动者弹性化工作表现在:工作时间不受

---

[1] 高峰:《论"生产方式"》,《政治经济学评论》2012年第2期。
[2] 谭中和:《中国薪酬报告(2018—2019)》,社会科学文献出版社2019年版,第300页。

限于全职工作每天固定八小时工作；工作地点不受限于工作场所内，弹性工作者的工作地点可以在家里或路途中；工作内容是订单式的，具有任务导向型，完成这项任务后不会对未来就业作出承诺；雇主和受雇者之间的社会契约发生转变，雇主对受雇者不再作出训练机会、社会支付、可预期的职业生涯等的承诺。① 弹性化工作不仅是互联网改变了劳动形式的结果，还符合资本最大限度减少可变资本、获取剩余价值的需求。按照上述四方向的发展，弹性化劳动者数量不断增长，具体说来是兼职和临时工以及自雇工作者的数量不断增长。

互联网时代出现所谓零工经济的就业形式，看似摆脱了资本雇佣劳动关系，劳动者能够自由安排劳动时间和选择劳动地点，但实际上这只是互联网技术衍生出来的新劳资关系。在互联网虚拟空间中，自雇佣劳动者创造资本主义生产体系所需的劳动产品，其仍被纳入资本主义生产关系中，为资本带来价值和剩余价值。此时资本家的监督由原来的原料不浪费、爱惜劳动工具等形式，变成计件工资下自雇佣者量化自我执行精确管理和社会监督。更有甚者，互联网技术创造了一种新的营利模式，即通过搜集、加工和处理劳动者生活中使用互联网后留下的信息"痕迹"，获取利润，这时生活就成了工作。

本章小结

技术是生产力的代表，也是资本循环运动的物质基础。马克思在《资本论》第二卷中分析，产业资本循环运动是以当时的机器大工业的技术为物质基础的。而当今的技术基础是互联网技术，它的技术特征不同于马克思时代机器大工业时代的技术特征。互联网是由硬件设备、网络服务协议和应用程序三部分组成的虚拟空间，互联网技术本身具有网络性、开放性和虚拟性的特征。互联网技术的发展经历从机器体系中演化成控制机、"+互联网"和"互联网+"三个阶段。不同发展阶段对

---

① Carnoy, *Sustainable Flexibility*: *Work*, *Family and Community in the Information age*, Cambridge, MA: Harvard University Press, 2000.

经济社会产生侧重点不同,在"互联网+"阶段,平台资本塑造了互联网新型生产方式。

互联网生产方式改变了机器大工业生产方式下劳动力与生产资本的结合方式,具有虚拟性、智能化和共享性特征。在互联网生产方式下,生产过程也呈现一些新的特点:互联网技术扩大分工,社会协作程度加深;社会分工增强,产业资本的流通环节专业化,在互联网技术条件下产业资本外化并形成互联网拜物教;互联网技术改变了机器大规模、标准化和流水线的生产,形成个性化定制的生产;互联网技术改变了劳动过程,"前生产阶段"成为经济活动的主要领域,劳动具有弹性化,同时也形成新的职业。

第二章

马克思产业资本运动的基本思想

第一节 马克思产业资本运动的基本思想

关于资本的运动，马克思在《资本论》中有丰富的思想，《资本论》第二卷包含对单个资本运动和社会资本运动的深刻分析，在《资本论》第三卷，有产业资本、商业资本、借贷资本、农业资本等竞争和运动的分析。本书主题是研究互联网技术对单个资本运动产生的影响，因此，对马克思关于资本运动的思想和拓展，限于《资本论》第二卷第一篇和第二篇关于单个资本运动。

一 产业资本三种职能形态运动的基本思想

马克思在《资本论》中，以产业资本为例研究了资本的生产过程和流通过程，其中在《资本论》第二卷第一篇详细分析了产业资本运动过程及其规律。这为我们研究产业资本运动提供了基本理论和方法。

正如马克思指出的："在总循环过程中采取而又抛弃这些形式并在每一个形式中执行相应职能的资本，就是产业资本。这里所说的产业，包括任何按资本主义方式经营的生产部门。"① 因此，马克思分析的资本主义产业资本循环，研究对象是在生产部门。

---

① 马克思：《资本论》第2卷，人民出版社2004年版，第63页。

马克思对产业资本运动从两个层次分析,从图2.1可以看出:第一个层次是在产业资本运动有三个阶段和三种职能形式,货币资本、生产资本和商品资本作为资本的不同职能形态在运动中不断转换形式,"是离开一个阶段,进入下一个阶段;是抛弃一种形式,存在于另一种形式;其中每一个阶段不仅以另一个阶段为条件,而且同时排斥另一个阶段"①。也就是说,资本在执行职能时会形成三种不同的运动,即货币资本运动、生产资本运动和商品资本运动。

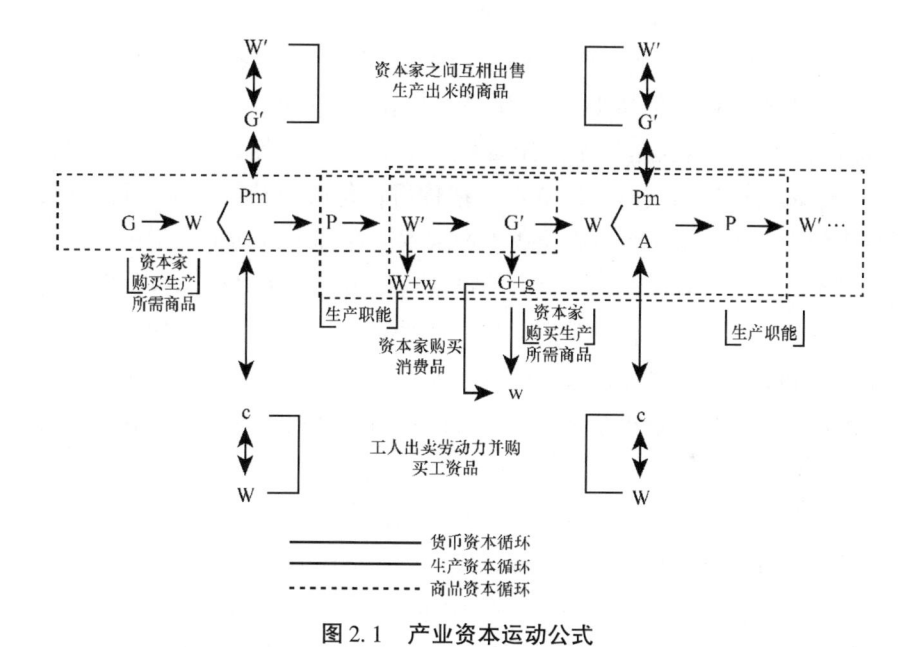

图2.1 产业资本运动公式

资料来源:[英]大卫·哈维:《跟大卫·哈维读〈资本论〉》,谢富胜、李连波等译,上海译文出版社2016年版,第36页。

第二个层次是对产业资本运动整体进行分析。产业资本总运动是货币资本运动、生产资本运动和商品资本运动的统一,在统一中实现产业资本运动的连续性。在保障资本运动连续性上,产业资本总运动形成了自身的特点。这两个层次的内容都非常丰富,需要我们梳理和挖掘。

---

① 马克思:《资本论》第2卷,人民出版社2004年版,第118页。

(一) 货币资本运动模型

货币资本循环公式为：

$$G—W\cdots P\cdots W'—G'$$

货币资本循环以货币为出发点和复归点，以生产过程为媒介连接两个流通阶段而成的循环运动。这一运动最能体现资本的本质。第一个流通环节 G—W 表现为生产消费，必须有第二个流通环节即 W'—G' 进行补充，起点 G 是要增殖的货币资本，终点 G' 是已经增殖的货币资本 G+g。在这里，生产过程只是预付价值增殖的手段，货币作为预付资本形式，通过两个流通过程和一个生产过程后，带着比预付资本更多的货币回流。

货币资本执行购买职能。购买行为即 $G—W<^{Pm}_{A}$，A 代表劳动力，Pm 代表生产资料，是资本家用货币在市场上购买劳动力和生产资料。当这一购买行为结束时，即资本家把货币转化成劳动力和生产资料时，货币成为资本，货币资本转化成生产资本。在资本运动中，货币不仅成为资本的表现形式，实际上也成为资本的代表。货币是资本执行职能的使用价值，不过是一种特殊的商品，它的使用价值在于它转化为资本而生产的利润。对资本家而言，资本的首先表现形式就是货币，这也是货币拜物教的体现。货币是一种由私人占有的社会权力形式，对更多货币权力的渴望成为积累的驱动力之一。

作为产业资本运动的首要和一般形式，货币资本就来源而言存在着有两种途径：一是产业资本内部，二是产业资本外部。产业资本运动中执行购买职能的货币首先是商品资本的转化形式，即商品资本售卖出去以后获得的货币。这部分货币资本比原先预付的资本量更大，从而不仅使产业资本再生产出来，还使产业资本扩大再生产出来。产业资本自有的货币资本不断地按照资本运动公式进行循环，获得价值和剩余价值。货币资本运动公式是：

$$G—W\cdots P\cdots W'—G'$$

货币资本经过生产和销售阶段，最终回归到货币资本形式。

随着信用制度的发展，货币资本的来源不限于产业资本本身，还可以从产业资本外部获得。货币资本作为一个共同要素，作为阶级的共有资本，而不论它的特殊使用方式如何。货币越来越集中起来，并且"以银行家为中介，产业家和商人对社会各阶级一切货币储蓄的支配能力也跟着不断增大，并且这些储蓄也不断集中起来，达到能够起货币资本作用的数量"①。银行系统和股票市场等形式的建立，为产业资本家筹集货币提供了外部力量。

债券、股票与证券等被马克思称为虚拟资本，它们只是代表已经积累的对于未来生产的权利证书。大部分货币资本或生息资本采取这种形式，在金融系统的货币创造功能下，使市场上的资本数量成倍数增加，甚至同一债权在不同人手里以各种不同的形式出现。这种货币资本纯粹是虚拟的，它们只是代表收益的要求权，并不代表资本；而且，这种要求权或者索取权的市场价格不是由现实的收入决定的，而是根据未来剩余价值生产的前景的预期收入决定的。在危机来临之前，生产总是最繁荣的时刻，从而虚拟资本的价格也达到最高极值点，人们都已经忘记虚拟资本泡沫破裂的惨剧，而相信只要购买虚拟资本就一定能够生产"幼崽"、获取利息，以至于周期性的泡沫即便不是由虚拟资本直接导致的，也是由虚拟资本引起的。

无论外部的信用形式如何，对产业资本家而言，都是产业资本运动的前期准备，一旦被产业资本家获得，就开始执行资本职能。此时，货币资本的循环公式是：

$$G_0 - G - W \cdots P \cdots W' - G' - G_0'$$

其中，G_0表示融资资本或者借贷资本。

在借贷资本方式下，产业资本运动过程增加了前期准备和后期回流两个阶段，这两个阶段也是货币资本家凭借货币资本的所有权与产业资本家发生关系的阶段。

产业资本家的资本运动需要经历不同形态，执行不同职能，而货币资本家的资本不需要经历形态变化就可以获得增殖的价值，其运动公式为：

$$G_0 - G_0'$$

钱能生钱的观念已经深入人心，以至利息表现为最初的真正果实，转化为企业主收入的利润只表现为在再生产过程中附加进来和增添进来的东西。在这种物神观念中，"自动的物神，自行增殖的价值，会生出

---

① 马克思：《资本论》第3卷，人民出版社2004年版，第405页。

货币的货币……并且在这个形式上再也看不到它的起源的任何痕迹了。社会关系最终成为一种物即货币同它自身的关系"①。

生息资本的循环必须服从剩余价值生产并由剩余价值生产支配，货币资本和生产剩余价值的活动之间必须保持力量平衡。但这个平衡点会随着信用制度的发展而脱离原先的轨迹。例如随着信用制度的发展，借贷资本从循环的开始阶段和结束阶段两个方面介入了产业资本家的流通。同一个金融家可以一方面借钱给开发商建造住宅，另一方面借钱给买方购买那些住房来保证市场需求。因此，货币资本同时增加了商品的供给和需求。利息率和利润率相互交织、相互作用的极为重要且经常是投机性的方式。② 从而可以看出，随着信用的发展，货币资本和剩余价值生产活动的平衡点更多地偏向于货币资本或者说生息资本一端。生息资本以其特有的属性取得了自主的和独立的运动规律，成为资本最理想和最耀眼的形式。

值得注意的是，信用制度会随着技术进步形成新的形式。技术进步为信用制度提供了技术支撑，也改变了相关的生产关系。比如在资本主义发展历史中，随着技术的进步，信用由高利贷形式变为银行间接融资形式和股票等虚拟资本的直接融资形式。虽然，信用形式的变化在资本的运动公式上没有太大的变化，但却对产业资本总运动产生深刻影响。

货币资本是产业资本执行购买职能时的资本形态，但在互联网技术条件下，货币资本的代表形式出现新的变化，从而影响了货币资本本身的运动。另外，在互联网技术条件下，产业资本外化，货币资本独立出来成为货币经营资本，成为商人资本的一部分。货币经营资本因其在生产过程之外执行职能，从而具有独立性和自主性，拥有自己的运动方式，并获取平均利润率。正是由于独立性和自主性，货币经营资本有可能与工业资本一起形成垄断资本，更有甚者，金融资本控制工业资本，导致虚拟经济膨胀。关于货币资本经营资本的运动，下文将展开论述。

（二）生产资本运动模型

生产资本循环公式为：

---

① 马克思：《资本论》第3卷，人民出版社2004年版，第441页。
② ［英］大卫·哈维：《跟大卫·哈维读〈资本论〉》，谢富胜、李连波等译，上海译文出版社2016年版，第182页。

$$P\cdots W'—G'—W\cdots P$$

这个公式突出体现了资本运动必须处于不断"再生产"过程中,再生产终止或者断裂,就意味着产业资本循环的终止。在这个循环中,"产业资本的总流通过程,它在流通阶段的全部运动,只是作为始终使循环开始的生产资本,和作为终极以同一形式即以循环重新开始的形式使循环结束的生产资本这二者之间的中断,从而只是二者之间的中介"①。生产资本的循环运动,要求通过流通环节实现凝结在商品中的价值和剩余价值,并购买生产资料和劳动力进行重复的生产过程。

生产资本执行生产职能。货币资本购买的劳动力和生产资料为生产资本做好了必要的准备,是生产资本的先导和先行阶段,即货币资本执行完职能时,货币转化成生产资料和劳动力,生产资料和劳动力都转变成预付资本价值的存在形式。"形成商品的人的要素和物的要素这样结合起来一同进入的现实过程,即生产过程,本身就成为资本的一种职能,成为资本主义的生产过程。"② 马克思分析生产资本运动,是在《资本论》第一卷已经剖析了资本主义生产过程的基础上进行的。资本在质的分割上,生产资料成为吸收劳动的工具,机器成为生产的主导。工人的技能不断被剥夺,成为机器的附属物,工人对资本之间变成实际从属关系。资本在量之间的比例关系完全是由生产力发展和技术基础决定的。当技术出现变革后,劳动力和生产资料之间量的比例不断提高。在劳动过程中,资本家协调工人劳动,更重要的是资本要监督工人。资本对劳动的控制增强管理部门的权力,"为了保证经理部门的控制权,为了降低工人的工价,概念和执行必须变成工作的两个独立的方面。……此后工人的责任就是不假思索地执行指示而无须理解基本的技术理论和数据"③。概念和执行的分离,从而脑力工作和体力工作的分离,使劳动过程要在不同的两个场所并由不同的两类劳动者来进行。直接从事生产的体力劳动者与机器体系完完全全地结合在一起,并使之隶属于机器的运行节奏。从事脑力劳动的办公室工人也在所谓科学管理方式下,逐步消

---

① 马克思:《资本论》第 2 卷,人民出版社 2004 年版,第 75—76 页。
② 马克思:《资本论》第 2 卷,人民出版社 2004 年版,第 44 页。
③ [美] 哈里·布雷弗曼:《劳动与垄断资本:二十世纪中劳动的退化》,方生等译,商务印书馆 1978 年版,第 109 页。

减了思想活动，办公室的行政管理职能把体力工作引入办公室，办公室也成为体力劳动的场所。① 劳动进一步隶属于资本。

在特定的生产技术条件下，资本家购买劳动力和生产资料，作为生产要素投入生产，在一定的时间内创造包含剩余价值的价值，生产的"产品不只是商品，而且是包含着剩余价值的商品"②。生产资本的职能是"资本价值借以生出价值的惟一职能"③。剩余价值 m 的使用性质不同，生产过程可以分为简单再生产和扩大再生产两类。如果剩余价值 m 全部用于个人消费，不再转化为货币资本进而转化为生产资本，再生产会按照原来的规模进行下去，这种再生产为简单再生产。资本家购买商品增加个人消费"以资本家的存在为前提，而资本家的存在又以他消费剩余价值为条件"④。这时再次进入生产中的货币资本是剩余价值的货币表现形式，资本家原先预付的货币形式已经被资本家用于消费。工人阶级的消费需求，对剩余价值实现是必要的和必不可少的，工人的消费占有"在比例上有决定意义的部分"⑤。资本家和工人个人消费的有效需求不足，导致循环过程的连续性遭到破坏。当剩余价值 m 不是全部被用于个人消费，还存在着一定比例的剩余价值被资本化，"不是剩余价值被生产出来，而是生产出来的剩余价值已经资本化"⑥。剩余价值资本化后的生产循环公式为：

$$P\cdots W'-G'-W'\cdots P'$$

表示在更大的规模，以更大的价值被再生产出来的生产资本，又作为已经增大的生产资本，开始它的第二次循环。

在生产资本运动过程中，出现货币经常性的游离。当资本运动遇到障碍，以至于"中止它的 G—W 职能"时货币资本就会转化为"非自愿货币贮藏"。这些货币因此"具有闲置的、潜在的货币资本

---

① ［美］哈里·布雷弗曼：《劳动与垄断资本：二十世纪中劳动的退化》，方生等译，商务印书馆1978年版，第278页。
② 马克思：《资本论》第2卷，人民出版社2004年版，第45页。
③ 马克思：《资本论》第2卷，人民出版社2004年版，第56页。
④ 马克思：《资本论》第2卷，人民出版社2004年版，第81页。
⑤ 马克思：《资本论》第2卷，人民出版社2004年版，第461页。
⑥ 马克思：《资本论》第2卷，人民出版社2004年版，第93页。

的形式"①。在扩大再生产中,m 是否转化成的货币 g 加入生产过程,取决于生产资本中质和量的划分的最低限度。若未达到最低限度,g 就会在生产间歇中积累起来,形成贮藏货币。贮藏货币是"一个在资本循环之外完成的、为使剩余价值转化为实际执行职能的资本所进行的职能上确定的预备阶段……只要它停留在贮藏状态中,它就还不是执行货币资本的职能,而是闲置的货币资本"②。这种限制的资本会伴随着产业资本规模的扩大而扩大,当把这些货币连同为生产所必需的准备金投放到同一个钱柜中去时,货币贮藏会成为资本积累顺畅进行的严重阻碍。只有当信用职能在这里扮演重要角色后,才能缓解资本积累中出现的一些问题。

技术变革改变了生产过程中劳动力和生产资料存量的比例关系,尤其是在不同的生产环节对劳动力中"力"的要求不同,有的生产环节需要技巧和技能,有的生产环节则需要力量。互联网技术作为机器体系的控制机划分了这些生产环节的劳动资料,并与不同劳动力结合形成生产资本内部的分工运动。生产资本内部的分工运动,又会使生产组织形式产生变革。互联网技术条件下,剩余价值 m 以及生产过程中出现的潜在资本都会以另一种形态表现为资本执行职能,从而也改变了产业资本家的职能,在下文将展开论述。

(三) 商品资本运动模型

商品资本循环总公式是:

$$W'—G'—W \cdots P \cdots W'$$

这一运动形式凸显了资本主义生产方式占统治地位的社会的财富,表现为庞大的商品堆积。从循环过程来看,这里的 W' 表示的是前面两种循环的产物。但从产业总资本循环运动角度看,W' 还表现为货币资本和生产资本的前提,因为只要生产资料本身至少有一部分是另一些处在循环中的单个资本的商品产品,一个资本的 G—W 就已经包含另一个资本的 W'—G'。如果再生产按扩大规模进行,终点 W'应当用 W"表示,因为再生产的结果包含更大的价值量。

---

① 马克思:《资本论》第2卷,人民出版社2004年版,第90页。
② 马克思:《资本论》第2卷,人民出版社2004年版,第93页。

商品资本执行售卖职能。生产资本把生产资料和劳动力结合，在一定的时间内创造出具有更大价值的产品，并作为商品在市场上进行销售，形成了商品资本。为了资本循环运动能够顺利进行，资本形态的转化即 W′—G′ 转化是必要的。W′作为商品资本，它总是一个二重物。从使用价值的观点，它是 P 执行职能的产物，呈现为商品的物的形态，从价值的观点看，它是资本价值 P 加上 P 执行职能时产生的剩余价值 m，也就是说作为生产的结果，W′的价值量由资本的价值 W 和剩余价值 m 构成。通过商品资本执行职能，把商品资本转化成货币资本时，一方面回收了以货币形式预付的资本，另一方面实现了在生产中创造的剩余价值。

商品资本在把生产资本以使用价值生产的结果转化为以独立的价值形式存在的货币资本，即 W′—G′ 转化过程存在着两种途径。一是生产企业中由销售部门直接销售商品，以实现价值和剩余价值，其循环公式为：

$$W'—G'\ (G)\ —W\cdots P\cdots W'$$

另一种途径是商品经营资本，通过先买后卖以最终实现价值和剩余价值，其循环公式为：

$$G—W'—G'$$

这两种方式都是经营实际的商品，通过售卖商品实现价值和剩余价值。产业资本必须通过 W′—G′ 售卖阶段才能真正实现资本增殖，执行的生产职能才具有真正的意义。如果没有 W′—G′ 售卖阶段，即没有把包含价值和剩余价值的产品作为商品销售出去，生产过程生产的产品就没有转化为商品，资本主义市场经济也就不存在。

但产业资本运动的各个阶段中，W′—G′ 售卖阶段是最困难的，因为"商品资本即按资本主义方式生产的总产品的运动，既是单个资本的独立循环的前提，又受这种循环的制约"①。商品资本运动不仅要与其他单个资本形成错综复杂的关系，还要在总产品中与用于个人消费的部分形成错综复杂的关系。在资本主义生产方式下，商品资本是再生产过程的经常性条件，同时也是劳动力再生产的必要保障，并且商品资本被消费是商品资本循环的前提。"在 W′…W′ 形式中，全部商品产品的消费是资

---

① 马克思：《资本论》第 2 卷，人民出版社 2004 年版，第 114 页。

本本身循环正常进行的条件。全部个人消费包括工人的个人消费和剩余产品中非积累部分的个人消费。因此，消费是全部——个人的消费和生产的消费——作为条件进入 W′的循环。"① 单个产业资本的 W′作为另一个产业资本的生产资料，与劳动力结合创造出新的商品。商品以中间产品的形式投入另一个生产部门，是实现商品资本的重要形式，但这里的商品不是作为最终消费品用于个人消费，而是作为生产资料，获取生产资本的形式，重新投入生产过程。个人消费是实现商品资本价值和剩余价值最终途径，真正把商品资本转化为货币资本，实现整个社会总资本的循环运动。

消费的前提是商品资本被生产出来，即商品资本是生产资本的结果，商品以实物形式出现在市场上，资本家在市场上寻找必要的商品以满足特定劳动过程中的生产消费，工人和资本家在市场上寻求特定的商品以满足个人消费。以实物形式的商品在买卖时，同时交换商品的价值和使用价值，商品资本让渡商品的使用价值，从而获得价值和剩余价值。这里的商品资本必须是已经生产出来的使用价值，"如果这个 W 还没有生产或再生产出来，循环就被阻止"②。对于已经增殖了的资本，它的运动必须是价值和使用价值同时进行，在价值运动同时必须伴随着使用价值的运动。

商品资本运动过程中不可避免地存在着时间上的差异，生产两端的流通环节即"W—G 与 G—W 的实现在时间上可以有相当显著的差异"③，为了消除空间上的差异，往往通过交通运输工具把商品资本运送到消费地售卖，进而把商品资本转化为货币资本。用时间消灭空间，为商品资本价值和使用价值的交换提供保障。

在商品资本运动过程中，信用制度在维持和修补资本循环运动方面具有重要作用。在资本积累中，商品资本循环运动往往会伴随着信用尤其是资本家之间的商业信用。但个人消费也是制约价值和剩余价值实现的手段。资本家为了最大限度积累资本，往往会削减个人消费而进行生

---

① 马克思：《资本论》第 2 卷，人民出版社 2004 年版，第 108 页。
② 马克思：《资本论》第 2 卷，人民出版社 2004 年版，第 109 页。
③ 马克思：《资本论》第 2 卷，人民出版社 2004 年版，第 84 页。

产性消费，因此这是自愿性的需求不足，而工人则没有足够的工资进行消费，这是非自愿的需求不足。在互联网技术条件下，个人信贷消费尤其是为工人个人信贷消费提供了可能，缓解了商品资本运动中断的压力，同时埋下了新的危机种子。

互联网技术条件下，商品资本运动对流通领域产生重要影响。大规模的生产需要大规模的流通，流通与生产相辅相成。交通运输业成为商品资本运动的重要一环，从而得到了产业资本家的青睐，获得较快发展。具体内容将在下文展开论述。

二 产业资本运动的时间和空间思想

从时间和空间两个维度考察资本循环，是马克思分析资本运动独特方法，为我们研究资本运动提供了广阔思维空间。

（一）产业资本运动的时空连续性

资本总是处于不断的运动中，资本不断变换形态，从货币资本到生产资本再到商品资本，在各自形态中执行三种不同的职能。"由于资本的每个不同部分能够依次经过相继进行的各个循环阶段，从一个阶段转到另一个阶段，从一种职能形式转到另一种职能形式，因而，只是由于产业资本作为这些部分的整体同时处在各个不同的阶段和职能中，从而同时经过所有这三个循环。"① 这三种形态资本运动的连续性、继起性、并存性和流动性使货币资本、生产资本和商品资本三种职能形式统一于产业资本。

"连续性是资本主义生产的特征"②，每一种运动都是所有其他运动的条件，"过程的所有前提都表现为过程的结果，表现为过程本身所产生的前提。每一个因素都表现为出发点、经过点和复归点"③。但所有过程的决定目标和动机都是价值增殖。为了实现价值增殖就要保证产业资本运动的连续性，这种连续性是由资本主义生产的技术基础决定的，虽然这种连续性并不总是可以无条件地达到的。"产业资本的连

---

① 马克思：《资本论》第 2 卷，人民出版社 2004 年版，第 119 页。
② 马克思：《资本论》第 2 卷，人民出版社 2004 年版，第 118 页。
③ 马克思：《资本论》第 2 卷，人民出版社 2004 年版，第 116 页。

续进行的现实循环，不仅是流通过程和生产过程的统一，而且是它的所有三个循环的统一。"① "资本作为整体是同时地、在空间上并列地处在它的各个不同阶段上。"② 不同部分资本从一种形式过渡到另一种形式，在流动中、在运动中相继为中介。每部分资本都不断进行着自己的循环，他们形成总过程中同时存在而又依次进行的要素。

三个循环统一于产业资本循环，但单个产业资本代表着一定的量，代表着一定的资金，对于存在最低限度资金的产业部门需要特定的资金量来使其正常循环。因此，资本的分割必须按一定的比例进行，也就是说，任何时候，任何个别的产业资本都要按一定比例分为三个相应的部分，一部分被吸收到生产领域，另一部分以货币形式存在，还有一部分以商品形式存在。三部分比例分配失调，只能导致循环中断乃至终止，或者是信用膨胀，或者是生产过剩，最终导致商业和金融危机。

产业资本是这种资本唯一的存在方式，其中，资本的职能不仅是占有剩余价值或剩余产品，而且同时是创造剩余价值或剩余产品。因此，产业资本决定了生产的资本主义性质；产业资本的存在，包含着资本家和雇佣工人之间的阶级对立的存在。当分工在技术进步条件下进一步细化时，产业资本分离出来特殊的营业部门即货币经营资本和商品经营资本。它们承担着产业资本在特定阶段执行的职能，从而从属于产业资本，为产业资本循环持续进行提供保障，但作为独立的部门，它们也有自己的运动规律，从而在一定程度上独立于产业资本，这种独立性又会对产业资本循环造成障碍。因此，货币经营资本和商品经营资本与产业资本并列出现时，对资本循环连续性、继起性、并存性和流动性既有利又有弊。有利之处在于它们分担产业资本流通阶段职能，使产业资本更大一部分置于生产环节，从而创造更大的价值；有弊之处在于，虽然它们利用信用暂时缓解资本主义危机，但掩盖了生产这一创造价值环节，使经济结构比例畸形变化，最终导致资本循环中断，导致更大的危机。

---

① 马克思：《资本论》第 2 卷，人民出版社 2004 年版，第 119 页。
② 马克思：《资本论》第 2 卷，人民出版社 2004 年版，第 121 页。

马克思指出："作为商人资本的职能的商业，是资本主义生产的前提，并且随着资本主义的发展而日益发展。"① 一方面，商人资本作为从属于产业资本的必不可少的形式，通过与世界交织在一起，缩短两个流通领域，寻找最优的质和量方面的生产要素（生产资料和劳动力），为生产领域创造更多的价值和剩余价值；另一方面，商人资本的独立性让它在世界各地生根，在追求最大利润的目标下，要求生产置于资本主义生产方式下，建立起稳定的商品供应。生产领域和流通领域相互对立而存在，从生产角度看，世界市场是通过流通而构建的，相反，从流通角度看，世界市场以生产为基础。

伴随着技术进步，交通、通信技术的发展，全球化进一步发展，在商人资本的作用下，把全世界所有国家和地区都纳入资本主义生产体系中去，从而把产业资本循环运动扩展到全球。在互联网技术条件下，产业资本运动的时空连续性表现为生产企业逐渐形成一种分工网络，并与一般商品运动交织在一起，在产业资本循环运动中支配世界市场。

（二）产业资本运动的时空周转性

产业资本处于某个阶段执行职能时需要耗费一定的时间和费用，这些时间和费用对产业资本周转产生重要影响。总周转时间等于资本的生产时间和流通时间之和，生产时间又包含生产价值的劳动时间和不需要劳动投入的生产时间两部分，流通时间受交通运输的时间和费用以及区位选择的影响较大。生产和流通方面耗费的时间和费用在性质上是不同的，尤其是在劳动期间，在生产资本中消耗的时间与费用、时间与新创造的价值成正比，然而在流通领域耗费的时间和费用虽不创造价值，但可以为资本家实现剩余价值，因此，资本总是有着强烈的动机减少流通时间和流通费用，以获得较高的剩余价值。

劳动时间与生产时间以及流通时间之间的不一致性总是存在的。在时间不一致的地方就存在着资本束缚或者存在潜在的或闲置的资本，这使总劳动分工中的不同生产部门之间可能出现协调问题，为了寻找较少处于闲置状态的资本数量的方法而产生的压力不断增加。这样，加快周

---

① 马克思：《资本论》第 2 卷，人民出版社 2004 年版，第 128 页。

转时间和库存管理那样的技术，以及像信用制度那样的制度安排就开始发挥作用。资本主义历史中一直有节省资本运动的费用和时间的持久动力。技术和组织创新在缩短劳动期间和生产时间的差，缩短流通时间，加快资本周转，产生深远的影响。

除了农业领域，工业部门的劳动时间和生产时间之间的巨大间隔由流通领域来弥补。在任何一个生产体系中，必须有一定的储备和存货，"资本家必须储备一定量的原料和辅助材料，以便生产过程在或长或短的时间内，按照预定的规模进行，而不受每日市场供应的偶然情况的影响。原料等等的这种储备，只是逐渐地在生产中消费掉"[1]。储备和存货的量取决于交通运输工具的发展，以及分工协作程度。在生产过程中，生产中需要的原料及时传递给上下游生产企业，可以形成有计划的生产和运输，缩短劳动时间和生产时间之差，也减少了生产过程与流通过程的不一致性。

从流通角度看，交通运输工具发展极其重要，因为商品的生产地点和销售市场之间的空间距离需要发挥交通运输工具的使用价值，在商品运往市场的全部时间内，资本被束缚在商品资本的状态中。商品资本的流通时间和运动费用，以及这种流通时间和费用对剩余价值生产和实现的空间条件的依赖。因为，"市场距离所造成的资本束缚在商品资本形式上的时间的延长，直接造成货币回流的延迟，因而也延迟了资本由货币资本到生产资本的转化"[2]。同时，出售时间是流通时间最重要的部分，也是整个产业资本周转时间产生差别的经常性原因。出售时间不仅决定了商品储备和库存，还决定了流通费用大小。因此，毫无疑问，存在努力把出售时间缩减到最短的强烈的竞争动机。

互联网技术在信息传递方面的优势增强企业内部生产的计划性，极大地消除了劳动期间、生产时间以及流通时间之间的不一致性。资本所关心的是运动的费用和时间，它会尽其所能地寻求费用和时间最小化，减少运动的空间障碍。为此，必须不断地变革空间关系，即用时间消灭空间。交通运输业成为产业资本投资的特殊领域，交通运输工具的发展

---

[1] 马克思：《资本论》第2卷，人民出版社2004年版，第138页。
[2] 马克思：《资本论》第2卷，人民出版社2004年版，第282页。

不仅会缩短一定量商品的流通时间,而且还保障产业资本运动的连续性。交通运输工具进步尤其是技术对工具本身的改进如集装箱、冷藏技术,对商品特殊使用价值保存,使商品运动的空间扩大了。在供应链管理中,有关商品生产、运输、储存等信息的共享,生产和流通之间的协作性增强,从而减少了总资本周转时间。

第二节 对马克思产业资本运动思想的拓展

马克思产业资本运动思想揭示了资本运动的基本规律,为我们解释现实经济问题提供理论支撑。但随着生产力的发展,尤其是当今互联网技术革命改变了生产方式和组织方式,产业资本运动出现新的变化,需要对马克思产业资本运动基本思想进行拓展,以揭示互联网技术条件下的现实经济发展规律。

一 产业资本运动中引入技术进步因素

（一）技术进步对产业资本运动的影响

马克思在分析资本循环和积累的运动时,实际上是假设任何系统性的技术和组织变革都不存在①,即假定"商品是按照它们的价值出售的,而且假定这种出售是在不变的情况下进行的。所以,也把在循环过程中可能发生的价值变动撇开不说"②。在特定的技术条件下,劳动生产率和组织方式没有发生变化,资本循环和积累按照一定的方式进行。

但在资本循环过程中,个别资本家为了追求相对剩余价值而组织生产,为了获取垄断利润在资本家之间展开竞争,产业资本家推动了技术上和组织形式上的革命,转而产生了价值革命。价值革命会对当前资本价值量产生影响,资本价值量进而对资本循环过程会产生影响。生产要素价值变动,如果要进行同等规模再生产,那么在 $G\cdots\cdots G'$ 形式中,相

---

① ［英］大卫·哈维:《跟大卫·哈维读〈资本论〉》,谢富胜、李连波等译,上海译文出版社 2016 年版,第 40 页。
② 马克思:《资本论》第 2 卷,人民出版社 2004 年版,第 32 页。

同比例的劳动者和生产资料之间的价值比例就会发生变化，因此，随着生产要素的价值增减而出现了货币的束缚和游离；在 P……P 和 W′……W′形式中，生产要素价值变动的时间点改变资本价值，如果是发生在商品资本实现以前，商品价值将会随着要素价值增长而增长；如果是发生在商品资本实现以后，生产要素价值提高，必须追加货币资本以补偿商品资本的消耗，从而束缚了货币资本。

一旦发生价值革命，资本家个人的资本就可能归于灭亡。"价值革命越是尖锐，越是频繁，独立化的价值的那种自动的、以天然的自然过程的威力来发生作用的运动，就越是和资本家个人的先见和打算背道而驰，正常的生产过程就越是屈服于不正常的投机，单个资本的存在就越是要冒巨大的危险。"① 只有保持一定的价值关系，循环过程才能正常地完成，当发生价值革命，循环出现了干扰因素，产业资本家为了排除干扰，只有持有大量的货币资本。因此，价值革命发生以后，货币资本出现游离。另外，随着资本主义生产的进展，生产规模扩大，进行生产所需的最低资本量也相应增加。因此，产业资本家手中的货币贮藏以更大规模的速度增长，"使产业资本家的职能越来越转化为各自独立或互相结合的大货币资本家的垄断"②。技术一旦发生变化，就需要较多的预备货币以应对在循环过程中发生的不确定性。因此，在技术快速变化的时代，选择成为一个货币资本家而非产业资本家，以避免价值革命的不确定性是多数资本家的选择。同样，为了避免循环中的价值革命的不确定性，垄断力量使资本能够控制具有破坏性的技术革命的速度。③

（二）互联网技术变革对产业资本运动的影响

当个别资本家推动的技术进步演变成整个社会技术变革后，新技术重新塑造了产业资本执行购买、生产和售卖环节的具体形式，呈现新的特点。新技术也会对产业资本总运动本身进行调整，在克服原先运动中遇到的障碍，同时也产生一些新的特征。互联网技术并不是单个资本家

---

① 马克思：《资本论》第 2 卷，人民出版社 2004 年版，第 122 页。
② 马克思：《资本论》第 2 卷，人民出版社 2004 年版，第 124 页。
③ ［英］大卫·哈维：《跟大卫·哈维读〈资本论〉》，谢富胜、李连波等译，上海译文出版社 2016 年版，第 74 页。

的技术进步，而是改变了大机器生产方式。在资本主义社会中，技术总是会被资本利用，并在资本的控制和引导下为资本积累服务，形成的新生产力总是表现为资本的生产力。所以，在互联网技术条件下，资本积累规律没有发生根本性变化，变化的只是资本积累的方式和形式，产业资本运动的基本规律仍然发挥作用，本质上依次采取的货币资本、生产资本和商品资本形态执行职能，但在货币资本、生产资本和商品资本运动这些具体内容上出现一些新变化，也对产业资本总运动产生影响。

互联网技术有其特殊性，对此前文已经阐述，它是一个虚拟空间，在这个虚拟空间中改变了劳动力与生产资料的结合方式，改变了资本流通方式，对产业资本的运动产生重要影响。

在互联网虚拟空间中，通过把现实经济中的产品映射和复制到互联网虚拟空间中，形成一种观念上的价值，即以虚拟标签形式呈现出来的，在互联网虚拟空间中表征的社会关系。在互联网虚拟空间中，以虚拟标签形式存在的价值，是实体商品虚拟客体化的结果，独立地在虚拟空间中运动。在互联网虚拟空间中，交易机制和经济运动逻辑没有发生变化，变化的只是价值的代表形式。互联网虚拟空间中虚拟化价值在执行职能时同样会表现为货币资本、生产资本和商品资本形态，但这些资本形态大多是以虚拟化的形式体现出来，至少是以虚实结合的形式呈现出来。虚拟化价值在劳动的作用下不断实现价值形态的转化，并最终完成资本循环实现价值和剩余价值。然而，虚拟化价值运动并不是任意进行的，它需要与现实经济中的物质使用价值运行相结合。互联网虚拟空间中的价值进行了资本形态的转化，物质使用价值也需要进行所有权或者使用权的变换，资本形态的转化过程才能真正完成。如商品资本转化为货币资本，如果不能在现实经济中把物质使用价值运输到消费地点，没有实现商品所有权或使用权的变更，则资本形态的转化过程就没有真正实现。

因此，互联网虚拟空间与现实空间进行了两次转化，从而使价值和使用价值在逻辑上进行分离。一次是现实经济的虚拟客体化，即把现实经济的财富或价值转化为虚拟化的财富或价值；另一次是虚拟客体的现实化，即把虚拟化的财富或价值重新转化为现实的财富或价值。① 在两次虚实转化过程中，价值和使用价值的运动实现了逻辑上的分离，价值可以在虚拟空间中运动，而使用价值则在现实空间中运动，并且价值的运动引导和推动着使用价值的运动。② 在互联网技术条件下，价值与使用价值在空间上的分离不仅在流通领域体现，还对生产领域产生影响。

从价值创造的角度看，互联网技术使价值创造过程与以往不同。在物质生产领域，互联网技术条件下的劳动过程和生产过程进一步分离。劳动者利用平台从事脑力劳动，生产的劳动产品以数字和信息虚拟形式表现出来，并通过虚实转化物化在直接物质生产过程，而直接物质生产过程是机器自动化、智能化生产，劳动者将处于直接物质生产过程之外。马克思在分析物质生产部门中劳动过程与直接生产过程分离时指出："劳动表现为不再像以前那样被包括在生产过程中，相反地，表现为人以生产过程的监督者和调节者的身份同生产过程本身发生关系。……工人不再是生产过程的主要作用者，而是站在生产过程的旁边。"③ 劳动过程与直接生产过程分离可分为四个阶段：劳动者运用自己的体力和技能，使用手工工具加工劳动对象的阶段；劳动者操作机器加工劳动对象的阶段；劳动者以生产过程的监督者和调节者的身份同生产过程本身发生关系的阶段；劳动者的劳动过程同自动化机器加工劳动对象的过程在时间上和空间上分离的阶段。在互联网技术条件下，自动化和智能化水平明显提高，劳动过程和生产过程的分离进入第四个时空分离的阶段，工人的劳动过程主要集中在产品研发、设计、生产流程设计等生产过程的前端，直接物质生产过程由自动化和智能化完成。

虚拟化的劳动成果在生产环节中物化为商品，这表明价值创造活动

---

① 马艳、李韵、蔡民强：《"互联网空间"的政治经济学解释》，《学术月刊》2016 年第 11 期。

② 这里并不是说价值是在虚拟空间里创造出来的，只是从运动的角度认为价值和使用价值的分离。价值不是单一的工人创造出来的，是所有参与劳动分工的人共同创造出来的，因此虚拟空间的生产劳动与现实空间的生产劳动在一起共同创造价值。

③ 《马克思恩格斯文集》第 8 卷，人民出版社 2009 年版，第 196 页。

也通过平台进行。① 以数字和信息呈现的虚拟化劳动成果也是社会劳动的一部分，花费劳动时间，被社会承认，从而形成价值。可见，互联网技术条件下的劳动过程和直接物质生产过程进一步分离，价值创造过程发生了变化，这就为利用互联网进行自主劳动、自主创业创造了条件。

从价值实现的角度看，传统的商品价值实现，也就是商品资本转化为货币资本，是通过商业零售活动完成的。这种商业零售活动的特点是有固定的商业场所，消费者去商业场所购买商品，商业店员通过自己的劳动过程完成商品的价值实现。互联网技术掀起了零售业革命，互联网虚拟空间代替了实体商业场所，成为价值实现的重要渠道。在互联网虚拟空间中，实体商品的价值以标签形式存在，消费者看的不是商品本身，而是商品的"纸质副本"，但这些"纸质副本"背后是实实在在的商品。在互联网虚拟空间里工作的店员，不是在消费者与实体商品之间做桥梁，而是在消费者和复制的商品之间搭建桥梁，其劳动过程的特点不是与商品，而是与数字和信息打交道，也就是所谓的"电子商务"。互联网虚拟空间中的价值实现，大大节约了消费者选择商品的时间成本，增加了选择机会；同时也大大节约了商品资本转化为货币资本的时间，节约流通费用，加快了资本周转速度。

虽然互联网虚拟空间实现价值和使用价值的分离，价值运动过程在虚拟空间中进行，使用价值的生产和运动过程在现实空间中进行，但是价值和使用价值只能是在逻辑上的分离，不是在历史上的分离。商品是价值和使用价值的统一，两者缺一不可，否则就不成为商品。因此，互联网虚拟空间可以实现价值和使用价值相分离，并可以进行相对独立的运动，但最终两者需要统一起来才能实现价值增殖。

在互联网虚拟空间中，价值和使用价值的运动分离，使产业资本运动过程中具有的新特点，一方面互联网虚拟空间中的虚拟价值在执行职能时形成一些新的形式，如执行购买职能时形成互联网金融形式，执行生产职能时形成信息化生产形式，执行售卖职能时形成电子商务形式；

---

① 这里并不是说劳动者利用硬件设备和网络平台创造价值，而直接生产过程就不创造价值了。只是说劳动过程的前移必然使价值创造过程也在互联网虚拟空间中进行，并与物质生产过程一起共同创造价值和使用价值。

另一方面以互联网金融、信息化生产和电子商务为新特征的职能形态资本运动出现一些新变化。互联网虚拟空间消灭了时间和空间的界限，能够在世界上任何有网络节点的地方传递信息，这为生产和流通提供了一个非常便利的条件，为价值和剩余价值生产和实现提供了一个技术性手段。

在互联网技术条件下，货币资本、生产资本和商品资本以及产业资本整体的运动特征更加丰富和多样，这些新的变化构成了当代世界经济的新特征。通过对互联网技术条件下的资本运动特征剖析，揭开虚幻的面纱，正视经济运行的规律，对正确地认识当代资本主义经济有重要的作用。

二 产业资本运动中引入劳动关系因素

在《资本论》第二卷中马克思关注的是资本的流通过程，通过构建资本的动态模型，分析资本的运动规律，把剩余价值生产和实现问题统一起来。在这里资本被理解为一种运动，在资本的运动规律分析中是以资本的运动为焦点，分析资本运动中存在的时间和空间矛盾，而没有聚焦于运动中资本—劳动关系。资本—劳动关系或者叫劳动关系的矛盾，马克思已经在《资本论》第一卷中，将其放在显微镜下进行剖析。在《资本论》第二卷中，马克思在分析产业资本运动形态变化时，是以资本主义生产关系为前提的，雇佣劳动关系是产业资本及其执行职能的各种资本形态运动的前提，因此，不需要再对产业资本运动中的劳动关系进行深刻分析。但本书则不同，为了使本书的研究具有完整性，也为了更好地揭示互联网技术对资本运动带来的新变化，要引入劳动关系的研究。

资本的本质是生产关系，这种生产关系在资本主义社会中就表现为资本与劳动对立的阶级关系，这种关系有利于资本家系统性地生产和占有剩余价值。① 产业资本运动的目的和动机就是能够实现占有剩余价值，而资本的循环运动不是臆想的，而是需要劳动力在资本的支配下从事相

---

① ［英］大卫·哈维：《跟大卫·哈维读〈资本论〉》，谢富胜、李连波等译，上海译文出版社2016年版，第85页。

应的劳动。因此，不同职能形态资本的循环运动之间或之内的资本和劳动的关系仍是现代社会的轴心。

劳动是资本循环运动的推动力。在产业资本运动的每个阶段，执行相应的职能时都需要把劳动与生产资料相结合，并由劳动者完成相应任务后推动资本形态转变，完成下阶段的职能。在产业资本运动的不同阶段，货币资本、生产资本和商品资本分别执行购买、生产和售卖职能，因此，产业资本三个阶段的劳动内容和形式因执行资本形态和执行职能不同而不同，三个阶段的劳动关系具有各自的特点。比如在生产阶段，工人与机器结合，资本家通过延长劳动时间和增强劳动强度强迫工人创造更多的剩余价值，但在机器的奴役下，工人实质上从属于资本家，是与资本家相对立的贫穷的一极；在流通阶段，商业工人的任务是把商品销售出去，劳动剥削程度与获取的剩余价值成正比，从而使流通领域的劳动剥削无以复加。

除此之外，劳动是维持资本运动前提和条件。资本循环运动的第一个主要先决条件是："资本家和雇佣工人的阶级关系……已经存在了。"① 资本家作为货币所有者与工人作为劳动力所有者相对立，两者通过作为买者和卖者互相发生关系。买者根据拥有的和购买的生产资料量的大小，购买一定量的劳动力；工人则把劳动力出卖给它的买者，并与买者的资本合并，才能使它真正成为资本，为它的买者获取剩余价值。资本循环运动发生的第二个主要条件是：以售卖为目的的一般商品生产必须已经存在。只有这样，资本家才能在市场上购买到生产资料；也只有这样，劳动者才能获得再生产自身所需的消费品。这是资本主义生产关系再生产出来的必要条件。同时，个人消费（包括资本家个人消费和工人个人消费）也需以已经生产出来的商品为条件，但反过来，资本运动必须把商品售卖给最终消费者才能为下次循环运动消除隐患，否则只能导致经济的虚假繁荣，生产与消费的矛盾暗流涌动，进而加快危机的到来。对工人来说，再生产过程就是买和卖的过程，即把劳动力卖出去获得工资，用工资购买商品用于消费以恢复劳动力，用公式表示为：A—G—W。对于资本家而言，再生产过程就是使用无偿占有的剩余价值

---

① 马克思：《资本论》第2卷，人民出版社2004年版，第39页。

购买商品以保持奢侈的生活，用公式表示为：G—W。在产业资本运动中，虽然工人和资本家是对立统一的，但两者在资本运动中共同实现自身的再生产。

在互联网生产方式下，生产阶段和流通阶段的劳动内容和形式都会发生相应的变化，从而出现新的劳动关系特点。比如说互联网虚拟空间为价值创造提供技术手段和现实选择，出现了利用互联网技术进行自主劳动、自主创业创新就业形式。在流通过程中，互联网技术对劳动者的要求与传统商业不同有所不同。在传统商业模式中，大多以女店员为主，即使是现在的超市，理货员也以女店员为主。但利用互联网进行销售则分为两个阶段：在电子商务平台阶段，男女店员没有太大区别，都是介绍商品（虚拟商品也好，真实商品也好）；但在"最后一公里"的快递阶段，基本上是男性劳动力，因为快递要求劳动者必须有一定的力量、速度，计件工资本身也增加了快递人员的劳动强度，因此从事这一行业的人通常被称为"快递小哥"。

互联网技术一方面会使产业资本及各职能形态的运动产生新的变化，同时也会对各职能形态运动中的劳动关系也会产生影响。在资本主义商品生产中，劳动过程的组织和技术的巨大成就使社会的整个经济结构发生变革，对生产商品的工人的剥削程度，不可比拟地超越了以前一切时期的剥削方式。因此，在分析产业资本运动的新变化时，需要针对不同职能形态资本中劳动内容的变化进行相应分析。

本章小结

产业资本运动基本思想是关于资本运动的一般规律，不会随着技术变革发生根本性的改变。产业资本依次执行购买、生产和售卖职能，在执行每一种职能时形成一种资本形态。只有货币资本、生产资本和商品资本三种职能形态在时间上继起和空间上并存，才能保障产业资本运动的连续性，从而克服资本运动中存在的矛盾，维持经济平稳运行。

当把互联网技术因素引入产业资本运动时，互联网的技术特点随着资本的运动被扩散到购买、生产和售卖各环节，并对货币资本、生产资本和商品资本的运动形式产生重要影响。在不同职能形态下，资本家雇佣工人执行职能，劳动的内容和形式不同，从而产生不同的劳动关系，尤其是在互联网技术塑造下，工人执行购买、生产和售卖的条件也发生相应的变化，从而导致劳动关系具有新的特点。

在互联网生产方式下，社会分工协作程度大大提高，以至产业资本的不同形态资本外化成独立的资本形式执行职能。如单个产业资本执行售卖职能时形成商品资本，在互联网生产方式下售卖职能采取独立的商人资本形式。外化的资本执行同样的职能，然而在互联网生产方式下，社会协作能力的提高，技术与独立的资本联系得更加紧密，如同一产业资本执行职能那样运作。因此，本书在分析时，如没有特别说明，并没有区分产业资本的不同形态以及独立的资本形态，这也不会对本书所要证明的产业资本运动的新变化产生影响。

第三章

互联网技术条件下货币资本运动的新变化

在互联网技术条件下,货币资本仍然执行购买职能,但在互联网技术条件下,货币资本以互联网金融的形态执行职能。互联网金融成为货币资本运动的新节点,不可避免地赋予购买职能以技术特征,使货币资本运动产生新变化。

第一节 互联网技术与货币资本的耦合催生互联网金融

互联网金融的概念在学术界还没有形成统一的界定。本书认为互联网生产方式是从传统生产方式发展而来的,因此,这决定了它对货币资本产生的影响与原货币资本既有联系也有发展。本书认为互联网金融是利用互联网技术塑造的虚拟化的货币资本形式,在虚拟空间中执行货币资本的职能。互联网金融,就其本质而言,是货币执行职能时的技术手段。互联网金融平台是搭建虚拟空间的技术基础,把金融中介和货币所有者连接起来,为互联网金融执行职能提供保障。当货币转化为资本后,互联网金融就代表以货币表现的价值在互联网技术条件下呈现的形式。因此,从这个视角看,利用互联网金融平台在虚拟空间中进行的买卖以及衍生的金融活动都是互联网金融。这些包括两种,一种是互联网生产方式塑造的新形式和业态,如 P2P、众筹、第三方支付、数字货币、虚拟货币等;另一种是传统金融机构互联网金融化形成的新业务,如网络银行、网络金融交易平台等。

互联网金融是互联网技术与货币资本耦合的产物，极大地满足了货币资本追求价值的内在需求，加快了货币资本循环和周转速度。在互联网生产方式下，互联网金融成为货币资本的呈现形式，代表货币和货币资本执行相应的职能，进而对货币、货币资本乃至金融部门都产生重要影响。

一 互联网金融的内在机制

货币是资本最直观、最典型的表现形式，它的运动也表现出产业资本运动的直接目的和动机，即价值增殖、赚钱和积累。为了实现这一目的，产业资本不得不执行各种职能，表现为各种职能形态，但最终回归货币形态。因为价值的货币形态是价值的独立的可以捉摸的表现形式，生产形态和商品形态只是为了赚钱而必须干的事情。货币资本可以转化为不同形式，可以通过购买劳动力和生产资料，在生产中转化为生产资本，也可以作为商品经营资本家购买商品转化为商品资本，还可以作为货币资本家经营的货币商品。

对产业资本家而言，流通费用和资本周转时间是影响预付资本量的重要因素，因此他们总是寻求技术和组织的创新来减少流通费用和周转时间。产业资本运动的时空连续性和时空周转性是进行资本积累的必要条件，而货币，尤其是在信用制度下，可以连接和协调供给与需求之间的矛盾，保障产业资本运动的连续性。对货币资本家而言，实现货币资本回流并且以更大的价值回流是其进行积累的必要条件。在货币拜物教观念的束缚下，虚拟资本拥有虚幻的价格，却能够转化为现实的货币，造成虚拟资本与产业资本不对等发展。虚拟资本运动要求货币资本不断投入，只有这样才能维持虚幻的价格，否则虚拟资本运动就会打破缥缈的虚幻价格，坠入经济规律"噩梦"。虚拟资本总是企图脱离经济规律，实现自行增殖而不管虚拟资本是否真正创造价值。如果产业资本家和货币资本家内化为同一人，资本家则可以在借贷资本和扩大再生产的货币资本之间进行转换。这种转换的内在机制是平均利润率，但这种转换需要一定的物质技术手段，银行作为一种技术手段，能够在一定程度上满足这种转化的内在要求，但银行作为中介的货币资本转换需要花费时间和费用，增加了流通费用。而在互联网生产方式下，互联网金融通过互联网虚拟空间执行职能，使货币资本运动的摩擦和障碍一定程度上被克服，加速资本周转，减少流通费用。

首先，互联网金融显著地减少了流通费用和周转时间。互联网虚拟空间实现了价值和使用价值在逻辑上的分离，减少货币在现实空间中的使用，从而减少持有货币的费用，尤其是因持有货币而损失的利息。互联网金融平台为价值运动提供技术支撑，使货币资本摆脱了货币载体的物质束缚，在一定程度上加快货币资本运动，进而加快资本形态的转化速度和周转速度，减少流通时间和周转时间。互联网金融代表货币资本在执行购买职能时，互联网金融平台可以迅速搜寻和匹配劳动力和生产资料，减少购买劳动力和生产资料的时间，加快了产业资本周转速度，减少预付资本。对于产业资本家来说，互联网金融实现了货币用途的转换。无论是暂时闲置的资本还是为生产和再生产而准备的准备金，产业资本家利用互联网金融直接配置，根据企业主收入和利息收入的高低选择货币资本的用途。拥有货币的资本家可以把货币投入生产过程进行再生产，也可以把货币借给他人获取利息收入，减少流通费用和周转时间。

其次，互联网金融增强信用的润滑功能，保障产业资本运动的时空连续性和周转性。在整个资本主义的历史发展中，金融系统扮演的调动社会各个阶级的储蓄，并将这些储蓄作为货币资本进行重新配置的角色越来越重要。货币资本，尤其是在信用制度下的借贷资本，减少生产资本和商品资本各个环节运动的摩擦和阻碍，为产业资本循环的顺利实现提供保障。借贷资本可同时满足产业资本家支付手段和购买手段的需求，影响供给和需求条件，"两个流通领域具有一种内在联系，因为一方面，待花费的收入的量表示消费的规模，另一方面，生产和商业上流通的资本量的大小，表示再生产过程的规模和速度"①，两个流通中的任何一个缺乏都会构成产业资本流通的障碍。因此，在一定限度内的借贷资本是产业资本运动的润滑剂。互联网金融平台在货币供需信息、商品购买信息和产品生产信息传递方面的优势，增强金融配置资源的功能。

---

① 马克思：《资本论》第3卷，人民出版社2004年版，第506页。

互联网金融平台根据消费和再生产的有关信息,协调货币供给和需求各方,增强信用的计划性,从而克服"有效需求不足"和流动性不匹配问题。互联网金融还通过信用创新,改善信用制度,减弱产业资本运动的障碍,保障资本积累持续进行下去。然而,互联网金融在润滑产业资本运动时也产生了信用膨胀的代价,信贷放松和大量流动性过剩,产业资本金融化趋势增强,关键商品的供给和需求不匹配,从而导致周期性的经济危机最先从金融领域爆发。

最后,互联网金融改变了信用制度,增加货币资本回流带来的利润。马克思把信用功能归为"阶级的共有资本",即货币资本的使用价值并不具有特殊性,它可以被所有部门和产业用来增殖,并根据竞争规律,使货币资本被用到任何地方都可以获得相同的平均利润率。金融部门的资源配置功能促进了货币资本在部门和产业之间的顺畅流动,利润率到处都被平均化了。信用制度与互联网平台结合以后,进行时空交换的同时交换使用权,互联网金融在虚拟空间中进行货币资本的转移时,就不需要通过金融中介了。互联网金融在执行职能时,形成了独立化的专门从事互联网金融活动的互联网金融资本家。互联网金融平台作为虚拟中介,是在互联网金融代表货币资本执行职能时形成的一个货币池,实现货币资本在互联网金融平台控制下的集中,从而使互联网金融资本家掌握一定规模的货币资本。互联网金融平台就在传统银行基础上塑造了另一种银行,吸收大量诸如准备金、消费基金、投资基金等剩余资本,而互联网金融资本家则把大规模的剩余资本变成货币资本或者借贷资本。互联网金融改变了信用制度,减少信用制度本身的费用,增加货币回流带来的利润率,尤其是在虚拟空间中,从货币到更多的货币的虚拟资本获得更高的利润率成为常事,成为可以摆脱生产这一"倒霉事"。

二 互联网金融成为货币资本运动的新节点

在产业资本运动中,货币资本首要任务和目的是通过购买劳动力和生产资料并把两者结合起来以实现价值增殖。在互联网生产方式下,对产业资本家而言,货币资本的首要任务和目的并没有发生变化,变化的只是价值运动的方式。

互联网金融代表货币资本执行购买劳动力和生产资料，但购买的行为发生在与现实空间相对应的互联网虚拟空间中。对货币资本持有者或者说对于购买者来说，在生产过程中结合的必须是现实空间中的劳动力和生产资料，而不能是虚拟空间中存在的虚拟劳动力和虚拟生产资料。而对出售者来说，卖出商品获得的货币必须具备一般等价物的价值，互联网时代虚拟空间中观念的货币也具备一般等价物的价值，比如出现的数字货币。在货币资本执行购买职能时，货币资本在互联网虚拟空间中转换所有权，并对应现实中产业资本家储存在银行中的货币所有权的转换。因此，互联网金融代表货币资本执行相应职能，还执行着货币资本的"运输"职能，即把货币资本从现实货币复制成虚拟货币，从一个所有者手中转换到另一个所有者手中，从一个地区转换到另一个地区。互联网金融伴随着产业资本运动，实现从购买到售卖的货币资本运动。

互联网金融进一步强化了阶级的共有资本。借贷资本的流出并不是无条件的，需要一定的时间和费用来获取货币需求者的相关信息，得到认可之后，借贷资本才开始流出。但在互联网金融平台下，金融大数据分析使信息不对称得到有效缓解，减少借贷资本的准备时间，进而缩短产业资本周转时间。对货币所有者来说，借贷资本的流出和回流速度以及产业资本周转速度的加快，增加了货币流通速度，货币流通速度提高意味着在一定时间内同样的货币可以带来更多利润。互联网金融代表货币资本执行职能时具有较高的便利性和高度流动性，使资本集中的规模越来越大，从而使互联网金融资本家具有一定的垄断权，最终会把闲置的潜在资本集中在一起，并通过互联网金融平台协调货币资本的供给和需求。互联网金融资本家在执行货币资本职能时暂时取得了货币资本的使用权，即互联网金融资本家根据互联网技术建立的信用机制，会形成"在途资金"。"在途资本"的所有权并没有发生变化，但它的监管人暂时改变了，也就是说，在互联网金融代表货币资本执行职能时，平台会先把货币资本的监管权划归到互联网金融资本家手中，在买卖双方就交易达成一致时，互联网金融资本家才会把货币资本支付给卖方。互联网金融塑造的这种信用机制保障了买卖双方权益，同时也塑造了新的权力。

互联网金融把准备金、折旧基金、扩大再生产的准备金等潜在的货币资本转化成真正的货币资本。产业资本家通过互联网金融把潜在的货币资本集中起来,并利用平台匹配货币资本的需求方,从而把潜在的货币资本变成实质的货币资本,获取价值和剩余价值。产业资本家可以使用互联网金融对货币资本进行自由配置,因为一方面互联网金融平台构建的虚拟空间为货币资本自由流动提供技术条件,另一方面互联网金融在一定程度上消除了金融中介即货币经营资本的金融功能,货币所有者可以通过互联网金融平台提供的相关信息直接从事买卖或借贷活动。产业资本家或借贷资本家已经难以区分,或者说产业资本存在着货币化或金融化趋势,货币资本家也与产业资本家相结合,即使是在赌博的性质上进行与风险投资的结合。因为,借贷资本家为了获得超额利润率,会把闲置的资本集聚起来形成风险资本。风险资本家利用互联网金融,在一定程度上控制了货币资本流向的部门和产业,也成为一些新兴产业成长和发展必不可少的因素。但也正因如此,风险资本家进行一场疯狂的赌博,要么获取无法想象的超额利润,要么损失殆尽。

除此之外,互联网虚拟空间与虚拟资本的运动具有天然的契合性。虚拟资本的价格可能存在着剧烈波动,如果大量的货币资本购买虚拟资本时,虚拟资本的价格就会上升,从而为货币所有者带来较多的利润。互联网金融平台可以把全球大量的货币资金集中到一个地区或者购买同一个资本商品,进行虚拟资本的频繁交易,从而推高虚拟资本的价格。互联网金融满足了虚拟资本对流动性的要求,从而必然扩大虚拟资本的规模。关于互联网金融与虚拟资本的关系,下文还会进行分析,这里不再赘述。

互联网金融不仅代表货币资本执行购买职能,还对塑造新的信用制度对借贷资本产生重要影响。无论是对产业资本家,还是对货币资本家,互联网金融都有助于完成相应的职能,实现资本积累。但互联网金融对产业资本家和货币资本家的作用不同,从而对各自的货币资本运动产生极为不同的影响。

第二节 互联网金融作为新节点的货币资本运动新变化

互联网技术条件下货币资本运动的基本规律不会发生变化,仍旧是

第三章　互联网技术条件下货币资本运动的新变化

预付货币资本经过一系列形态变化和运动，带着更大的价值回到货币起点。但由于互联网生产方式具有新的特征，对资本运动产生新的变化。互联网金融是在互联网技术条件下货币资本发生的最显著的变化。互联网金融成为货币资本运动的新节点，对货币资本的循环运动不仅在形式上还在内容上产生重要影响。不仅如此，互联网金融下货币资本运动对经济社会产生重要影响，导致虚拟资本膨胀化，强化了货币拜物教观念。

一　互联网金融下货币资本运动公式的新变化

（一）虚拟空间中的价值运动

马克思在分析产业资本运动时，使用价值运动被高度抽象，产业资本在执行购买、生产和售卖职能时采取货币资本、生产资本和商品资本形态，对其中每一种资本形态如何执行职能并没有作具体的考察。这是由技术基础决定的，机器大工业生产方式下价值和使用价值是统一于实体商品的，虽然价值和剩余价值的实现需要交换使用价值，但两者在运动中是统一的。但在互联网技术条件下，价值和使用价值在逻辑上分离，导致价值的运动在互联网虚拟空间中进行，它可以满足价值自由流动性要求，使用价值多表现为现实经济的物品，它的运动一般是空间位置的移动。商品运动是价值运动和使用价值运动的统一，因此，虚拟空间和现实空间相互转换把两者统一起来，但并不影响两者在逻辑上的可分性。价值在虚拟空间中运动，使用价值在现实空间中运动，使用价值则跟随价值的运动而发生空间位置的转移。

在互联网虚拟空间里，以货币为代表的价值运动不受时间和空间限制，可以通过互联网金融瞬时完成价值的转移，而不需要花费时间和费用持有货币本身。但在互联网金融代表货币资本执行职能时，需要与买卖双方、银行等主体共同协作，完成价值的转移和使用价值的转移。比如需要银行具体执行货币所有权的转移活动、购买的生产资料的空间位移，劳动者与生产资料结合起来，即使是在互联网虚拟空间中的结合，才能创造价值和使用价值统一的商品。买卖双方在交易环节使用互联网金融进行价值转移活动，减少了金融中介机构的直接参与，减少了货币流通的时间和费用。但在具体的操作环节，即储存在银行中的货币所有权的转移还需要银行执行。这时银行只是充当货币储备的保管者,它依旧作为货币资本经营者从事货币商品的借贷活动,但银行在产业资本运动中的地位和作用相对弱化,并为互联网金融提供信用支撑。

在互联网虚拟空间中,价值运动和货币资本的流动无时空约束,从而使价值和货币资本真正超越国家地理界限,成为产业资本全球化运动的先锋。但在资本全球扩张的同时,虚拟资本以更大的倍数膨胀。此时,资本家的赌博、欺诈暴露无遗,生产成为资本积累的附属物。在互联网生产方式下,货币的拜物教更加神秘,表现为支配一切的物神。互联网金融为货币拜物教插上飞翔的翅膀,让物神形态和物神观念被资本家和劳动者广泛接受,并且塑造颠倒了的世界。

(二)货币资本运动公式新变化

马克思在《资本论》中分析货币资本职能以及货币资本运动时,因为货币资本运动都是在现实经济中,价值和使用价值在逻辑上还不可分离,所以抽象掉使用价值的运动对货币资本价值运动影响不大。货币资本运动公式为:

$$G—W \cdots P \cdots W'—G'$$

在加入信用因素后的运动公式为:

$$G_0—G—W \cdots P \cdots W'—G'—G'_0$$

对于产业资本家而言,货币资本经过一系列的形态变化,最终回到货币资本形态。对货币资本家而言,货币资本的运动表现为:$G_0—G'_0$。货币资本能够自行增殖,不需要经过价值形态的变化就可以获得更多的价值。在货币资本运动过程的分析中,货币资本执行职能形式是无关紧要的,因为不论是钱货两清还是商业借贷,都是价值与使用价值同时在现实经济中的运动。而在互联网技术条件下,货币资本采用互联网金融形式执行职能时,不仅对货币资本本身执行职能形式产生影响,还对货币资本的运动产生深刻变化。

货币资本采取互联网金融形式执行职能,或者说在互联网技术条件下,互联网金融取得了货币资本的形态,成为货币资本运动的起点和终点。此时,货币资本的运动公式为:

$$G_I—W \cdots P \cdots W'—G_I'$$

其中 G_I 为互联网金融。

第三章 互联网技术条件下货币资本运动的新变化

互联网金融代表货币资本购买劳动力和生产资料,在生产过程中把两者结合起来以创造更大的价值和使用价值。在生产结束以后,形成含有更大价值的商品资本,通过售卖把商品资本转换为货币资本,此时的货币资本的表现形式是互联网金融 G_1'。① 互联网金融 G_1 实现了价值在虚拟空间中的运动,即价值通过互联网金融就可以展翅飞翔,而不用被束缚于一定的物质载体。当然,这里是仅对观念上的价值运动本身而言,如果想要实现客观的价值运动就必须依托物质载体的运动,只是这时两者在逻辑上可以是相分离的。互联网金融在运动的起点和终点,存在于虚拟空间的价值表现形式,可在互联网虚拟空间不断地运动下去,而与此相对应的物质载体,如购买的生产资料或者商品都需要与价值运动相一致。

如果产业资本运动的货币来源于借贷,货币资本在互联网金融形式下的运动为:

$$G_0—G_1—W\cdots P\cdots W'—G_1'—G_0'$$

在这里互联网金融扮演着双重角色,一是货币资本家在互联网金融把生息资本借给产业资本家,互联网金融执行货币资本"运输"的功能,并凭借互联网虚拟空间,大大降低了货币资本的准备阶段花费的时间和费用;二是产业资本利用互联网金融执行货币资本职能,这一点前文已经分析过其运动过程。生息资本流出是以回流为前提的,生息资本的回流也要经过互联网金融"运输"货币资本并返还给货币资本家。产业资本家占用货币资本家的资本从事资本积累,从而使生息资本回流时必须附带利息,以满足货币资本家资本积累的需求。

对于借贷资本而言,在互联网金融形式下,货币资本运动为:

$$G_0—G_1—G_0'$$

即货币资本通过互联网金融就可以获取更多的货币资本。互联网金融好像具有天生的魔性,能够创造出更大的价值,从而彻底掩盖了 G_0—G_0' 的不劳而获的过程,使货币拜物教"名正言顺"。此时,货币资本被

---

① 在此处,我们只研究货币资本在互联网技术条件下的变化,生产资本和商品资本的变化会在下两章进行分析,因此我们对生产以及商品在互联网生产方式下的变化进行抽象处理。

看成不再凭空生产更多的货币，而是利用互联网金融以后获取更多的货币资本。因此，互联网金融成为新的拜物教形式。互联网金融 G_1 像一个黑箱，通过暗箱操作便可获取更大的价值。其实，从整个产业资本运动的视角看，互联网金融并不是什么黑箱，而只是被建立起来的资本运动的假象，产生更多价值的不是互联网金融而是使用货币资本的产业资本家的生产过程。互联网金融只是把别人的资本，包括产业资本家闲置资本、货币资本家及货币经营资本家借贷资本和工人的工资，集中起来并作为借贷资本使用。互联网金融资本家通过互联网金融平台占有他人的资本，从而使他人的劳动的权利无限扩大，并不受限于空间地理和时间。货币资本集中起来，在互联网金融资本家支配下形成一定的货币供给垄断，从而导致利息率偏高，尤其是在虚拟资本推动下，货币资本获得较高的利息率。

互联网金融在虚拟空间中代表货币资本执行职能，从而使互联网金融不仅在形式上，而且在内容上都成为货币资本运动的新节点，改变了货币资本运动的公式。互联网金融不仅推动价值的运动，还通过虚实的转化带动使用价值的运动，因此，使用价值是货币资本运动的重要一环。互联网金融对产业资本运动的影响不仅体现在成为货币资本运动的新节点，体现在对货币资本运动产生的深刻影响上，还体现在进一步强化货币资本在产业资本中的代表性地位上。

二 虚拟资本膨胀化

（一）虚拟资本运动的新变化

互联网金融虚拟空间为虚拟资本提供最适宜的生长环境。互联网金融平台把价值和使用价值在逻辑上分离，在虚拟空间中的价值运动一定程度地实现了不受束缚的自由，因此货币资本在物质基础上实现虚拟化运动，以虚拟资本形式进行资本积累。虚拟资本追求虚幻的价格，成为资本最理想的形式，而一旦这种理想成为现实，就会对整个资本运动、经济各环节、国民经济乃至世界经济都产生破坏性极强的冲击波。但"在一切进行资本主义生产的国家，都有巨额的所谓生息资本或货币资本采取这种形式。货币资本的积累，大部分不外是对生产的这种索取权的积累，是这种索取权的市场价格即幻想的资本价值的积累"①。生息资本或货币资本在追求幻想价格的积累方面具有天然的优势，因为脱离价值创造过程的信用货币本身就表示虚幻的价格，而互联网金融进一步强化了这一优势。

互联网金融为货币资本转化为虚拟资本提供转换中介。在互联网虚拟空间中，虚拟资本的表现形式如股票、债券等有价证券是以电子凭证形式存在，因此通过互联网金融可以实现虚拟资本与货币资本任意转换。虚拟资本的运动公式：

$$G_1—G_F—G_1'$$

其中，G_F表示虚拟资本。

货币资本，不论是自有资本还是借贷资本，都以互联网金融形式执行"运输"和购买职能，购买的是虚拟资本G_F。在持有一段时间后，通过实现索取权转化为货币资本，转化过程同样是利用互联网金融执行职能。如果货币自行增殖，那么虚拟资本的运动可以一直持续下去，即运动公式为：

$$G_1—G_F—G_1'—G_F'—G_1''\cdots\cdots$$

虚拟资本是货币资本的转化形式，两者形成一个螺旋结构，货币资本积累推动虚拟资本膨胀，而虚拟资本膨胀反过来会要求更多的货币资本。在资本主义信用创造层出不穷的膨胀中，货币资本与虚拟资本除了需要转换时间外，没有实质上的差别，而一旦信用受资本主义基本矛盾运动影响而破裂，互联网金融是互联网金融，货币资本是货币资本，而虚拟资本不再是货币资本，只是破了的泡沫，无法再拼凑成"神话"。

互联网金融不仅为货币资本转化为虚拟资本提供中介，还在供给和需求两端为虚拟资本提供催化剂。互联网金融一方面把闲置资本集聚起来，形成规模庞大的生息资本；另一方面重塑了信用制度，增强信用创造能力。这两方面结合起来，使互联网金融为虚拟资本迅猛发展提供必要技术和制度准备。互联网金融使世界范围内的生息资本以及潜在的产业资本都被激活，并利用互联网金融的中介，追求虚幻的价格。资本主义生产的供给和需求天然存在着不均衡，从而必然产生积累过剩，最明显的表现是货币资本的过剩。虚拟资本成为过剩的货币资本的寄身所。

---

① 马克思：《资本论》第3卷，人民出版社2004年版，第531页。

虚拟资本"作为纸制复本，这些证券只是幻想的，它们的价值额的涨落，和它们有权代表的现实资本的价值变动完全无关，尽管它们可以作为商品来买卖，因而可以作为资本价值来流通。它们的价值额，也就是，它们在证券交易所内的行情，会随着利息率的下降——就这种下降与货币资本特有的运动无关，只不过是利润率趋向下降的结果来说——而必然出现上涨的趋势"①。虽然虚拟资本作为资本商品会因利息上升或下降而获得降低或较高利润率，但对于金融资本家来说，较高利润率是对自身而言的，因为其在一定程度上控制着利息率的高度，利息率低了就购入巨额虚拟资本，并在高价格卖出以获得高额垄断利润，利息率高了就持有潜在货币资本，或者可以作为借贷资本借给产业资本家获取较高的利息率。而对于普通劳动者来说，无论利息率是高还是低，虚拟资本都是剥削的利器，把劳动者家庭财富掠夺一空。

互联网金融能够实现货币资本与虚拟资本转换，而产业资本家可在产业资本获得的平均利润率下降时转向虚拟资本以获得较高的利润率。在互联网金融促进货币资本与虚拟资本交替转换中，生息资本与虚拟资本的规模都不断增加，金融部门不断膨胀，同时产业资本中用于扩大再生产的储备金也可能被虚拟资本吸走，从而导致产业资本规模缩小。

（二）新型虚拟资本再虚拟化

互联网金融还推动新型虚拟资本的迅猛发展。虽然虚拟资本是资本追求利润的理想形式，但虚拟资本还是要受到生产的制约，也不能满足信用资本运动不受限制以及金融自由化的需求。互联网金融通过信用制度创新形成不受生产制约和资本运动限制的新型虚拟资本。互联网金融以虚拟资本为标的，创造金融买卖合约，主要表现为远期、期货、期权、互换（掉期）等，它们被称为金融衍生品。金融衍生品同样是虚拟资本，这里把它们称为新型虚拟资本。新型虚拟资本也是一种对未来收益的索取权凭证，只不过它们不是直接对未来劳动的索取权凭证，而是对创造它们的基础即虚拟资本的未来收益的索取权凭证。虚拟资本是对未来劳动的索取权，虽然虚拟资本具有一定的独立性，但仍受到生产的

---

① 马克思：《资本论》第3卷，人民出版社2004年版，第541页。

限制，如其价格波动与生产的预期相关，如果预期生产较好则可能促使股票价格上涨，反之则可能使股票价格下跌。而在虚拟资本基础上创造出来的新型虚拟资本与实体生产过程失去了直接关联，甚至也不受虚拟资本本身的制约，真正成为虚幻的价格。

在虚拟资本基础上衍生出的新型虚拟资本成为货币资本又一理想形式，而且可能是最理想的形式。在互联网虚拟空间中，新型虚拟资本完全摆脱生产的束缚，成为独立的东西，使货币资本或生息资本不受限制地进行运动。新型虚拟资本是在虚拟资本之上的又一次虚拟化，它可以根据资本积累的需求不断地被创造出来。借贷资本或货币经营资本，以及互联网金融利用金融买卖合约的交易，把未来劳动的索取权交易出去回收资本，从而加速生息资本回流和周转，获得较高利息率。更为重要的是，互联网金融可以不断重复创造金融衍生品，使同一债权在不同人手里，或以股票的虚拟资本形式，或以期权的新型虚拟资本形式存在。因此，互联网金融创造了更大规模的虚拟资本。

虚拟资本再虚拟化后，新型虚拟资本的膨胀与生产过程和剩余价值规模无关。虚拟资本在一定的信用制度下具有内在扩张的潜力，"随着生息资本和信用制度的发展，一切资本好像都会增加一倍，有时甚至增加两倍，因为有各种方式使同一资本，甚至同一债权在各种不同的人手里以各种不同的形式出现"①。恩格斯也发现了这一现象，并在注解中以金融信托公司为例进行分析。以认股筹集方式成立的金融信托公司在购买有价证券在扣除各项支出以后获得了利息和股息，以原股票为基础发行新的股票，从而使资本增加了一倍。在互联网虚拟空间中，互联网金融创造了新型虚拟资本，其膨胀规模和速度远远超过马克思和恩格斯的估计。据国际货币基金组织和世界银行的数据计算，1997年年底全球虚拟经济总量是140万亿美元，2000年年底增长到160万亿美元，增长14%。其中，金融衍生品约为95万亿美元，股票市值约为36万亿美元，债券余额约为29万亿美元。2000年虚拟资本总量相当于全世界GNP总和的五倍。全球虚拟资本每天的流动量是2万亿美元左右，大约为世界

---

① 马克思：《资本论》第3卷，人民出版社2004年版，第533页。

日平均贸易额的 50 倍。① 2022 年，仅金融衍生品这类新型虚拟资本的总规模就超过 600 万亿美元，是全球 GDP 总和的 6 倍。②

三 货币拜物教更神秘化

在互联网虚拟空间中，价值在一定程度上脱离了现实经济进行运动，互联网金融彻底掩盖了现实的生产过程和价值创造过程，货币拜物教又一次得到了进化。从逻辑上和运动公式中，互联网金融 G_1 在货币资本运动过程中都像一个黑箱，即货币在经过互联网金融以后能够产生出更多的货币，互联网金融成为自在的"物神"，掩盖了货币资本运动背后的价值运动和生产关系变化。互联网金融创造的信用制度，"把资本主义生产的动力——用剥削他人劳动的办法来发财致富——发展成为最纯粹最巨大的赌博欺诈制度，并且使剥削社会财富的少数人的人数越来越减少"③。在货币拜物教观念下，互联网金融就像具有强劲的吸附力的磁铁一样，把社会中所有的、潜在的货币资本都吸进来，在不断的信用创造中，货币、借贷货币、虚拟货币的规模越来越大，而产业资本的规模越来越小。互联网金融使货币成为一切的主导，进一步掩盖了资本运动中的生产关系，进一步强化了货币拜物教崇拜。

（一）金融功能异化

传统金融机构如银行等能够把社会中的货币集中起来，并且能够创造信用货币，形成规模庞大的生息资本。银行作为金融中介，具有两种功能，一是储存货币，二是经营货币。储存货币功能是银行以一定的、较低的利息吸收劳动者的闲散货币，虽然劳动者能够获取利息，但是这只不过是资本家为了转化为借贷资本获取的较高利润中的极小部分而已，劳动者仍然是劳动者，不可能依靠这些利息进行劳动力再生产。货币经营功能是银行把集中起来的货币转化为借贷资本。因此，储存货币功能和货币经营功能是密切关联的。互联网金融对传统金融功能产生重要影响。互联网金融平台加强了银行的储存货币功能，但是弱化了银行

---

① 成思危：《虚拟经济探微》，《南开学报》2003 年第 2 期。
② 数据来源：国际清算银行（https://www.bis.org/publ/otc_hy2311.htm）。
③ 马克思：《资本论》第 3 卷，人民出版社 2004 年版，第 500 页。

货币经营功能。互联网金融在虚拟空间中的交易行为离不开现实空间中货币所有权转换，而货币所有权的转换只不过是某一银行的账户中增加或者减少一定量的储存货币，对整个银行业而言，储存货币的量不会减少，而会随着互联网金融使用而增加。但互联网金融改变了银行货币经营功能。互联网金融因为具有信息传递、搜寻和匹配的优势，在经营货币时具有快速、便捷、普惠的特点，互联网金融加速资本运动和周转，提高经营货币的利润率。相对而言，作为货币商品经营者，银行经营货币的业务存在着时间和空间的限制，存在着信息不对称制约，导致其在经营货币时具有时间长、手续多、受众不普遍的特点，从而致使银行在与互联网金融平台竞争中存在着明显的劣势。银行为了能在与互联网金融竞争中占据一席之地，特别是能够增加经营货币的利润，银行业与互联网技术结合，形成一些新的、符合互联网技术和传统银行特征的投资业务乃至投机业务。比如银行通过信用创造和改善信用管理，从传统的借贷中介和支付中介转变为资产管理和财富管理业务，致使银行的主要功能不再是为生产资本提供借贷资金，而是利用集中的货币资金进行投机。当然银行作为金融市场中介在创造资产证券时，也没有弱化储存货币功能，只不过，此时银行等传统金融部门存在着金融功能异化，不再是服务于生产制造部门的产业资本，而是与房地产等虚拟经济形成一种共生关系，形成所谓金融、保险、房地产部门（FIRE）。① 还有一些银行与非银行金融机构一起发行有价证券，并在二级市场上买卖有价证券以重获流动性，这些银行的储存货币功能严重弱化，投机功能成为利润的主要来源。尤其是，在互联网金融助力下，银行等金融机构具有从事投机的动机和路径，从而在金融自由化中不断创造新的金融产品。

金融功能异化导致银行从货币资金的净提供者变成净需求者。在互联网金融时代，银行提供借贷资本职能逐渐弱化，资产管理职能逐渐增强，银行逐渐把投入生产领域的货币转投到金融领域。比如在美国，20世纪70年代商业银行中工商业贷款的比例33%以上，并在之后的年份中不断下降，到2011年这个比例仅为19.4%。相反地，家庭消费信贷

---

① ［美］迈克尔·赫德森：《从马克思到高盛：虚拟资本的幻想和产业的金融化》（上），曹浩瀚译，《国外理论动态》2010年第9期。

以及零售投资业务成为金融部门的主要业务，房地产信贷更是取代工商业贷款成为最主要的信贷业务。与此同时，银行的"存款—贷款"的营利模式也转变为"贷款—出售—MBS"的营利模式。由此可以看出，商业银行自身金融化导向逐渐把银行本身的货币经营职能弱化了，转而成为货币的需求方，通过信用创造、金融业态和业务模式创新获取利润。

金融功能异化的主要原因是，银行等传统金融部门通过资产证券化和金融投机金融部门能够获得更高的利润率。比如美国金融部门利润在总公司利润中的比例从20世纪60年代开始就在波动中上升，在80年代金融自由化以后，这个比重快速从1984年的15.4%上升到2002年的43.8%，虽然中间存在着波动，但总体比例不断上升。金融危机期间这个比例有所下降，在2008年为13.4%，但2009年又反弹至36.7%，2017年接近30%。①

互联网金融的发展本身就是金融功能异化的产物。互联网金融是风险资本投资的结果，知名的互联网金融企业如美国P2P巨头Lending Club、第三方支付巨头PayPal、众筹Kiskstarter等都是经历若干轮风险投资才成长起来的。互联网金融进一步加剧金融功能异化。互联网金融不仅在供给端创造大量的虚拟资本，在需求端同样制造大量的虚拟资本。在互联网技术条件下，信息不对称得到有效克服，互联网金融平台直接连接货币资本的需求方和供给方，从而使直接融资形式如股票和企业债券迅速发展。比如2000年全球股市为36万亿美元，到2008年增长到65万亿美元，2022年全球股市规模超过100万亿美元，规模不断膨胀。

互联网金融推动金融功能异化，尤其是改变了传统金融机构如银行的功能。如果通过资产证券化和金融投机能够获取较高利润，那么，产业资本家也会毫不犹豫放弃生产和扩大再生产，转而投入金融部门追求较高利润率，在产业结构方面就表现为脱实向虚，在国民经济方面就表现为经济金融化。

---

① 谢富胜、匡晓路：《金融部门的利润来源探究》，《马克思主义研究》2019年第6期。

(二) 经济金融化

经济金融化表现为经济活动中的微观主体以金融为导向从事生产经营活动。① 除了金融机构金融功能异化，其他主体的生产经营活动也都存在着金融化趋势。对资本家来说，货币拜物教一直萦绕在他们头脑中，互联网金融则为他们摆脱生产的倒霉事提供契机。资本家对钱能生钱总是念念不忘，只要有合适的时机，他们就会成为货币资本家，利用生息资本获取利息。

首先，互联网金融的发展，使产业资本的生产和扩大再生产过程受金融资本的引导，具有金融化的内在冲动。产业资本运动中闲置下来的货币甚至用于扩大再生产的资本，都通过互联网金融转变为借贷资本和虚拟资本，其中虚拟资本中也包括自己公司的股票。通过信用制度建立的股份公司，在"股东价值最大化"模式下，金融资产的扩张超过了生产规模扩张。美国非金融企业的金融资产与非金融资产之比能够很好地反映生产过程的金融化现象。两者的比重从1963年7.28%上升到1980年的38.5%，到2001年达到100.19%，在金融危机时达到高峰，2009年为103.84%。生产过程的金融化改变了马克思对生产资本和货币资本关系的设想，从而使资本主义发展到一个新的阶段，即金融垄断资本主义阶段。

其次，商业资本家来说，G—W—G′过程是以商品为中介的资本增殖过程，但在互联网技术条件下，商品的中介功能可能被消除，直接变成G—G′过程。利用互联网平台销售商品时产生电子商务，电子商务与互联网金融密不可分，因为电子商务执行售卖职能时，商品转化为货币也是利用互联网进行的。在商品资本转化为货币资本时，为了防范商业风险建立了第三方支付系统。第三方支付系统是独立于买方和卖方的资金暂时存储仓库，只有在规避商业风险前提下才会根据买方的确认付款指令把货币支付给卖方。电子商务形式的商业资本家通常利用互联网建立第三方支付系统，把商业资本与货币资本结合起来，在执行售卖商品

---

① 因学者们研究的侧重点不同，对金融化的概念并没有形成统一的认识，主要有三种：一是宏观方面，分析资本主义发展总趋势；二是中观层面，分析资本权力关系的变化；三是微观层面，从企业治理视角分析。本书从产业资本运动的视角出发，对三个层面的金融化都有所涉及。此处指微观层面含义。

的同时，获得大量暂时闲置的支付货币，形成货币池。利用货币池，商业资本家也可以执行货币资本职能。商业资本金融化存在着天然优势，因为商品资本和货币资本都属于流通领域，在回流到货币资本时，商业资本家可以重新选择是继续作为商业资本家购买商品，还是作为货币资本家把货币作为商品。

最后，劳动力再生产负债化、金融化。互联网金融能够把劳动者工资集中起来，作为借贷资本或货币资本使用。同时，工人购买商品消费时也使用互联网金融的手段，比如第三方支付、数字货币等，从而使劳动力再生产与互联网金融产生直接联系。在互联网技术条件下，劳动者购买商品十分便捷，特别是在"消费主义"观念引导下，互联网金融为劳动者提供消费贷款，以方便劳动者进行购买，使劳动者的劳动力再生产过程金融化了。消费信贷是以劳动者的工资收入为保障的，在工人获得工资后就要归还消费贷款，因此，劳动力再生产负债化了。互联网金融还通过创造层出不穷的金融产品，把工人工资最大限度地资本化，以满足资本家对货币资本的追求。比如互联网金融提供各种技术手段，使工人把工资可以在公开市场中直接购买股票和公司债券，也可以被集中起来形成投资基金，间接地购买金融资产。资本家通常以业务为基础建立互联网金融平台直接吸收消费者的工资，如共享单车押金就是企业与消费者之间直接的货币转化资本过程。互联网金融将导致劳动力再生产金融化、负债化，比如美国和日本家庭金融资产占 GDP 的比重，在金融危机以前高达 300%，德国的比重也接近 200%。

经济金融化把各经济主体的货币都吸收到金融领域，通过虚拟资本投机获得利润。资本主义生产系统中存在的供给和需求不均衡，同样也存在于金融领域。在资本积累规模不断增大的内在要求下，金融领域的供给大于需求，从而使虚拟经济膨胀缺乏推动力。同时，由于经济金融化程度较高，生产过程创造的价值和使用价值只能维持整个社会再生产即只能维持劳动力再生产和生产过程再生产时，工人工资就会较少地或停止流向金融领域，导致金融领域的需求迅速紧缩。没有货币的经济金融化就像抽离火的锅一样，煮沸的水就会迅速冷却下来。经济金融化不能通过投机活动持续下去，庞大的债务链条迟早会断裂，从而形成经济危机，2008 年全球金融经济危机就是债务链条断裂引起的。因此，互联网金融时代的经济危机不是最先开始于生产或商业领域,而是最先开始于金融领域,形成金融—经济危机。

本章小结

在互联网生产方式下,货币资本运动规律并没有发生,变化的只是货币资本运动的形式。互联网生产方式的虚拟性和共享性有利于货币资本职能的实现,从而使货币资本与互联网耦合产生互联网金融。互联网金融不仅代表货币资本执行购买职能,还利用信用制度强化货币这一阶级的共有资本地位。互联网金融平台把价值和使用价值在逻辑上分离,从而使互联网金融成为货币资本运动的新节点,并在一定程度上改变了货币资本运动的过程。互联网金融具有的魔性把货币资本拜物教发展到新的高度,通过互联网金融,钱能生钱的观念深入人心,彻底掩盖了其背后的人与人的关系。因此,互联网金融更加强化了 $G_0—G'_0$ 过程,无论是生产过程的资本还是工人工资都被这种魔力所吸引而不断地金融化,以致生息资本进而虚拟资本的规模越来越膨胀,经济金融化趋势明显。

第四章

互联网技术条件下生产资本运动的新变化

由互联网技术形成的信息化经济是一种不同于传统大机器形成的工业经济的社会经济系统。信息化经济的独特之处在于以互联网信息技术为基础的技术范式，并随着新一代信息技术的发展催生数字经济，使成熟工业经济所潜藏的生产力得以充分发挥，塑造更大程度的社会化大生产。互联网技术将信息和数据融入生产过程与流通过程，重塑劳动者与生产资料结合方式，从而改变生产资本职能，进而使产业资本运动产生新变化。

第一节 互联网技术与生产资本的融合形成信息化生产

信息化生产是指以互联网技术为代表的信息技术作为生产的物质技术基础，生产过程和劳动过程具有信息化、知识化、数据化特点，它是相对于传统的机器大工业生产过程而言的。随着新一代信息技术的发展，信息化生产的含义不断丰富发展，不仅包括利用信息通信技术组织生产，还包括智能化生产、"互联网＋生产"、数字化生产等新内容。信息化生产的本质仍然是生产，需要把生产资料和劳动力进行现实结合，但互联网技术赋予生产资料和劳动力以及两者结合方式以新的信息化、数字化和智能化形式。

第四章　互联网技术条件下生产资本运动的新变化

一　信息化生产的内在机制

互联网技术源于资本主义政府的研究计划而不是源于资本家资助的实验室或者研发部门，这是作为资本家总代表的资本主义政府为资本积累提供必要的基础技术和服务。互联网技术从诞生开始就被资本青睐，并通过新自由主义运动把互联网技术私有化、市场化、资本化和商业化。互联网技术一经商业化应用，资本就根据积累需要不断塑造互联网技术，使互联网技术成为资本获取垄断利润的工具。互联网技术被资本家采用是幸运的，也是不幸的。说其幸运是因为互联网技术确实是一项新的技术革命，对整个社会发展产生积极作用，恰好互联网技术对资本家是有利可图的，有利于更快地实现资本循环，达到资本运动的最终目的，即获得增殖的价值，所以互联网技术被保存下来。历史上还有很多有益于经济社会发展的技术，但其不利于资本家获取利润，而被无情地抛弃。如果资本家引进并最终在生产过程中采用一种新技术，那么这种新技术必定是经济的，因为根据其逻辑，如果这种新技术不是经济的，那么精于计算的资本家或者会拒绝这种新技术，或者由于错误地采用这种新技术而破产。[1] 说其不幸是因为互联网技术被资本私有化、市场化、资本化和商业化，虽然这一方面极大地促进了互联网技术应用的普及，但其只能作为资本的附属物而存在，成为剥削压榨劳动的工具。

"科学乃是变成资本附属品的最后——也是仅次于劳动的最重要的——一项财产。"[2] 这项财产与雇佣劳动的目的相同，都是为资本创造价值和剩余价值。科学技术成为资本创造价值和剩余价值的手段，是通过变革劳动工具以改变生产过程中劳动力和生产资料的关系。机器大工业使劳动对资本的隶属关系从形式上隶属转变为实质上隶属，而互联网技术则使劳动对资本的实质隶属从体力上的实质隶属转变为脑力上的实质隶属。互联网生产方式的智能化特点，使脑力劳动成为比较重要的劳动内容，但脑力劳动者具备相应的技能和较高的谈判能力，不像机器大

---

[1]　[美] 戴维·F. 诺布尔：《生产力：工业自动化的社会史》，李风华译，中国人民大学出版社 2007 年版，第 397 页。

[2]　[美] 哈里·布雷弗曼：《劳动与垄断资本：二十世纪中劳动的退化》，方生等译，商务印书馆 1978 年版，第 138 页。

工业去技能化使体力劳动实质上隶属于资本。互联网技术进一步深化生产分工，尤其是脑力劳动的分工，从而使脑力劳动者技能出现分化，即脑力劳动者要么拥有较高技能，要么拥有较低技能，中级技能大多因为生产分工而分化了。拥有较高技能的脑力劳动者还具备一定的自主权，但拥有较低技能的脑力劳动者则实质上隶属于资本了。

互联网技术条件下，企业内部分工转化为社会分工，扩大劳动的空间范围，同时由于劳动对象技术上的联系形成产品生产链条。以劳动过程空间化为基础的产品生产链条全球化，推动分工协作的范围扩展到全球，形成了由不同企业劳动者、不同地区企业乃至不同国家之间共同劳动形成庞大的社会生产力，缩短制造总产品所必需的劳动时间。同时，互联网技术增强产品生产链条的计划性与调适性，生产企业通过共享产品生产过程信息和劳动过程信息，衔接产品生产链条各环节，消除生产性消费与供给的结构性差异，减少对接生产过程与流通过程所耗费的时间。比如互联网技术，通过把各环节的生产企业生产过程信息化、数据化，利用供应链管理（SCM）信息系统把同一生产体系内部的各级供应商产品数据进行整合，在共享所有生产信息的前提下匹配最优的生产计划，增强了单个企业生产的计划性。

互联网技术把各生产企业连接起来，不仅使直接生产过程得到准确的控制，还降低了流通费用。流通费用包括保管费用和运输费用以及纯粹流通费用，它们是为了实现所有权的转移而发生的资源和劳动的纯粹消耗，这一点与科斯所说的交易费用相同，只是流通费用和交易费用强调的侧重点不同。无论是商品的买卖过程、簿记、货币的流通、仓储与运输，都是以信息的搜寻、记录、传递、确证与保护为基础的。因此，流通费用的发生实质上是为了搜寻、记录、加工和传递信息，在此基础上构建社会网络体系即"经济空间"。[①] 互联网技术改变了原有的经济空间，形成一种网络性物质系统，成为网络社会形态下的机器体系。跨国公司的全球性采购系统、企业内部网乃至电子货币都耗费了流通系统中的社会劳动，创造为实现价值和剩余价值的"建设性经济空间"，在

---

① 鲁品越：《流通费用、交易成本与经济空间的创造——〈资本论〉微观流通理论的当代建构》，《财经研究》2016年第1期。

更大程度和范围节约了流通费用。

互联网技术还增强了资本的权力。互联网技术是机器体系的控制机，它利用微处理器代替机械或机电控制装置，CAD/CAM（计算机辅助设计与制造系统）以及办公自动化和各种程序控制多功能机床、车床等，使车间工人除了执行命令以外不必做任何的事情，管理层集中所有主动性和创造性的工作，实现更好的管理层控制。"这一技术目标近乎完美地补足了工业管理层的追求"[1]，计算机执行产品设计与制造计划，将生产集中在技术人员而不是生产工人手中，实现了对车间的控制，减少对熟练劳动力的依赖，降低工人的必要技能，从而削减工资[2]，同时也剥夺了车间权力。[3]

互联网技术通过改变生产资料与劳动力及两者结合方式，推动生产信息化发展。生产信息化增强资本对生产过程和劳动过程的控制，增强管理层的集中控制，削弱劳动者的权利，让劳动对资本的实质性隶属从体力劳动上的实质性隶属发展为脑力劳动上的实质性隶属。互联网技术提高生产社会化程度，使资本获得更多的价值和剩余价值，获取更高的利润。因此，信息化生产与其说是互联网技术与生产过程结合的产物，不如说是互联网技术作为资本的产物。

二 信息化生产成为生产资本运动的新节点

（一）信息化生产执行生产职能

互联网生产方式塑造信息化生产，是以自觉应用科学和知识来代替从经验中得出的成果的结果。信息化生产代表生产资本执行生产职能，显著表现在重塑了生产资料与劳动力的结合方式。

在机器大工业生产方式中，机器在生产过程中支配工人劳动，工人作为机器护工，配合机器的传动装置和工作机装置，这一生产过程就是

---

[1] [美] 戴维·F. 诺布尔：《生产力：工业自动化的社会史》，李风华译，中国人民大学出版社 2007 年版，第 397 页。

[2] [美] 戴维·F. 诺布尔：《生产力：工业自动化的社会史》，李风华译，中国人民大学出版社 2007 年版，第 402 页。

[3] [美] 戴维·F. 诺布尔：《生产力：工业自动化的社会史》，李风华译，中国人民大学出版社 2007 年版，第 394 页。

生产资本执行生产职能的过程。在生产环节，工人被机器束缚和支配，机器一旦开动就强迫工人按照机器的生产时间和生产流程完成特定的任务。在生产过程中，劳动力无论是力量还是技能都被资本家利用机器取代。在泰勒制管理原则实施下，劳动力出现了明显的划分：脑力劳动和体力劳动。脑力劳动者执行设计和管理职能，主要集中在管理层。体力劳动者则依附于机器的生产流程完成特定的动作和任务，并不需要对生产本身进行思考。管理层通过机器剥夺了工人在生产中锻炼的技能，从而掌握和控制生产工艺，在工厂和车间中拥有了权力。脑力劳动逐渐成为控制体力劳动的方式，但此时，要实现脑力劳动的成果就需体力劳动来执行，两者的结合形成了总体工人劳动。

互联网技术是大机器内生出来的控制机，在运用大机器生产过程中改变了原有的生产资料与劳动力结合方式。随着新一代信息技术的发展，互联网控制机演变成互联网虚拟空间中的"前生产阶段"。在"前生产阶段"，劳动者的劳动过程是使用硬件设备和平台进行搜集、储存、加工和传输信息等脑力劳动。在"前生产阶段"与物质生产阶段连接中，劳动者通过信息化生产平台遥控指挥或控制机器进行具体的物质生产。信息化生产平台控制下的大机器不再是简单的机械化运动，具有信息化、数字化、智能化的生产环节、生产工艺、生产流程。机器之间的衔接工作不需要依靠工人完成，而是通过计算机事先编制的程序和算法，利用网络传输给机器，使它执行特定的职能，完成相应的生产任务。整个物质生产过程信息化、数字化、智能化程度不断提高。工人可以利用信息化生产平台运行预先编辑的程序和算法，通过网络指挥机器按照程序预定的生产环节、生产步骤、生产工艺和流程进行，甚至当大机器发生故障时也可以通过信息化生产平台进行监测并提供维修方案。生产者利用信息化生产平台获悉机器生产过程的详细信息，包括生产进程、生产时间等，可根据资本运动进程调整机器生产的进度。

互联网生产方式下，劳动者不再是被动机器支配，劳动者与机器之间的关系是互动的，劳动者在生产过程中占据一定的主动权。互联网虚拟空间中"前生产阶段"的脑力劳动者一般拥有较高的技能，在创造劳动产品时一定程度上可以控制劳动时间和劳动强度，也对机器的生产过程拥有一定的支配权。在信息化、数字化和智能化物质生产过程中，劳动者也需要具有一定的技能水平，如生产机床的监督和调控需要具备较高的技能，能熟练掌握每个生产环节的技巧，同时也需要具备操作计算机程序和编写程序的技能。这种高技能工人在实际生产过程中发挥着重要作用，如工程师负责破解实际生产过程中技术难点和控制要点、负责技术管理工作、监督设备材料质量和供应、监控质量保证体系保持良好的动态运行、协助经理参与重大决策等工作。自动化生产过程的车间内的工人不再是配合机器完成生产任务，而是监督和调节机器以防自动化的机器出现故障。美国学者希赖特在《自动化与管理》一书中对自动化生产作过系统研究，他把生产工艺的17个等级概括为四大级别：手控、机械装置控制、信号控制和可变控制。他指出人在生产过程中，随着技术和工艺的发展体力劳动不断减弱，人的主要作用是巡逻，原来的操作工人变成看守员、监视员，也可以看成机器和业务管理人员之间的联络员。正像马克思科学预见的一样，"劳动表现为不再像以前那样被包括在生产过程中，相反地，表现为人以生产过程的监督者和调节者的身份同生产过程本身发生关系。……工人不再是生产过程的主要作用者，而是站在生产过程的旁边"[①]。在信息化生产平台条件下，工人和机器之间的关系正如马克思、恩格斯预测的那样发生了变化，但也具有互联网技术的特点。

信息化生产平台构建的"前生产阶段"明显地把生产过程划分为两个阶段，即劳动过程和物质生产过程。在"前生产阶段"主要是劳动过程，表现为高技能脑力劳动者与互联网新型生产资料结合，进行价值和使用价值创造。"前生产阶段"的劳动力与生产资料结合方式具有互联网技术的特点，出现新的变化如自雇佣劳动、弹性工作、零工等。在物质生产阶段，主要是劳动产品的物化，表现为劳动者与信息化、数字化、智能化的机器结合，形成了工人"站在生产过程的旁边"的变化。无论哪种情况，信息化生产都是互联网技术条件下的生产过程，代表生产资本执行生产职能。

虽然信息化生产改变了工人与机器的关系，但在资本雇佣劳动关系下，工人与机器关系的改变是在资本的控制范围内进行的，并且适用的

---

① 《马克思恩格斯文集》第8卷，人民出版社2009年版，第196页。

范围有限。比如,对于"前生产阶段"的高技能脑力劳动者,他们凭借自身的专业技能优势,分享一部分剩余价值,看似改变了劳动对资本的实质从属关系,但这种改变不仅在数量上较少,在程度上也微乎其微。对于低技能脑力劳动者来说,他们仍然被资本支配,而对于每一个生产过程都需要的任何人都能胜任的简单操作工来说,他们固定为专门的职能如半技术服务工、半技术运输工以及简单服务类工作等,仍然受到机器和资本家的支配,工人和机器之间的关系不但没有松动,反而因为技术进步而更加牢固。

(二)生产智能化加速生产分工

1. 劳动过程与物质生产过程进一步分离

信息化生产的充分发展在生产中表现为生产智能化。以互联网技术为代表的信息技术以及新一代信息技术,作为一场智能革命,在生产环节增加了脑力劳动的生产任务。随着互联网虚拟空间的发展,"前生产阶段"的脑力劳动成为生产过程的重要部分。此时,知识、信息和数据是脑力劳动的重要内容,成为极为重要的生产要素。

互联网生产方式使劳动过程与物质生产过程进一步分离。在传统大机器生产方式中,生产过程与劳动过程是高度重合的,即使在泰勒主义的生产过程与管理过程相分离后,生产过程与劳动过程还是密不可分的。而在互联网技术条件下,生产智能化发展把脑力劳动和体力劳动更为彻底地分割开来,脑力劳动主义集中在"前生产阶段",体力劳动则被排挤出物质生产过程。劳动过程与物质生产过程分离可分为四个阶段:劳动者运用自己的体力和技艺,使用手工工具加工劳动对象的阶段;劳动者操作机器加工劳动对象的阶段;劳动者以生产过程的监督者和调节者的身份同生产过程本身发生关系的阶段;劳动者的劳动过程同自动化机器加工劳动对象的过程在时间上和空间上分离的阶段。[①] 在劳动过程和使用自动化机器加工劳动对象的过程在时空分离阶段,劳动过程主要集中在生产的前端,即脑力劳动者在"前生产阶段"的虚拟空间中从事具体物质生产前的工作,如产品的研发、产品设计、生产流程设

---

① 陈永志:《新技术革命与马克思生产劳动理论》,《经济评论》2002年第3期。

计等工作。工人劳动的主要场所不再是工厂和生产车间等物质生产的场所，而是在办公室，劳动资料变为互联网技术，劳动对象变成知识、信息和数据，劳动成果也以知识、信息和数据形式呈现出来。互联网生产方式下的"前生产阶段"成为人类经济活动的主要领域，在这个阶段进行的脑力劳动的工人被称为知识工人。[①] 资本逻辑下"前生产阶段"成为资本积累的新领域，衍生出以知识、信息和数据所有权的垄断，即所谓"知识产权"。在"前生产阶段"，在知识、信息和数据是互联网技术催生的公共资源，可以利用互联网生产方式的虚拟性、共享性和智能化特征进行脑力劳动的生产和再生产，因此，脑力劳动中需要的基础知识不需要花费太长时间就可以搜寻并掌握。但在资本逻辑下，知识、信息和数据这些公共资源只有私有化，并凭借私有化的垄断产权才能获得利润，因此，资本往往以所谓知识产权的名义把知识、信息和数据私有化为资本的所有权。以知识产权标识的知识、信息和数据就表现为一种"新"知识、信息和数据，并在"前生产阶段"与脑力劳动者相结合，创造出具有新的垄断的知识产权，并且往往能够获得高额垄断利润。在资本逻辑下，互联网虚拟空间把"前生产阶段"与脑力劳动之间的逻辑转化时间大大缩短，能够快速实现生产和再生产。在"前生产阶段"进行劳动的原料是脑力劳动的产物，而脑力劳动的成果一经形成就可以成为"前生产阶段"的原料与劳动者结合起来，需要再投入的人力和物力比较少。虽然在知识产权的垄断下，脑力劳动与"前生产阶段"的逻辑转化时间经过资本的所有权有所延长，但资本也会扩大"前生产阶段"的规模，促进劳动过程与生产过程的衔接，加快资本运动与周转。

作为机器的控制机，互联网技术塑造的"前生产阶段"中，脑力劳动成为劳动的主要形态，进行知识、信息和数据的非物质化劳动，而体力劳动则由于自动化、信息化、数字化和智能化革命不断被排挤出物质生产过程，智能机器人成为物质生产过程的主要"工人"。不仅物质生产过程本身把体力劳动排挤出去，而且物质生产过程的自动

[①] 彼得·德鲁克在《未来的里程碑》一书中首次提出知识工人概念。参见梁萌《互联网领域中的知识工人》，《学术探索》2014年第3期。

化生产机器系统以及智能机器人的生产都把体力劳动排挤出去，使用自动化生产机器和智能机器人进行生产，用机器生产机器、用智能机器人生产智能机器人，标志着自动化、信息化、数字化和智能化的生产落地生根，重塑整个生产过程。在物质生产过程中，劳动者站在旁边进行生产监督和机器监测，而生产监督和机器监测的工具也是智能化的，即生产过程中机器哪个环节、哪个步骤出现故障都能被准确地监测到，并能够协调机器以生产。自动化、信息化、数字化和智能化的生产过程导致生产车间的工人越来越少，无人工厂已经成为现实。比如海尔的透明无人工厂、京东的全流程无人物流中心、北京汽车车身厂自动化焊接等等，无人工厂正在广泛地被各个生产部门、各个工厂车间采纳。

2. 企业内分工转化为社会分工

生产智能化拓展生产工序、延长生产链条，并且由于生产信息传递便利性和共享性，生产计划性增强。互联网技术作为劳动资料进一步细化生产环节，由于专业化分工具有的生产优势，使很多生产环节从原有生产链条中独立出来，并且利用互联网技术在生产上的计划性，把独立出来的各个生产阶段和各个生产环节转化为单个生产行业或生产部门。由此，产品生产链条上的联系转变为商品交换上的联系，企业内部的生产分工转化为社会分工的生产分工。社会分工原先是由不同但相互依赖的生产领域之间的交换产生的，在那里还是整个国民经济分工的基础。但随着互联网技术的发展，企业内分工转化而来的社会分工，在这里，以生理分工为起点的地方，使直接相互联系的整体的各个特殊器官相互分开和分离，并且独立起来，以至不同劳动的联系是以产品作为商品的交换为中介的。独立出来的行业或部门由局部产品转变为独立商品，由整体价值链一个节点，转变为完整的价值链条。

独立出来的行业或部门虽然具有独立的价值链条，但它们只是整个产业价值链条中的一部分，它们生产的产品作为中间投入品被消费掉，而不是作为最终消费品被消费掉。在这里，生产目的是获取整个产品链条的认同，成为最终商品的生产资料。劳动分工由生产过程上的联系转变为以产品为中介的商品交换的联系，"那就是局部工人不生产商品，转化为商品的只是局部工人的共同产品"①。然而，当信息传递比较困难时，共同产品在不同的局部工人劳动过程中，会形成不同的生产工艺和生产标准，每一个生产工艺和生产标准下的产品只能转化为特定的商品，即每一个独立的生产环节生产的产品只能服务于它脱离出来的商品。在互联网技术下，信息共享程度大幅提高；在资本的塑造下，局部工人制造的产品具有了统一的标准。不同生产工序形成了按照一定规则相互连接的模块，各模块之间通过标准化接口进行知识共享和资源整合形成模块化生产。独立出来的各行业或部门制造的产品在标准化接口下具有兼容性，可以作为不同商品的原料，为个性化定制生产奠定基础。

  信息化生产形成一种新的信息技术范式，出现了以标准化和模块化生产为特征的温特制（Wintel）生产模式。1990 年，Windows 3.0 和 Intel 468 处理器结合，标志着个人电脑生产进入温特制。温特制是企业内分工转化为社会分工的典型。从资本角度看，温特制是资本集中而不是资本集聚，在互联网技术条件下，互联网技术本身的生产开启这种新的生产模式。在传统福特制和丰田制分工模式下，须根据生产上的联系把从事不同环节的工人集聚在一起，形成垂直化生产体系。福特制和丰田制下产品研发设计、生产制造、销售服务等都在一个企业内部完成，通过分工协作形成规模经济和范围经济，提高劳动生产率和利润率。通过共用厂房、机器和办公室等固定资本节约预付资本，可以对生产环节和劳动过程进行监控和指挥，同时也可以随时传送生产的信息，缩短生产时间，加快将生产资本转化为商品资本。垄断资本通过增加预付可变资本量，把许多人有计划地集聚在同一生产过程中，或在不同的但相互联系的生产过程中协同劳动，缩短制造总产品所必需的劳动时间。垄断资本通过资本集中形成垂直型结构，每个生产环节成为企业内部的一个部门，根据企业生产、销售需求安排协调部门活动，企业内部生产计划性得到进一步加强和巩固。部门内部产生一系列管理层执行企业计划，部门之间的协调活动是通过更高一级的管理层实现的。因此，垂直型结构存在着管理上的缺陷，资本家在指挥工人生产时产生更高的信息成本。虽然，垄断资本通过跨国企业形式在全球范围内进行资本积累，但子公

---

① 马克思：《资本论》第 1 卷，人民出版社 2004 年版，第 411 页。

司与母公司之间仍然是垂直型体系，具有森严的等级，造成企业运行僵化，流通时间增加，流通费用提高。互联网技术条件下的温特制改变了福特制和丰田制下的分工协作方式。通过产业链条进行社会分工，以商品交换而不是产品协作形成专业化生产。温特制下的专业化分工是以产业链为中轴线而密切相连的，即很多生产上相关联的企业往往会集中在一个空间内，形成聚集经济。集聚在一起的企业一方面可以专业化分工生产商品，享受规模经济；另一方面可以协调不同企业之间的生产计划，享受范围经济，缩短生产时间和流通时间，降低了在非生产环节花费的劳动。

社会分工下的温特制生产模式需要满足生产的标准化条件。只有生产标准化，各个行业和部门的企业生产的商品才能实现生产工艺的统一，才能真正实现专业化分工协作。标准化不是同一化、无差别化，而是在分工模块标准化的基础上，实现内部的个性化定制。个人电脑生产链条上独立的生产企业，在产品上的联系要求生产企业将生产工艺与原有生产工艺相衔接，从而能够实现生产的一体化，把局部劳动顺利转化为整体劳动。从企业内分工出来的生产环节形成一个单独的子系统，是生产链条上不可或缺的组成部分，就像人体的某个器官，具备独立地完成某种任务的功能。这个子系统就是模块，由此形成模块化生产。模块是按照一定的规则把原先复杂的系统分解成不同的"块"，在标准化接口基础上进行知识共享和资源整合，形成既具有独立性，又具有完整功能的系统集成。不同模块在技术上、性质上的互补性较高，信息共享程度越大，生产的优势越明显。① 个人电脑生产模块化就是将产业链条中的每一个工序分别按照一定的"块"进行模块化分割。比如个人电脑分别按照操作系统、处理器、显示器、硬盘等形成各个子系统，每个子系统单独是一个生产系统，具有一定的生产工序、生产链条和生产工艺，而个人电脑则是各个子系统按照其生产链条进行组合。分解的模块是相互独立的，它们再按照相同的规则相互联系。模块之间的联系规则有两类：一类是"看得见的设计规则"，规定了系统包括哪些模块，模块之

---

① [日]青木昌彦、安藤晴彦：《模块时代：新产业结构的本质》，周国荣等译，上海远东出版社2003年版，第14页。

间的联系规则（界面）以及用于衡量模块的标准等；另一类是"看不见的设计规则"，是在遵循第一类规则的前提下，深入到某一个模块内部，参与设计人员自由设计、大胆创新，形成个性化的定制生产，但不会对其他模块设计产生影响。

(三) 网络化企业重塑生产组织

在生产资本运动中，W—G 和 G—W 两个流通环节是生产资本的中间环节，为生产资本执行职能作准备。其中，W—G 是商品的售卖，是资本惊险的一跳，实现价值和剩余价值的过程；G—W 是购买生产资料和劳动力过程。通常情况下，G—W 过程比 W—G 过程更为容易，因为卖是把个人劳动转化为社会劳动，只有商品得到社会认可才能顺利转化，这是被动过程；而买则是把别人的个人劳动转化为社会劳动，是认可别人的商品，这是主动过程。生产资本执行职能需要把现实的生产劳动结合起来，潜在的生产要素不能执行生产职能。因此，生产资本执行职能时要求 G—W 完成，即要求 G 购买到现实的劳动力和生产资料。然而，在购买过程中，因为买卖时间和费用、交通运输过程、不可控因素等等，都会出现潜在生产要素，即现在还没有被生产出来、未来才能生产出来的商品。这种潜在生产要素虽然会延长生产时间，但处于把潜在生产要素转化为现实生产要素的等待时间是损失时间，不创造任何价值和剩余价值。在生产资本执行职能时，越是能缩短损失时间越是能够创造更多价值和剩余价值。为了消除购买行为存在的结构性问题，生产资本在执行职能时，需要以生产链条为中轴，整合各类生产资料的信息，协调生产资料的生产和销售、交易和运输。但信息不对称总是存在，生产企业需要精确地控制生产链条的上下游，适时适量地为生产过程提供生产资料，最有效的方法就是尽可能地把整个的生产链条纳入一个企业内部，形成横向一体化生产，只有这样，生产资本才能控制生产链条的上下游，以保证生产过程的衔接。把生产过程中需要的生产资料内部化为企业不同生产环节的产品，根据不同的生产环节进行分工生产，从而把社会分工变为企业内分工。企业内部可以共享生产过程的信息，根据企业的生产计划安排生产资料储备，满足企业缩短生产时间的需求，从而最大可能创造价值和剩余价值。

在互联网技术条件下，生产过程和流通过程的信息不对称问题得到缓解，因此，生产企业不需要把整个生产链条纳入一个企业内部才能保证生产过程的衔接，即企业内分工转化为社会分工，以产业链条为中轴线的各生产模块信息共享也能够保证生产过程的衔接。尤其是，温特制生产模式一经形成，就以不可阻挡的优势推动企业内分工转化为社会分工。操作系统和处理器在个人电脑生产链条中独立出来，与其他商品如硬盘、显示屏、键盘、鼠标等一起构成个人电脑商品。企业内分工虽然能够获得规模经济和范围经济，但垂直管理体系会增加生产过程和劳动过程中损失的时间，并且不能够在标准化生产基础上实现个性化定制生产。操作系统和处理器独立出来成为具有价值的商品，其他众多商品生产的企业都是以产业链条为中轴线的水平型分工，尤其是在以模块为载体的分工协作中，围绕产业链条不断分割出去独立的模块，又在生产的计划下回收模块产品组装成最终商品，不存在谁隶属于谁的层级结构。水平管理体系既能够发挥专业化生产的规模经济，也能够以模块为子系统实现标准化生产基础上的个性化定制，推动产品创新发展。

在社会分工中，各个子系统的模块虽然不存在隶属关系，但有的模块在整个产业链条中占据支配地位。在温特制生产模式中，操作系统和处理器在整个个人电脑生产链条中以纽带的作用把各生产环节连接起来，是生产链条的核心环节，制定个人电脑生产链条中"看得见的设计规则"，从而能为整个行业和部门提供生产标准。制定"看得见的设计规则"的企业之所以能够制定整个行业和部门的生产标准，在于"看不见的设计规则"在生产链条中具备的技术垄断优势。具备技术垄断优势的企业成为整个产业链条的核心，其他企业集聚在它们周围，为它们提供配套产品。

在生产链条中占据支配地位的企业是核心企业，其他提供配套产品的企业是外围企业。在分离和重组生产模块的过程中，生产链条上的核心企业占据主导作用。互联网技术使生产过程进一步细化，核心企业把一些非核心生产环节以模块形式剥离出去，只专注于具有核心竞争力的生产环节，接受外包的企业成为外围企业。核心企业保留的核心生产环节同样是以模块形式与其他模块连接。在分割模块时，非核心生产模块的"看得见的设计规则"由核心企业制定，核心企业还可以根据核心生产环节的需要调整这一规则；"看不见的设计规则"是互联网技术作为控制机部分执行职能的重要体现。在同一个模块尤其是核心模块内的不同企业，利用互联网设计和控制模块的生产环节和劳动过程，通过竞争不断改进模块标准，提高"看不见的设计规则"，更大发挥协作劳动的作用。核心模块里的"看不见的设计规则"是引领行业标准和推动产业升级的关键，通常需要大量的高技能脑力劳动者进行研发和创新。

核心企业外包出去的模块形成它的一级供货商，根据核心企业的生产计划按时按量地提供原料。此时，一级供货商就成为该模块的核心企业，它通过定制规则把非核心生产环节外包出去形成二级供货商，二级供应商成为外围企业，为一级供货商提供原料，由此层层外包形成网络化企业。一级供货商的核心企业同样是引领细分行业标准的企业，同样需要大量的高技能脑力劳动者推动产品升级和产业升级。但此时，一级供货商的脑力劳动者多从事产品辅助设计和加工，劳动的创新性减弱。由此类推，二级、三级供货商劳动者的创新性不断降低，直至无须任何技能劳动者。

网络化企业是围绕核心技术、产品研发、产品辅助设计和加工、成熟产品的大规模生产、产品分销及其他各种服务性活动等价值链而展开的横向国际分工体系。分工协作的范围扩展到全球，互联网技术形成的各种业务管理平台，把全球各地的生产信息统一起来，由核心企业进行规划和控制，协调各生产企业。生产制造环节的外包，并不意味着核心企业对生产过程的控制也是分散的。核心企业通过SCM系统强制共享生产链条中的企业网络的生产信息，从技术知识、生产阶段到参与人员等都被核心企业严格监控。供应商为了生存，对核心企业的依赖程度决定了后者对生产过程的控制权、对信息传递和价格决定的权利。核心企业与外围企业之间高度强制性和剥削性的关系，是提高劳动生产率的关键所在。

苹果公司就是通过外包生产制造环节形成全球范围内的网络化企业。在苹果产品生产链条中，苹果公司总部设定苹果产品的"看得见的设计规则"，把产品分割成若干模块外包出去。同时，苹果公司还从事苹果产品的核心生产模块，不断更新核心模块的"看不见的设计规则"，从而推动苹果产品链条的升级和创新。苹果公司总部拥有大量从事设计、研发以及企业运营的高技能脑力劳动者，帮助企业完成产品创新和管理产品生产链条。其他非核心模块如苹果零部件供应链中 CPU 处理器、显示器面板、触摸屏、锂电池等等均是以模块的形式外包给其他一级供应商。以 CPU 处理器为例，在苹果公司规定产品标准以后，电子公司作出辅助性的设计和研发最优化 CPU 处理器的性能，以便在 CPU 处理器模块的众多供应商的竞争中获得优势。但三星电子公司会再把 CPU 处理器的若干模块分包给二级供应商如华硕电脑，华硕电脑同样会也会进一步分包给三级供应商如富士康，在工厂内进行流水线的简单生产和组装。同时，苹果公司通过对供应商生产过程的控制，把所有苹果的零部件都集中起来，在富士康工厂里把所有零部件组装起来，形成一个完整的产品。富士康工厂里的组装工人在流水线上从事长时间劳动，但由于他们技能水平较低，获得的工资也非常有限。苹果—富士康生产模式也成为网络化企业的典型。

第二节 信息化生产作为新节点的生产资本运动新变化

信息化生产在代表生产资本执行生产职能时，加速生产分工，重塑网络化企业生产组织，在生产环节发展变化的同时，生产资本的运动也出现新变化。生产资本根据生产环节的不同可以划分为研发设计资本和生产制造资本。研发设计资本和生产制造资本分别雇佣不同特征的劳动力，在生产过程中与不同特征的生产资料结合，执行不同的职能，但就整个产业资本而言，分工仅是研发设计资本和生产制造资本的技术基础，并没有改变产业资本运动逻辑本身。

一 信息化生产下生产资本运动公式的新变化

（一）生产资本内部分工与循环运动

马克思在《资本论》第二卷中把生产资本运行公式表示为：

$$P \cdots W' \text{——} G' \, (G) \text{——} W <_A^{Pm} \cdots P$$

在大机器工业时代，资本家把货币资本购买的劳动力和生产资料结合起来，转化为生产资本。尽管分工与协作范围扩大，生产过程分解为不同的生产阶段和生产环节,但生产过程中的工人多是以体力劳动形式与生产资料结合。在机器占据主导地位的直接物质生产过程中,无论在哪个生产环节,工人都是在机器的支配下,被动地辅助机器完成生产任务。此时的脑力劳动多是管理和监督劳动,是资本主义生产必不可少的"大棒",剥削和榨取工人剩余价值。机器作为劳动资料决定了工人协作的规模,生产过程中的工人劳动并没有出现质的差别。

互联网生产方式下,信息化生产执行生产职能,因此,以信息化生产为新节点的生产资本运动公式为:

$$P_I \cdots W' \text{——} G'(G) \text{——} W <_A^{Pm} \cdots P_I$$

其中,P_I表示信息化生产。

信息化生产对生产资本运动产生的影响在运动公式中不能很好地体现出来,但信息化生产对生产资本显著地造成生产资本内部分工,形成研发设计资本和生产制造资本。这种生产资本内部分工源于在互联网技术代替大机器成为劳动资料时,生产过程实际上划分为两个相互衔接的部分:控制机部分和机器制造部分。互联网技术作为机器体系的控制机,不仅能够操控机器实际制造过程,还能在机器开始生产制造之前的"前生产阶段"对生产工艺、生产流程进行规划和设计。通过设计的模块化,把生产环节分割成"块",并外包给第三方执行物质生产过程,而保留制定模块之间的"看得见的设计规则"的权利。

互联网生产方式下,研发和设计环节是在"前生产阶段"中执行的生产职能,具体体现为从事创新性的脑力劳动,形成知识、信息和数据的劳动成果,并以知识产权标注劳动成果的归属。研发设计资本在"前生产阶段"执行研发和设计职能时需要雇佣高技能脑力劳动者。研发设计资本完成任务时会进行下一阶段,执行生产制造任务,具体体现为把生产和设计的劳动成果物化在物质生产过程中。相比于研发设计资本,生产制造资本执行职能时多是雇佣体力劳动者或低技能脑力劳动者。随着生产智能化的发展,资本有机构成不断提高,生产制造资本执行职能时需要的体力劳动者不断减少,把体力劳动者排挤出生产领域,进入流通领域。研发设计资本和生产制造资本在生产上的关键区别就在于劳动力以及劳动力与生产资料的结合方式。研发设计资本表现为核心企业,雇佣的多为高技能脑力劳动者,他们可以分享部分剩余价值;而生产制造资本多表现为外围企业，雇佣的多为低技能脑力劳动者和体力劳动者，无法分享剩余价值。

因此，在货币资本购买生产资料和劳动力时，研发设计资本和生产制造资本就已明显具有不同属性。在互联网技术条件下，研发设计资本的生产资料是互联网平台、应用软件和实验工具，劳动力则是高技能脑力劳动者，两者结合创造新的产品或专利，并以出售新产品或专利给生产制造资本获取利润，而生产制造资本的生产资料包括自动化和智能化机器以及研发设计资本创造出的产品，并结合体力劳动生产出商品并进行销售。如果把研发设计资本和生产制造资本当作独立的资本，它们的运动没有任何联系。它们的运动公式分别为：

$$Pa \cdots Wa' \text{——} Ga' \text{——} W <_{Aa}^{Pm} \cdots Pa \text{ 和 } Pb \cdots Wb' \text{——} Gb' \text{——} W <_{Ab}^{Pm} \cdots Pb$$

其中以 a 为下标的公式表示研发设计资本的运动，以 b 为下标的公式表示生产制造资本的运动。

研发设计资本与生产制造资本在生产上的联系就在于两者统一于生产资本，是完成相应生产任务的一个分工环节，两者的劳动共同构成整体劳动。核心企业代表着研发设计资本，外围企业代表着生产制造资本。外围企业是在核心企业的生产计划之内安排具体的生产制造的，它们利用互联网技术收集生产信息和生产计划，根据核心企业研发和设计的产品工艺流程进行生产制造，执行具体的生产环节，生产的产品要交付给核心企业，并由核心企业来实现商品资本转化为货币资本的活动。

研发设计资本和生产制造资本是同一个生产过程的不同生产阶段，尤其是核心企业把物质产品生产外包给外围企业进行生产，并把外围企业生产的产品贴上自己的品牌进行出售。生产制造资本购买了研发设计资本的产品作为原料，从生产资本整体来看，需要把研发设计资本和生产制造资本的运动结合起来，从而形成信息化生产下生产资本的新的运动公式：

$$Pa \cdots Wa' \sim Wab' \text{——} Ga' \text{——} W <_{Aa}^{Pm} \cdots Pa$$

其中，"~"表示核心企业生产的产品 Wa（通常是研发和设计出的新产品）委托给外围企业执行具体的生产制造，制造出来的产品再回流到核心企业，贴上商标后形成商品 Wab。也就是说"~"代表核心企业的外包以及外围企业的生产制造环节，从而包含了生产制造资本的运动过程。

互联网技术把生产资本划分为研发设计资本和生产制造资本两部分，这两个部分的劳动与资本的结合方式有所不同，从而导致生产组织方式出现差异。研发设计资本和生产制造资本在生产资本运动中形成了自身特有的运动规律，并表现为不同的运动公式，但统一于生产资本运动整体。代表研发设计资本的核心企业利用互联网技术信息传输扩大协作范围，增强产业链条生产的计划性，致力于通过创新设定和升级行业标准，从而获取高额垄断利润。代表生产制造资本的外围企业利用互联网技术控制功能，使生产自动化和智能化程度不断提高，不断提高资本有机构成，降低剩余价值率，并在激烈的竞争中降低利润。

（二）国际分工体系的形成

互联网技术条件下生产过程的分工与协作推动生产过程的全球化，促进形成国际分工体系。生产过程显著地分为研发设计环节和生产制造环节，形成水平型网络化企业生产组织。网络化企业生产组织在生产链条和规则上是围绕核心企业进行的，外围企业不必在空间上也围绕核心企业布局。事实上，外围企业根据各地区的资源禀赋，不同层级的供应商在全球各地进行布局。虽然生产全球化布局增加了资本运动的风险，但在互联网技术条件下，生产信息传递更快速、更便捷、更高效，生产的空间距离增加并不妨碍生产的时间距离缩短，生产的计划性增强，从而使全球化的资本运动配置资源效率。

生产过程全球化是资本积累空间化、资本剥削全球化的过程，也是发达资本主义国家去工业化的过程。在国际分工体系中，核心企业拥有垄断地位，获得较高的垄断利润，而外围企业被核心企业控制和支配，只能获得较少的利润。核心企业通过高技能脑力劳动者不断在"前生产阶段"积累，它们的资本有机构成较低，创造出较多的价值和剩余价值，从而可得到较高的利润。同时，核心企业不断地创造新的产品，不断地缩短产品生命周期，不断地建立垄断优势。在前一个垄断产品还没有消除垄断市场势力，通过竞争降低产品价格，获取平均利润之前，新的垄断产品已经开始替代旧的产品，新的垄断市场势力又建立起来，利润率又得到提高。所以，核心企业一方面创造更大的价值，获取垄断利润；另一方面通过不断地建立垄断地位来保持较高的利润率。外围企业根据核心企业制定的标准从事生产制造环节，是核心企业的延伸，被动地进行物质产品生产。生产制造环节是物质生产过程，在信息化生产、智能化生产趋势下，物质生产过程标准化发展，从而在特定标准要求下可布局在生产成本最低处。发展中国家劳动生产率相对较低，从而使劳动力的价格即工资水平保持相对较低的水平；发展中国家的社会必要劳动时间高于发达国家，劳动创造的价值和剩余价值较多。在国际分工体系中，发达国家的核心企业与发展中国家的外围企业按照所谓平等的市场规则交换时，得到的却是不平等的价值转移，即发达国家核心企业分割发展中国家外围企业获得的剩余价值。在以核心企业为主导的国际分工体系中，核心企业利用互联网技术构建生产标准与规则、分享生产信息、控制生产过程等，使生产链条中的不同环节在不同地区生产，并且是有计划地同时生产，从而减少商品的生产时间和劳动时间，提高核心企业资本周转速度。外围企业则是按照特定的标准与规则进行有计划的生产，也能够快速把生产的商品交付给核心企业，减少商品的流通时间，也能获得一定的利润。但外围企业的生产在很大程度上受制于核心企业，一旦核心企业生产的标准与规则变动，外围企业只能被动地变动，否则就被核心企业踢出网络化生产组织，甚至踢出国际分工体系。因此，外围企业的生产存在着很大风险，比如固定资本的不确定性等。

　　核心企业通常为资本主义发达国家企业，而外围企业一般是发展中国家企业。发达国家企业负责研发设计环节，不从事具体生产制造环节，发展中国家企业承担了大量的生产制造过程，核心企业和外围企业通常是以技术合作、贴牌生产（OEM）的方式分工合作。在生产全球分工体系中，网络化企业中的核心企业在产业链条中占据支配地位，获取较高的利润，而外围企业在产业链条中处于从属地位，被核心企业剥削，只获得较少的利润。从整个产业链条看，商品的利润率维持在平均值，但从产业链条内部看，核心企业和外围企业分别处于均值的两端，从而形成了价值链的"微笑曲线"。生产过程的前端和后端即研发设计和营销环节在"微笑曲线"的上部，能够获取较高的利润率；而中间的制造和组装环节在"微笑曲线"下部，获取的利润率较低。

　　以苹果—富士康生产模式为例分析，富士康是生产制造资本的代表，它是外围企业从事简单的体力劳动，而苹果公司是研发设计资本的代表，它是核心企业，从事高技能脑力劳动。富士康购买劳动力和生产资料，执行物质产品的生产和组装，并把商品卖出去，实现价值和剩余价值。对于富士康来说，产品的销售对象只能是苹果公司，因为苹果公司在物质产品还没有生产出来就已经被购买，或者说富士康是苹果公司的一部分，执行苹果公司的物质产品生产职能。苹果公司购买的是高技能脑力劳动力，以及互联网硬件设备和软件生产资料相结合创造出新的产品比如说 ISO 操作系统、iPhone 手机功能的设计等。苹果公司根据研发和设计出的新产品，在全球范围内招募供应商，把零部件生产以模块的形式外包出去。

2022 年苹果公司在全球有 188 家供应商，为苹果公司生产各个零部件，从核心零部件 CPU、存储器、锂电池等等到机壳、金属、连接器和线材、充电器等等辅助零部件。各个供应商生产出来的不同零部件被运送到富士康，富士康工人把不同的零部件组装起来，形成完整的产品。此时富士康组装完成的产品如 iPhone 手机或者 iPad 平板电脑还不能成为商品，因为还差一道工序，即苹果公司还需要为产品贴上品牌。商品表现为局部工人的共同产品，在 iPhone 手机成为商品以后，苹果公司成为商品资本家，利用营销渠道和电子商务平台销售。

从事简单加工和组装劳动的外围企业富士康，被苹果公司利用供应链管理系统支配和控制，无论苹果公司的产品怎样更新，它也只是按照生产计划被动参与。富士康从事的生产和组装环节随着自动化和智能化水平不断提高，资本有机构成也不断提高，从而导致利润率逐渐下降。同时，富士康主要是简单技能或无技能的体力劳动者，具有高度的竞争性和替代性，在激烈的竞争中，利润率总是维持在最低处。事实上，在整个苹果手机供应链中，比如在 2010 年 iPhone 的利润分配中，苹果公司获得了高达 58.5% 的利润，日本、韩国等以及供应商，掌握辅助性的技术，获得大约 8% 的利润，而富士康由于处于这条产业链的最低端，仅仅获得 2% 左右的利润。由于中国劳动力的低工资，仅仅从苹果产品的总价值中分得 1.8% 的劳动力成本。① 现在，这种利润分割的比例情

---

① 蒂姆·沃斯托：《福布斯：中国代工苹果产品仅获 2% 利益》，腾讯科技网（https://www.techweb.com.cn/tele/2011-12-25/1135007.shtml）。

况虽有所好转，但微乎其微，没有得到根本性的转变。

二 核心生产企业的金融化趋势

产业资本运动的目的和结果都是获取价值和剩余价值，也就是为了获取以货币为代表的资本。资本家通过原始积累积聚了大量的初始资本，并通过产业资本运动，执行购买、生产和销售职能，依次经历货币资本、生产资本和商品资本赚取更大的价值。随着资本积累规模逐渐增大，在生产过程中出现的游离的货币导致资本的闲置，资本家利用互联网金融集中货币从而成为金融资本家。

（一）潜在生产资本的金融化

产业资本的生产和扩大再生产过程中受到金融资本的引导，具有金融化的内在需求。生产资本金融化的内在需求主要表现为"股东价值"革命。20世纪80年代出现的"股东价值"革命使企业的经营策略开始变化，经营策略的聚焦点不再是长期扩大再生产的投资，而是最大化股东价值。[1] 这种转变的结果就是预留利润的用途不再是投资或者投资减少，更多用于购买金融产品或者大量购买自己公司的股票以提高股价，即潜在生产资本不能转化为现实生产资本，而是转化为金融资本。非金融企业的金融化就是通过减少扩大再生产的投资甚至通过减少简单再生产的投资即萎缩再生产实现的。[2] 互联网虚拟空间的发展进一步加速金融化。金联网金融平台扩大虚拟经济规模，缩减核心企业扩大再生产的规模，从而减少了预付资本规模，生产制造环节的资金比例下降，而金融和商业环节的资金比例上升。比如生产资本实现的循环以后会形成 g 的剩余价值，把全部生产 g 投入再生产过程，形成更大规模的生产，从而可以实现规模经济和范围经济。但在互联网技术条件下，在"股东价值"革命的引导下，剩余 g 会进行分割 $g = g1 + g2$。其中，$g1$ 会进入再

---

[1] Lazonick, W., M., O'Sullivan, "Maximizing Shareholder Value: A New Ideology for Corporate Governance", *Economy and Society*, Vol. 29, No. 1, 2000, pp. 13–35.

[2] Crotty, J., "The Neoliberal Paradox: The Impact of Destructive Product Market Competition and 'Modern' Financial Markets on Nonfinancial Corporation Performance in the Neoliberal Era", in *Financialization and the World Economy*, Epstein, G. (ed.), Cheltenham, UK: Edward Elgar, 2005.

生产过程，而 g2 则会用于购买虚拟资本，利用虚拟资本的运动规律实现价值增殖。

美国非金融企业净实物资本投资占税后利润的比例从 20 世纪 70 年代开始下降，从 1974 年的最高点 78.74%，不断在波动中下降，2008 年金融危机发生时这个比例为 26.39%。[①] 那些没有被用于实物投资的利润被用于提高股价，加入货币资本循环。非金融企业的金融资产从 2008 年起就不断增加，2009 年美国非金融企业的金融资产占非金融资产的比重高达 95%，此后一直保持在 80% 左右的水平，同时 2008 年后用于投资金融公司子公司的金融资产有所下降，但很快从 2011 年起就呈现直线上升趋势。企业总债务不断攀升，2019 年总债务是 2008 年的两倍之多。总债务和债务中的股票和投资基金走势大致相同，这表明美国非金融企业在危机后依然加强了在金融市场的活动，对金融领域的投资依然只增不减，"再工业化"以及减税政策均未能刺激非金融企业加大实体投资（见图 4.1、图 4.2）。

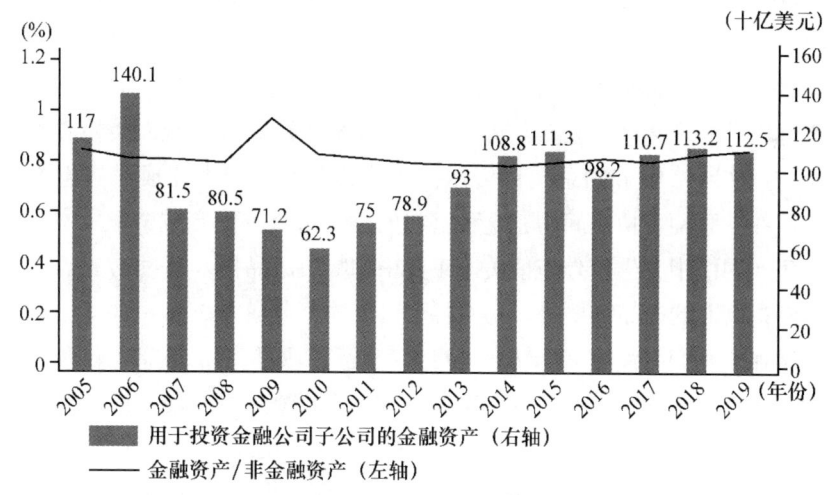

图 4.1　美国非金融企业金融资产占非金融资产的比重及金融资产中用于投资金融公司子公司的部分

资料来源：马慎萧、兰楠：《次贷危机后美国经济金融化趋势是否逆转?》，《政治经济学评论》2021 年第 2 期。

[①] 马锦生：《美国资本积累金融化实现机制及发展趋势》，《政治经济学评论》2014 年第 4 期。

(十亿美元)

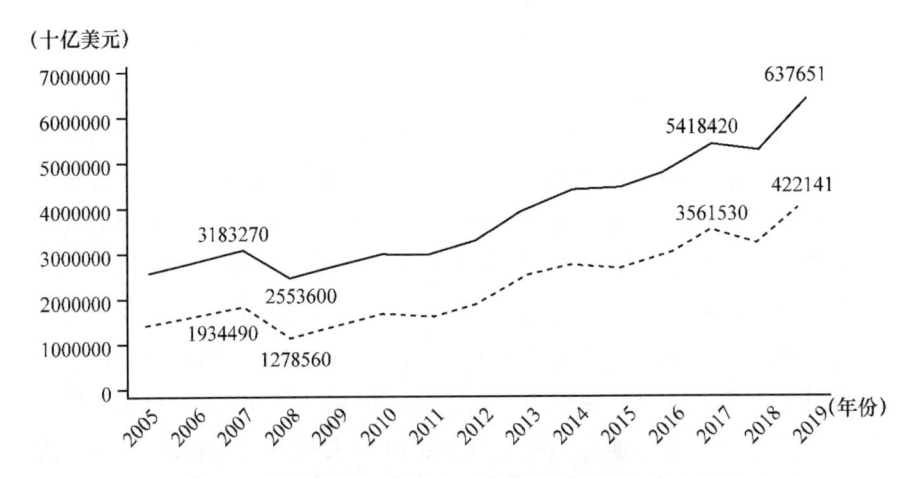

图4.2 美国非金融企业总债务及其股票和投资基金债务

资料来源：马慎萧、兰楠：《次贷危机后美国经济金融化趋势是否逆转？》，《政治经济学评论》2021年第2期。

除此之外，全球生产网络对美国生产企业尤其是核心企业的成本和利润都有重要的影响。全球生产网络中的核心企业，一方面通过寻求劳动力成本较低和资源禀赋优越的地区进行生产制造降低成本，另一方面通过研发设计以及品牌营销建立垄断势力，获取高额垄断利润，从而使核心企业在全球生产网络中节约总预付资本，节约的总预付资本变成潜在生产资本，但在互联网虚拟空间中，这种潜在的总预付资本则变成金融资本。在全球生产网络中，生产外包使美国工业中的物质产品投入超过27%需要购买，50%以上的产品需要进口，并且可以节约企业成本20%—60%。但是由此增加的利润并没有完全转化为再生产投资，而是增加股息支付和股份回购，还增加并购活动和涉及股票期权的高管薪酬，由此使生产企业一定程度上金融化了。[①] 美国生产外包导致较大规模的中间消费品需要从国外进口，从而使美国金融化现象产生了另一面，即"去工业化"。

（二）互联网技术特性导致金融化

由于技术变化会导致价值革命，需要预备更多的货币以应对在循环过程中的不确定性。因此，在技术快速变化的时代，最好成为一个货币

---

① William Milberg, Deborah Winkler, "Financialisation and the Dynamics of Offshoring in the USA", *Cambridge Journal of Economics*, Vol. 34, 2010, pp. 275–293.

资本家而不是一个生产资本家。① "因为随着资本主义生产的进展，每一单个生产过程的规模会扩大，预付资本的最低限量也会随之增加，所以除了其他情况外，又加上这个情况，使产业资本家的职能越来越转化为各自独立或互相结合的大货币资本家的垄断。"② 在生产过程中，互联网技术的应用致使生产资本循环过程中的不确定性增大，同时互联网技术本身作为生产工具具有的特点也会加快技术变革和产品更新，从而导致价值革命发生的频率提高。"价值革命越是尖锐，越是频繁，独立化的价值的那种自动的、以天然的自然过程的威力来发生作用的运动，就越是和资本家个人的先见和打算背道而驰，正常的生产过程就越是屈服于不正常的投机，单个资本的存在就越是要冒巨大的危险。因此，这些周期性的价值革命证实了它们似乎应该否定的东西，即证实了价值作为资本所经历的、通过自身的运动而保持和加强的独立化。"③ 资本运动具有省略生产过程的冲动，在互联网技术条件下，生产资本的运动具有金融化的趋势。金融活动与互联网技术结合，形成互联网金融平台。互联网金融平台打破了金融活动的地域限制和时间限制，历史上首次出现资本在全球整合的金融市场中，可以一天 24 小时即时操作，进行金融活动。互联网金融平台极大地符合资本的本性，通过资本的流动，在全球范围内寻求价值增殖。生产资本受到地域限制，只能通过空间协作把劳动者聚集起来，形成社会生产力。因此，生产资本在互联网技术的推动下，不仅从事生产制造职能，还可能转变运动方式，把积累的货币和准备金利用互联网金融平台直接从事金融活动。

另外，互联网技术需要庞大的"折旧基金"以维持当前的生产规模。互联网技术是以硬件设备为依托的，只有在硬件设备性能良好情况下才可以发挥互联网的诸多功能，用于生产和社会生活的各项活动，互联网硬件设备的再生产过程是互联网技术的重要保障。随着技术发展的日新月异，产品的更新速度不断加快，摩尔定律规定电子产品每 18—24 个月就会更新，性能是以前的两倍。在电子产品折旧速度非常快的情况

---

① [英]大卫·哈维：《跟大卫·哈维读〈资本论〉》，谢富胜、李连波等译，上海译文出版社 2016 年版，第 73 页。
② 马克思：《资本论》第 2 卷，人民出版社 2004 年版，第 124 页。
③ 马克思：《资本论》第 2 卷，人民出版社 2004 年版，第 122 页。

下,就需要"折旧基金"必须保持一定的规模,才能在较短时间内补偿电子产品。当互联网技术与货币资本耦合产生互联网金融时,信用制度也不断被塑造,在互联网金融平台的货币资本集聚能力下,"折旧基金"被用于执行货币资本职能,而不再是贮藏货币职能。互联网技术本身的特点推动了生产的金融化。

三 网络化企业的劳动关系

(一)技能—劳动关系的分析结构

伴随着生产资本内部的分化,劳动过程也会出现质的差别,尤其在具体的生产过程中会形成不同的职业,从而要求劳动者技能不同。根据"技能—劳动关系"逻辑关系,不同技能的劳动者在生产过程中的可替代性是不同的,从而导致劳动关系类型不同。① 如果劳动者技能通用性强,也就是说劳动技能水平较低甚至无技能,在劳动力供给充足时可以被无限替代,造成劳动者报酬较低,劳动关系的不稳定,可以将这种劳动关系称为控制型劳动关系。高技能工人由于技能具有专用性,相同技能的后备军较少,可替代性较小。高技能工人具备一定的知识和技能,对劳动过程有较大的控制权,因此资本家通常以让其持股的方式对其进行激励,偏好与其建立和谐的关系,劳动关系稳定,可称为共享型劳动关系。第三种是介于高技能劳动者和低技能劳动者之间的中等技能劳动者,他们的拥有一定的专用性技能,一般对劳动过程具有相对较弱的独立性,但由于同等技能的后备军人数相对较多,因而他们的替代性比高技能劳动者高,但比低技能劳动者低,劳动关系有一定的稳定性,可称为松散型劳动关系。

(二)"核心—外围"企业中的劳动关系

网络化企业中的核心企业和外围企业分别代表着研发设计资本和生产制造资本,两种资本与劳动力结合的方式不同,形成不同类型的劳动关系。首先,对于代表研发设计资本的核心企业,其劳动过程需要具备较高的知识水平和较高的劳动技能,其中高技能脑力劳动者是进行生产

---

① 刘凤义、王媛媛:《"苹果—富士康"模式中的劳动关系问题》,《当代经济研究》2015年第2期。

活动必不可少的一部分。在创新节奏不断加快的情况下，高技能脑力劳动者具备"如何学习"的能力，掌握多种技能，并在研发和设计劳动中占据主导地位，不断创新出新的产品，使企业在激烈的竞争中掌握主动权。高技能脑力劳动者拥有的高技能决定了资本与劳动的关系是共享型劳动关系。共享型劳动关系主要体现在：

1. 高技能脑力劳动者拥有公司一部分股票，成为资本家的一分子。① 高技能脑力劳动者凭借其技能，可以共享资本家榨取工人获得的一部分剩余价值，从而一定程度上他们也成了资本家。

2. 高技能脑力劳动者参与企业管理。高技能脑力劳动者在劳动过程中的主动性和创造性使研发和设计活动以劳动者自身的管理为主，资本不能强制剥夺其技能来达到控制劳动过程的目的。只有依靠脑力劳动者自我管理，才能更有效地创造出新的产品。

3. 高技能脑力劳动者通常以小组或虚拟团队为组织。产品的生产多以项目制方式推进，形成了跨越企业各部门的虚拟团队。团队之间不存在传统的科层制的管理和控制关系，实现了工人之间的平等合作关系。例如苹果公司总部的高技能脑力劳动者的劳动力技能专用性强，负责产品的研发设计、品牌维护、营销管理等环节，通常以大额股权激励、绩效工资、合伙人机制等吸引高技能人才。

其次，对于核心企业外包的一级供应商及部分二级供应商，它们从事辅助性的研发和设计工作，它们的生产过程不需要劳动者具备核心企业劳动者的技能，但劳动者拥有一定的技能。劳动者在生产过程中拥有一定的自主权，对劳动过程具有相当的控制权，但劳动者仍然被资本控制和支配。因此，资本和劳动的关系是松散型劳动关系。松散型劳动关系不享受高技能脑力劳动者获取的权力，不能摆脱资本的控制和束缚。例如三星电子公司、华硕电脑等一些企业的劳动者，在既定的规则和标准下进行产品的创新和生产，也可能形成一些专利，但劳动者的自主性和创造性没有得到很大的发挥。劳动者在资本的控制下从事生产过程，

---

① 在这里我们需要区别企业员工持股与高技能脑力劳动者获得公司一部分股票，企业员工持有公司股票的比例非常有限，他们不劳动就不能满足劳动力再生产，而高技能脑力劳动者可以获得相当量的公司股票，足以使其不劳动也可以满足劳动力再生产。

劳动关系比较稳定。

最后，对于代表生产制造资本的外围企业，它们从事产品加工和组装劳动。随着生产自动化和智能化水平的提高，体力劳动者只需在流水线上执行简单的一个动作就可以完成一个生产环节，大大降低了劳动者的技能水平。外围企业体力劳动者与资本之间的关系是控制型劳动关系，劳动过程不需要任何的技能，因此劳动者多为转包和劳务派遣形式，大量使用临时工和兼职人员进行生产，工人工资较低，流动性较大。在富士康的加工和组装流水线上的工人大多数没有生产技能，增强劳动强度、延长劳动时间成为富士康在激烈的竞争中获取利润的主要手段。例如"苹果在最后一分钟重新设计了 iPhone 屏幕，迫使这家中国工厂的装配生产线彻底改造，新的显示屏在午夜运抵这家工厂，一个工头立即叫醒了宿舍内的 8000 名工人。每个员工分到一块饼干和一杯茶后，在一个半小时之后开始了 12 个小时轮班工作组装新设计的玻璃屏。在 96 个小时之内，工厂的产量已经相当于每天组装 10000 部 iPhones"①。富士康对工人的控制和剥削程度大大超过了其他生产环节，但工资水平远远低于其他环节，这是"连环跳楼"事件发生的主要原因。

本章小结

互联网技术扩大了社会分工，形成更大的社会生产力，同时由于互联网在生产信息方面的传递优势，缩短了生产资料的储备时间，从而降低流通费用，推动生产资本与互联网技术融合。生产资本与互联网技术融合产生信息化生产，并成为生产资本运动的新节点。信息化生产执行生产职能，在物质生产过程中把劳动过程和生产过程进一步分离，生产的模块化、集聚化和网络化把企业内分工转化为社会分工，形成网络化生产企业。信息化生产下生产资本内部分工形成两个拥有各自运动特征的资本形式，即研发设计资本和生产制造资本，但这两种分工的资本又

---

① ［美］查尔斯·杜西格基斯·布拉德舍尔：《美国"苹果"为何只能"中国制造"?》，观察者网（https://www.guancha.cn/TMT/2012_01_31_64834.shtml）。

相互结合,从而形成了"微笑曲线"的生产链条的国际分工体系。信息化生产下生产资本运动导致代表研发设计资本的核心生产企业具有金融化的趋势。最后,在网络化生产企业中,核心企业和外围企业形成了不同劳动关系。核心企业中劳动关系较为和谐,外围企业中劳动关系较为紧张。

第五章

互联网技术条件下商品资本运动的新变化

商品资本执行售卖职能，互联网技术提高执行职能效率，商品资本与平台资本结合形成电子商务。电子商务成为商品资本运动的新节点，对商品资本运动产生重要影响，形成新的特点。

第一节 互联网技术与商品资本的结合产生电子商务

关于电子商务没有统一的定义，从不同的角度出发有不同的认识。但无论如何定义，电子商务都包括三个共同点：一是它是网络技术的集合，二是它是新的商品交易模式，三是它推动着经济社会的发展。本书认为，电子商务是利用互联网技术塑造的虚拟化的商品资本形式，在虚拟空间中执行售卖职能。电子商务平台则是搭建虚拟空间的技术基础，为电子商务执行职能提供保障。通过电子商务平台，把虚拟化的商品的买方和卖方连接起来。

在虚拟空间中从事售卖活动的都是电子商务形式。不同交易主体可分为两类：一是产业资本家利用电子商务执行销售职能，二是商品经营资本家通过电子商务执行销售职能。商品经营资本家是产业资本销售职能外化并固定为一类特定资本家职能的结果。本书研究的是互联网技术条件下商品资本运动的新变化，商品经营资本作为商品资本运动的延伸而有所涉及。

第五章　互联网技术条件下商品资本运动的新变化

一　电子商务的内在机制

商品资本执行售卖职能，把包含价值和剩余价值的商品转化为价值的表现形式——货币。由商品资本转化为货币资本的时间界限是商品特殊的使用价值的保存时间，转化的空间界限是生产地点与销售地点的距离。生产地点和销售地点的距离成为资本束缚在商品资本形式上的出售时间，出售时间越长，转化的时间就越长，不仅增加了流通时间和流通费用，还进一步增加了由货币资本转化为生产资本的时间。资本为了尽快实现商品的价值，通过技术的和组织的创新减少转化过程中出现的阻碍和摩擦。

互联网技术在生产领域应用把全球所有国家都纳入资本主义生产体系中，通过网络正外部性和共享性扩大社会协作范围，提高社会生产力。互联网技术在流通领域同样也发挥着重要作用。商品资本与互联网技术结合形成电子商务。互联网技术构建的电子商务平台成为商品资本交易的新场所，满足商品资本转化为货币资本的需求，同时也把商品资本虚拟化。电子商务满足了资本需求，克服了商品资本的时间和空间限制，减少了商品流通时间和流通费用。

首先，电子商务执行商品资本职能时降低纯粹流通费用。电子商务平台建立的虚拟交易场所，一方面代替了在销售市场建立的大量销售点如在百货商场中的销售专柜。① 销售专柜提供的产品必须是现实的产品而不能是观念上的产品，因此销售点增加了束缚在商品上的预付资本量。同时，销售专柜不仅增加了商业资本家为了销售而不得不付出的租金成本，还增加了为维护销售专柜和销售产品而雇用的工人的费用。现实经济中的规模经济和范围经济存在着最低规模限制，只有在最低规模限制以上才能实现规模经济和范围经济。商业资本家获得规模经济和范围经济的前提是大规模、大范围地建立销售点和雇用大量的商业工人，而地理空间很远的大规模销售点的管理和联系成本也必然提高。电子商

---

① 虽然销售点对于商品资本转化为货币资本依然很重要，但销售点不再是唯一实现价值和剩余价值的途径，利用电子商务平台也可以为大规模生产建立条件。现实中，一些生产企业的主要销售途径就是电子商务，如小米手机就是主要通过互联网来实现销售。

务平台建立的虚拟交易场所，节约了建立销售点的固定成本，虽然也增加了建立和维护电子商务平台的成本，但相比而言，电子商务执行职能的边际成本较小。电子商务提供的是虚拟化的商品，不需要提供真实的产品，降低了束缚在商品上的资本量，也降低了库存和保管费用。电子商务销售商品时总是存在着网络正外部性的，也就是不需要最低规模限制就能达到规模经济和范围经济，从而节省了投入劳动力总量，降低了纯粹流通费用。另一方面，电子商务平台匹配了买卖双方对商品使用价值的需求。在买卖商品时，在众多的商品中挑选具有特殊使用价值的商品需要花费大量时间。虽然双边平台效应使电子商务平台集聚了大量的商品，但在电子商务平台上商品信息由买卖双方共享，买方可以根据商品的特殊使用价值在平台上搜索，匹配他人的需求。电子商务平台的搜索功能匹配相应的商品，减少了搜寻商品的时间，加快了该类商品的流通速度，缩短了流通环节的时间，加快了商品资本转化货币资本的速度，同时也可以减少销售商品的劳动力。

其次，电子商务与交通运输业结合增强流通环节的计划性，降低储备和运输费用。将商品资本转化为货币资本必不可少的环节是把商品从生产地运送到销售地或者消费地，交通工具在产品位置移动方面具有重要的作用。交通工具的使用价值就是位置移动，在产业资本运动中成为资本特殊投资领域，运输业是连接生产和流通或者反过来连接流通和生产的枢纽。"它表示为生产过程在流通过程内的继续，并且为了流通过程而继续。"① 电子商务平台结合商品的价值运动、使用价值运动和信息的运动，统一于商品资本运动中。相互叠加的运动增加了商品流通时间和流通费用，不利于加快资本的周转。运输和通信的进步既减少了商品在空间中做运动的时间和成本，也从根本上改变了区位的可能性和必要条件。在互联网技术的支撑下，产业资本投资的特殊领域形成物流行业。现代物流业构成商品资本运动的交通运输基础，通过强大的陆、海和空运输体系，把全球各地密切联系在一个生产和流通网络中。通过现代运输体系把价值运动、使用价值运动和信息的运动有序统一起来。运输业的发展，在消灭空间的同时也缩短了时间。

---

① 马克思：《资本论》第 2 卷，人民出版社 2004 年版，第 170 页。

运输业与电子商务结合，使交通运输工具在保障商品的价值运动和使用价值运动的基础上，共享商品信息。由于条形码技术、数据库技术、电子订货系数（EOS）、电子数据交换（EDI）、有效的顾客反应（ECR）等技术应用，把商品数字化，尤其是电子商务出现后，商品信息数字化收集、存储、标准化加工、实时传递，使商品资本的运动时刻被商业资本家控制。一方面，条码/语音/射频自动识别系统、自动分拣系统、自动存取系统、自动导向车、货物自动跟踪系统等技术实现了运输自动化，提高运输业的资本有机构成，在减少可变资本的同时提高了运输过程中的装卸速度，降低了分拣和搬运商品的时间，从而缩短在流通领域的停滞时间。另一方面，商品资本运动的信息在生产资本家和商品资本家之间共享，使资本主义社会中商品储备具有计划性。交通工具体系的健全和现代化，使交通运输工具不再是影响商品资本空间位置变动的决定性因素，信息成为商品资本运动的主要因素。电子商务平台记录的商品资本销售信息给下一期商品储备提供一个参考值，根据参考值商业资本家从生产厂商手中订购一定量的商品，从而使生产资本和商品资本都处于运动状态，加快产业资本的周转时间，降低预付资本量，降低流通时间和流通费用。

二　电子商务成为商品资本运动的新节点

（一）电子商务执行售卖职能

电子商务代表商品资本执行商品售卖职能。与传统的商品资本执行售卖职能时采取的形式不同，电子商务改变了商品资本的运动模式。传统的执行售卖职能的形式如百货商场，商业资本家通过交通工具运输真实的商品到百货商场准备出售，受地域限制的有限数量的消费者到实体商场选购商品，在买者和卖者达成价格一致时，把商品转化为货币，从而完成了商品资本转化为货币资本。在售卖生产性产品时，同样是建立一个集中销售的市场，买卖双方交易的对象同样是价值和使用价值统一体的商品，并且在交易完成那一刻，商品资本转化为货币资本。[①] 总之，

---

① 这里排除了商品赊销。即使考虑了商品赊销，商人之间的信用同样也是相对于具有使用价值的真实商品而言的，只是这时使用价值的消费先于价值形式的转化。

传统的商品资本的运动是先生产后销售,或者对于商业资本来说,是先买后卖,买卖的是具有使用价值的真实商品。这种情况下,交通工具还只是卖方的事,其为了实现价值和剩余价值而不得不把具有特殊使用价值的物品转移到销售地点,交通工具运输成为商品资本转化为货币资本的前提。

电子商务平台是利用互联网技术建立一个虚拟的交易场所,卖者通过互联网的虚实转换把真实商品的有关信息转移到虚拟空间中,并以数字化、虚拟化的形式呈现出来,形成虚拟化的电子商务商品。电子商务商品就如同货币执行价值尺度职能,仅仅表示的是观念上的货币,而不是实际的货币一般,表示观念上的商品,而不是实际的商品。电子商务商品可以把已经生产出来的真实商品复制到电子商务虚拟平台上,也可以把在生产阶段以前还没有进入生产过程的观念上的商品复制到电子商务平台上进行销售。从整个社会再生产即从保持生产消费和个人消费连续性的角度,必须保证在一定时间内有一定量的真实商品储备,这部分要求即使是虚拟平台上的观念商品也必须是真实商品的代表,否则就不能满足社会总资本再生产。真实商品的储备量可以根据以往电子商务销售记录进行计划生产,降低了预付资本量和可能带来的过剩危机。对于真正的商品储备,尤其是创新性的产品,利用电子商务售卖时可以是观念上的商品,不必为真实的商品。比如苹果开发出新一代 iPhone 手机时,新产品往往只是处于潜在商品资本的生产阶段,甚至都没有开始投入生产,就被预先销售,等到新一代 iPhone 手机生产出来以后,再通过交通工具运输给消费者。实际上,正是由于电子商务塑造虚拟化和观念的商品,并且扩大售卖的时间和空间界限,才能变革传统销售方式,使原先只是供需上偶然的先销售再生产,变成技术上必然的先销售再生产。这种销售模式也改变了人们的消费,原先是生产什么就消费什么,现在是想要什么才生产什么,在一定程度上实现了按需分配,即使不是按照需求的量分配,也是按照需求的质分配。

商品资本执行售卖职能只是为了完成"惊险一跳",而电子商务代表商品资本执行销售职能时不仅助推"惊险一跳",而且对生产资本乃至整个产业资本循环运动产生重要影响。商品资本是产业资本整体实现循环运动的条件,只有买能买到、卖能卖出才能顺利实现资本的循环运动,否则就会造成循环受阻,导致资本运行不畅。电子商务改变了销售模式,实现了先卖后生产,无论是产业资本家还是商品经营资本家,在形式上都是通过电子商务平台形成了虚拟化的电子商务商品,可以不是真实的、已经生产出来的物质商品。在电子商务平台上销售的商品是观念上存在的,不论真实商品是否存在,也就是电子商务商品可以先行售卖,在买卖双方达成交易后,再生产真实的商品,并通过物流商品把真实的具有特殊使用价值的商品运送到买者手中。这就使商品的生产具有计划性,生产资本运动具有协调性。产业资本家可以根据销售记录信息制定生产计划,并购买与生产计划相适应的生产资料和劳动力,在节约预付总资本的基础上,避免了生产过剩。同时,产业资本家还可以根据消费者对产品使用信息的反馈改良、优化升级产品,生产更高质量的产品,满足消费者的需求。

以电子商务商品为代表的价值在互联网虚拟空间中实现毫无阻碍地、顺畅地运动,实现商品资本形态向货币资本形态的转化。互联网金融与电子商务结合,把观念上的商品转化为货币。这一过程并不需要产业资本家在市场上奔走,也不需要把商品从生产地点运输到销售地点,因为电子商务平台已经把销售地点搬到虚拟空间中,而虚拟空间连接的是整个世界,只要有网络就可以通过电子商务与任何地点建立买卖联系。但此时,商品资本只是形式上被转化为货币资本,也就是说观念上的商品转化为观念上的货币。商品资本要在实质上转化为货币资本,就必须把具有特定使用价值的真实商品交给买方,只有在买方收到现实商品时,才能进行资本形态的真正转化。因此,电子商务执行销售职能不仅与互联网金融相关,还与交通运输业相关。

(二) 交通运输业演变成物流业

资本所关心的是运动的费用和时间,它会尽其所能地寻求费用和时间的最小化,并且减少运动的空间障碍,一个典型的特征就是资本主义交通运输工具的大力发展。"生产越是以交换价值为基础,因而越是以交换为基础,交换的物质条件——交通运输工具——对生产来说就越是重要。资本按其本性来说,力求超越一切空间界限。因此,创造交换的物质条件——交通运输工具——对资本来说是极其必要的:用时间去消灭空间。"① 交通运输业是产业资本家为了把商品运输到消费地而进行投资的特殊领域，是在产品销售完成之前进行的，是生产过程在流通环节的延伸。通过交通运输业，资本主义生产方式在世界范围内形成一个更加统一的市场，同时也把资本主义制度传播到全球。在这里，出售时间的延长和流通费用的增加是生产规模扩大的结果。

随着技术的进步，生产规模不断扩大，特别是当电子商务代表商品资本执行职能后，流通时间和流通费用不仅没有增加，反而减少了。这一方面是因为电子商务在执行售卖职能时降低了流通时间和流通费用，另一方面是因为技术进步分工细化，运输业不仅承担了空间位置转移的职能，还承担了仓储、保管等职能，这一环节被统称为物流业。也就是说，物流业承担使用价值的保管和使用价值空间转移职能。使用价值的保管不仅要建立仓库，还要雇用劳动力，耗费较多流通费用，所以在互联网技术条件下，这部分职能被产业资本家分离，并由于职能上的继起性，与交通运输业合并。"商品本身的存在形式，商品作为使用价值的存在，使商品资本的流通 $W'—G'$ 受到一定的限制。"② 在互联网技术的应用下，物流业一定程度上克服了这种限制。

物流仓库里是真实的商品储备，满足当前生产性消费和个人消费。商品储备也增加商品资本运动的流通时间和流通费用，这部分流通时间和流通费用的增加与商品资本本身特殊的使用价值无关，而与商品资本运动的交通运输和通信相关。运输工具的使用价值是实现使用价值的位移（也可能兼备保存使用价值的功能），通信则是把商品资本使用价值的位移信息及时反馈给相关人员，促使商品资本的运动具有一定的计划性，根据商品资本运动的信息安排相关的生产消费和个人消费。运输和通信的系统性进步减少商品在空间中运动的成本和时间，也从根本上改变商品储备的区位可能性。

(三) 电子商务平台上的劳动内容与形式

电子商务代表商品资本执行销售职能时，同样需要花费时间和劳动来转移价值和剩余价值。在生产过程中，机器不创造价值，却可以成为剩余价值

---

① 《马克思恩格斯全集》第46卷（下册），人民出版社1980年版，第16页。
② 马克思:《资本论》第2卷，人民出版社2004年版，第144页。

的来源。商业资本家建立的电子商务平台也一样,在不创造价值的情况下,却可以通过提高流通领域的生产率和剥削率,来瓜分较高的剩余价值。

劳动者在电子商务平台销售商品与在现实空间中的销售市场销售商品不同。在现实的销售市场中,被资本家雇用的工人需要掌握一定的销售技巧,才能在与买方面对面的交流中增加达成交易的概率。雇佣劳动者的销售技巧需要在实践中不断积累,从而使资本家与工人之间的雇佣关系具有一定的稳定性。雇佣劳动者通常安排轮班制,由于时间的限制,销售工人在晚上或深夜并不需要工作,工作时间基本上固定在 8 小时。由于空间的限制,销售工人面对的有限地域的买方,即便如此,工人的工作强度依旧很大。虽然销售的商品已经被摆放在销售点,但有时也需要一定的体力劳动才能真正展示商品的使用价值和特性,工人的劳动强度无法衡量。①

电子商务平台产生了新的职业工人,其中主体的职业是客户服务。客服人员主要围绕着电子商务平台销售的产品从事相应的工作,主要有:了解产品信息、利用交流工具接待客户、查看商品数量、核对买方信息、通知买方商品发货、货到付款的订单处理、客户评价、中差评论的处理等工作。完成这些工作,客服人员需要学习相关软件操作、专业知识和说话技巧等培训工作。但在具体销售过程中,销售工作被划分为不同环节,每个客服人员从事极其简单的一部分工作,需要的技能水平非常简单。客服工作不需要与买方面对面地交流,在回复买方咨询时要使用标准化的用语,这也是对工人考核的主要方面,以至客服人员被称为信息时代的流水线工人。资本家还通过加强工人的监管来榨取剩余价值,回复买方咨询时打字以分钟计时,反馈时间尽量缩短,并抽查客服回复信息。面对千篇一律的咨询工作,具体环节的工人工作内容是极其枯燥的,对工人的身心造成损害。客服所需技能水平较低,从而决定了它的替代性较强,工资水平较低。依托互联网平台出现了"零工经济",劳动者的权益和保障被剥夺。②工人要成为资深客服人员只需要工作一

---

① [英]大卫·哈维:《跟大卫·哈维读〈资本论〉》,谢富胜、李连波等译,上海译文出版社 2016 年版,第 157 页。

② 王文珍、李文静:《平台经济发展对我国劳动关系的影响》,《中国劳动》2017 年第 1 期。

年以上，足以从侧面印证客服工作的流动性巨大。在当前利用智能机器人代替客服工人的趋势下，工人的工资又会进一步被降低。

商品资本家除了在客服工人的工作中降低工人技能和工资方式以外，还利用互联网的技术特点加强了对工人剩余价值的剥削。互联网克服了时间和空间限制，从而使客服工人的工作范围扩展到全球。不同地域的买方可在平台上咨询商品信息，增大了工人的工作量，在淘宝客服服务调研中，接单量过大成为影响客服工作效率的最重要的问题。① 商品资本家利用电子商务平台销售商品时承诺24小时提供服务，从而要求客服岗位必须保持24小时的工作。当然存在着轮班制，但工作时间的延长是资本积累的必要手段。因此，互联网平台上的客服工人劳动形式发生变化，劳动剥削方式也呈现互联网技术特点，但剥削劳动以获得更大的剩余价值目的并没有变化。

第二节 电子商务作为新节点的商品资本运动新变化

商品资本运动是为了实现价值和剩余价值，把商品资本形态转化为货币资本形态。以电子商务为新节点的商品资本运动中，在资本形态的转化过程中，出现一些新的变化。虽然总体上价值的运动也是 $W'—G'$ 过程，但在商品资本转化为货币资本过程中，价值的运动与使用价值的运动在逻辑上相分离。电子商务中的信息运动又把价值运动和使用价值运动结合起来，完成商品资本的循环运动。电子商务平台中商品价值和使用价值的分离运动对商品资本的运动产生影响。

一 电子商务下商品资本运动公式的新变化

（一）商品价值和使用价值运动在逻辑上的分离

在电子商务平台上，商品的价值运动与使用价值的运动分离。电子商务平台把现实的商品资本复制到互联网平台上形成电子商务商品。虽然电子商务商品只是形式上的商品、不是观念上存在的商品，它可以没

---

① 淘宝网商家事业部：《淘宝客服服务白皮书2011》，2011年。

有被生产出来就被复制到电子商务平台上,因而可以是先卖后买,但在电子商务平台上的交易行为仍然是私人劳动转化为社会劳动的行为,是一种价值运动。通过电子商务平台,买卖双方达成一种共识,即买方付出以货币为代表的价值,卖方付出物品的使用价值,从而完成商品的交易。虽然这种共识的达成需要一系列的技术手段才能实现。

首先要建立一套信任体系。利用电子商务销售商品存在着"钱货两空"的风险,即或者买方付出货币,却没有收到物品;或者卖方付出物品,却没有收到货币。"钱货两空"的风险是由空间距离造成的,虚拟空间与现实空间的不对称性,以及现实空间距离的信息不对称性,由此产生欺诈行为。电子商务平台塑造了一套信任体系。电子商务在代表商品资本执行销售职能时,平台承担担保中介职责。买方付出货币,但货币并不是直接付给卖方,卖方付出物品,但物品并不是没有任何监护,电子商务平台与互联网金融平台联合起来完成信任体系的构建,实现价值和使用价值的交换,即完成商品资本售卖职能。买方付给卖方货币,其实交付的价值,只是形式上的转移,即价值只是转移到第三方支付系统中,并没有真正转移到卖方手中。① 如果要实现价值的实质转移,即货币从第三方支付系统到卖方手中,需要把具有特殊使用价值的物品交给买方。而把具有特殊使用价值的物品从卖方那里转移到买方手中,就需要交通运输工具,或者说物流。

其次要有便捷的交通运输体系。互联网技术条件下,物流业成为产业资本投资的特殊领域,为产业资本运动各阶段执行职能提供运输保障。物流业的活动范围超过了交通运输业,收货、仓储、库存控制、车辆调度与管理、产品分销等都属于物流活动。电子商务代表商品资本执行售卖职能时,物流业不再仅仅是卖方的事,还是买方的事,更是独立地执行职能的物流行业本身的事。电子商务平台达成买卖交易后,卖方通过物流业的一系列环节把使用价值交给买方。在买方收到物流业运送

---

① 在电子商务支付系统中,涉及买方、买方、银行和互联网金融平台四方,主要包括支付接受和交易清算两个流程。支付接受流程包括保证支付卡的有效性和交易不超过支付卡可能存在的信用限额等步骤。交易清算把资金从支付方银行储户转移到接收方银行储户的全部步骤。详见 [美] 加里·P. 施奈德《电子商务》,成栋译,机械工业出版社 2014 年版,第 328 页。

的物品后签收，这时，根据相应的合同和契约，把暂时存储在第三方支付系统的货币支付给卖方，从而完成商品资本的职能，实现产业资本职能形式的转化。同时，物流业因为帮助商品资本完成运送的职能，从而能够获得部分剩余价值。

(二) 商品资本运动公式新变化

在《资本论》第二卷中马克思分析商品资本的循环运动公式是：

$$W'—G'(G)—W\cdots P\cdots W'$$

从商品经营资本角度看，其循环公式是：

$$G—W'—G'$$

包含价值和剩余价值的商品 W'，通过售卖转化为货币资本，实现了价值和剩余价值。在这过程中，马克思高度抽象了商品资本到货币资本流通过程的所有程序：售卖形式、货币支付形式、交通运输等，仅从逻辑上分析价值的转化公式。但售卖形式和支付形式也会改变商品价值和使用价值的运动方式，进而对原有的商品资本运动公式进行调整。但这种调整并没有改变商品资本进而产业资本运动规律和运动目的，最终都是为了完成资本积累，获取价值和剩余价值。电子商务成为商品资本新节点对商品资本运动公式产生新的变化。

首先，从生产资本的结果看，以电子商务为新节点的商品资本的运动公式为：

$$W'—G'(G)—W\cdots P\cdots W'$$

其中，"—"表示利用电子商务平台把商品资本转化为货币资本的过程。"—"过程包含着价值与使用价值分离和结合的过程，该过程可分解为：

$$W_I—W_L$$

其中，W_I 为电子商务商品，W_L 为物流商品。

现实空间中的商品 W 转化为电子商务商品 W_I，电子商务商品 W_I 代表在互联网虚拟空间中虚拟化商品的价值。此时互联网虚拟空间中的价值运动不同于现实空间，要想实现价值增殖结果就需要对价值运动过程进行考察。电子商务商品 W_I 的运动是在虚拟空间中进行的，脱离物质使用价值的载体，但价值运动并没有实现商品资本转化为货币资本的结果，还需要使用价值随之运动。只有通过物流商品 W_L' 把具有特殊使用

— 146 —

价值的商品运送给买方，才能实现商品资本运动的结果，即把商品资本转化为货币资本，进而实现价值和剩余价值。因此，电子商务下商品资本运动公式应该为：

$$W' \longrightarrow W_I' \longrightarrow G'(G) \longrightarrow W \cdots P \cdots W'$$
$$ \underset{W_L'}{\underbrace{}}$$

在这个公式中，我们只考察了从商品资本到货币资本的阶段转化形式，没有把商品资本运动的每个阶段的转化形式变化都变现出来，这是产业资本运动执行其他职能时的任务，在那里已经作了分析。在产业资本执行售卖职能，电子商务平台是作为一种已经存在的资本形式，把真实的商品 W 转化为电子商务商品 W_I，在这里，不论真实商品 W 是不是生产出来是无关紧要的。电子商务商品 W_I 转化为货币资本的过程，即 W_I'—G' 过程不是直接实现的，而是需要物流商品 W_L 才能实现价值和使用价值运动的统一，推动商品资本向货币资本的转化。由于物流业运输的是商品的物质载体，承担着商品的使用价值运动，没有直接进入价值的运动过程，但它是电子商务执行销售职能时必不可少的环节，没有物流业完成使用价值的流通过程，把物品运送到消费者手中，商品资本不可能真正转化为货币资本，所以应在价值运动公式中有所体现。

其次，从商品经营资本角度看，电子商务执行售卖职能时改变了商品资本运动的形式。商品经营资本运动公式为：

$$G \longrightarrow W_I' \longrightarrow G'$$
$$ \underset{W_L'}{\underbrace{}}$$

在这里，商品经营资本家先购买电子商务商品 W_I 再把电子商务商品售卖出去。同样，如果要真正实现商品资本向货币资本的转化，需要通过物流商品用 W_L 在现实空间中把真正的商品运送到买家手中。但商品经营资本家在购买阶段可以不必购买真正的商品，只需电子商务商品即可，因为商品经营资本家购买的目的不是用于消费，而是为了再售卖出去，所以这时可以不用通过物流商品运输真实的商品。这时，电子商务平台承担着商品经营资本职能，更能体现其产业资本售卖职能的独立化。商品经营资本家从产业资本家那里购买电子商务商品，而真实的商品存放在哪里是无关紧要的，或者在产业资本家的仓库里，或者在物流业的仓库里，总之并不要求商品经营资本家拥有真实的商品。一旦商品经营资本家通过电子商务平台售卖了商品，价值在虚拟空间中运动，而使用价值则会运送到消费者手中，至于商品从哪里运送到消费者手中是无关紧要的。产业资本家售卖职能不可避免地独立出来，成为商品经营资本。

二 物流业成为商品资本运动必不可少的环节

（一）物流业推动商品的使用价值运动

电子商务快速地发展离不开现代物流业的发展，现代物流业迅速崛起得益于其成为以电子商务为新节点的商品资本运动中的重要一环。如前所述，物流业的职能是把具有特殊使用价值的真实商品运送到买方手中，在此之后，真正实现商品资本向货币资本转化。现代物流业的运动把价值运动、使用价值运动和信息的运动结合起来，实现了电子商务的供应链集成。如图5.1所示，物流系统根据买方和卖方间的价值运动，实现使用价值的单向运动和信息的双向运动，物流中的信息流成为供应链管理的重要部分。现代物流业成为产业资本投资的重要领域，在产业资本运动中执行重要职能。

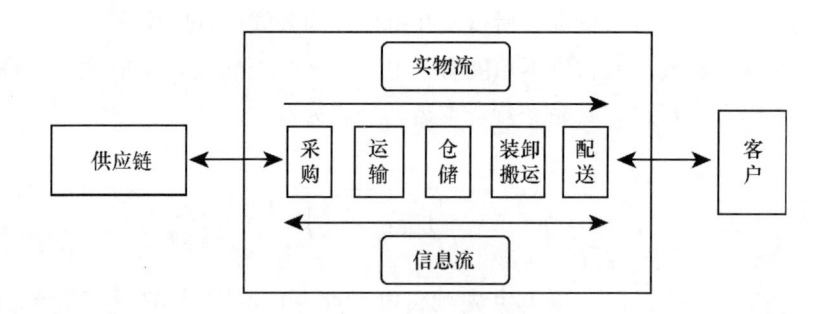

图 5.1 电子商务物流系统

资料来源：李海刚：《电子商务物流与供应链管理》，北京大学出版社2014年版，第113页。

在信息的引导和互联网技术的支撑下，物流业为资本家提供储备和运输功能。在分工协作和外包兴起后，无论是核心生产企业还是核心销售企业都把非核心功能外包出去，以降低成本，提高效率。在商品流通环节的外包，就形成了第三方物流。① 第三方物流在 G—W 和 W—G 中的满足核心企业对"—"外包的需求。"—"过程不仅包括商品位置的移动，还有储备和保管，以及运输的"最后一公里"。

在商品资本运动中，在电子商务执行销售职能时，商品资本的空间位移时间顺序发生了变化。在此之前，产业资本家需要把商品运送到销售地点，再在市场上销售产品。当交易完成后，卖者获得货币，买者获得产品并把产品直接消费或转移到消费地。此时，商品的空间位移是卖者的事，"最后一公里"是买者的事。电子商务代表商品资本执行商品销售职能以后，产业资本家在电子商务平台上销售商品，把商品的空间位移外包给第三方物流。当交易完成后，产品通过物流被运送到消费地。此时，第三方物流是在电子商务执行了销售职能即商品交易达成以后再运输，第三方物流完成了卖方和买方两者的事，实现了产品空间的位移与"最后一公里"。

生产储备和商品储备的产品都存放于第三方物流仓库中，并由第三方物流进行保存和管理。在电子商务平台销售商品后，利用 EOS、EDI 等技术连接第三方物流，并由第三方物流把商品运送给买方。在核心企业的供应链中，第三方物流成为不可缺少的一环，成为参与价值和使用价值运动的重要组成部分。供应链管理系统构建了物流信息共享平台，可以让生产商、销售商以及物流企业实现物流信息共享，核心企业根据仓库的储备量向上级供应商订购货物，供应商则根据仓库储备量增减原料储备，从而在供应链环节上实现计划生产。② 这种计划性地减少储备量，减少了流通费用，如戴尔利用供应链管理和现代物流仓储实现 7 小时库存，大大降低储备量，降低了预付资本总量。

在"—"过程中，第三方物流克服了地理和空间条件给资本主义生产施加的限制，时空关系共同参与确定了整体产业资本的周转时间，以及特定行业资本的周转时间，减少距离摩擦来缩短总周转时间。距离不仅是指空间上的距离，还有信息的传输时间。在物联网和供应链中，信

---

① 随着物流业的发展，出现了第三方物流，也有第四方物流、物流一体化、综合物流代理等形式。为了简便，本书把除自营以外的物流统称为第三方物流。

② 在供应链环节上的计划生产并不等于说可以实现计划经济，因为对整个资本主义生产来说，私有制下的竞争法则总是会打破整个社会计划生产的可能性。

息传输时间已经被大大缩短，以至到了可以忽略不计的程度。在信息监测系统中，产品建立的身份条码标识成为产品本身，被供应链中的参与者共享。而空间上的距离则是以建立在靠近销售点和运输中心的物流仓储中心的第三方物流缩减。商品从生产出来到销售出去的实体运动都是从物流仓库中心到物流仓库中心，买方和卖方之间只有价值运动以及与使用价值相关的信息运动。在交通工具生产力提高后，以信息运动带动使用价值点对点的运动，直接缩短了运输中的间接转运浪费的时间。例如戴尔承诺2—5天内货物送货上门。除了产品在运输中的时间减少了以外，产品在运送的两端停留的时间也不断缩短。商品从仓库到运输工具端，由于条码/语音/射频自动识别系统、自动分拣系统、自动存取系统等技术运作下，仓库管理和搬运实现自动化。在智能化系统中，简化了仓库管理流程，工人与自动化机器共同协作减少体力劳动工作时间和产品运输信息的错误率，加速产品流动。商品从运输分拨中心到买方端，物流管理系统同样发挥作用，根据条码/语音/射频自动识别系统由具体的工人负责，把产品运输到特定的买方手里。因此，第三方物流独立成一个执行职能的产业，降低了流通费用和流通时间，加速了产业资本周转。

（二）物流劳动成产业资本中剥削最严重的一环

电子商务代表商品资本在执行商品销售时，把原商品资本中的劳动的内容分割成电子商务平台上的劳动和物流劳动两部分。传统的商品资本在执行销售职能时，劳动者既要把商品销售给买方，又要从事搬运商品的体力劳动，而电子商务代表商品资本执行售卖职能后，劳动者可分为两部分：电子商务平台上的劳动主要是客服，从事销售工作；物流劳动主要是快递员，从事产品空间位移工作。前者在前文中已经进行分析，这里主要就后者进行分析。

物流业承载着产业资本运动中流通过程的职能，是产业资本运动中的必要一环，因此物流业辅助资本执行职能时产生的费用，必须得到必要的补偿。在这里，物流业中的劳动是不是生产性劳动以及能否创造价值不是探讨的重点，这里要讨论的重点是物流业中的生产关系必须能够被再生产出来，才能继续为产业资本运动提供保障，否则流通过程本身的流通就成为堵点，进而导致整个产业资本运动不连续，甚至停止、断裂。物流业中劳动者的劳动结果就是把商品的位置进行空间移动,从而为物流业资本家提供利润。在产业资本运动中,货币资本、生产资本和商品资本在执行职能时,在以各自形态循环,物流业处于从属地位,因为只有存在使用价值的运输才存在着物流需求。物流业的从属地位及其在再生产过程中的被动性使其加强劳动剥削。

物流业处于机器生产的条件下,物流业的劳动过程的不同环节,具有严格的时间规定,劳动者不得不提高劳动强度和劳动熟练程度与机器运转速度匹配,以维持机器的正常运转。仓库工人负责分拣、打包、搬运等过程,在资本有机构成不断提高尤其是自动化生产以后,工人成为机器的护工,协助机器进行物流生产。在加快商品运输速度的资本运动机制下,物流业工人不得不像机器一样不停歇地工作,以提高货物运输速度。如订单生产流程精准到分钟。买方在电子商务平台上下订单,订单 5 分钟后将到达财务部进行开票分流,10 分钟后进入拣货流程,一次分拣的规定时间是 13 分钟,二次分拣为 6 分钟,接着打包装箱,货物装车运输。从买方下单到出货的时间最短为 70 分钟。① 在这么短的时间内,完成如此之多的工作量,是智能化机器生产过程的结果,也是工人高强度劳动的结果。

在商品从仓库到运输工具端的劳动过程中,智能化机器的运用排挤物流工人,劳动剥削过程的事实被技术进步的外表所掩盖。在商品从运输分拨中心到买方端的劳动过程中,经历两个环节:一是商品处于运输过程中,二是实现运输"最后一公里"的过程。在第一个环节,商品的运输通常是运输工人维护,运输工人的劳动增加了产品的价值。在运输工人中,货运司机规模较大,从货运司机劳动状况能够窥探紧张的劳动关系。据调查,82.4% 的货车司机日均工作时长在 8 小时及以上,其中 37.3% 的货车司机日均工作时长在 12 小时及以上;工作时长在 10 小时和 8 小时左右的分别为 27.6% 和 17.5%。货车司机休息时间比较少,调查显示,37.5% 的货车司机没有休息时间,16.2% 的货车司机平均每月有 1—2 天休息时间,21.0% 的货车司机每月平均有 3—4 天的休息时间,

---

① 李海刚:《电子商务物流与供应链管理》,北京大学出版社 2014 年版,第 100 页。

14.2%的司机休息5—8天，休息9天以上的占11.1%。长时间的劳动伴随着高强度的劳动，货车司机普遍工作时间较长、劳动强度大。休息时间增加意味着收入的减少，调查显示，有9.7%的货车司机月均收入在5000元以下，29.1%的货车司机月均收入为5000—8000元，28.4%的货车司机月均收入为8000—10000元，20.0%的货车司机月均收入为10000—15000元，仅12.7%的货车司机月均收入在15000元以上。对于这种劳动时间长、劳动强度大，但收入没有相应提升的投入收入状况，有62.9%的货车司机不满意，30.5%的货车司机满意度一般，仅有6.5%的货车司机对目前的收入情况表示满意。同时，货车司机长时间、高强度的劳动导致职业病，86.5%的货车司机因为开车患有胃病、颈椎病、高血压等职业病。① 物流业劳动关系在这里表现得最为明显，也最为真实。在第二个环节表现为运送的"最后一公里"是由快递人员把商品交到购买者手中。运送的"最后一公里"通常采用计件工资形式，工人为了获得高工资延长劳动时间、增大劳动强度。但在资本家的压榨下，工人工资还是以各种理由被降低。根据中国电商物流与快递从业人员调查报告，从业人员都是计件工资，超八成日派件量超过200件，从业者工作时间都超过了8小时，全职快递员平均每日工作时长主要集中于8—12小时，平均每周工作天数大于5天；兼职快递员每日工作时长主要集中于8小时以下，平均每周工作天数小于5天。工作时间延长和劳动强度加大并没有为他们带来明显的工资增加，有超过半数的劳动者每月收入5000元以下，月入过万的劳动者仅占4%。由于高强度的劳动，大部分从业人员患有颈椎、腰部不适、肠胃不适以及肩部不适等病症。正是这种高强度和长时间的工作，以及商品运送过程中需要的体力劳动，劳动者的性别大多数是男性，26—35岁的青壮年劳动者占比超过五成。②

虽然随着技术的进步，物流业不断自动化、信息化和智能化，生产效率不断提高，商品资本周转时间不断缩短，物流业工人再生产中出现

---

① 中国物流与采购联合会：《2021年货车司机从业状况调查报告》，http://whplfh.chinawuliu.com.cn/gzdt/202107/01/553441.shtml，2021年。
② 国家邮政局—中国邮政快递报社：《2019全国快递从业人员职业调查报告》，www.cea.org.cn/content/details_10_19726.html，2019年。

的一系列问题只是技术进步的副产品,这种紧张的劳动关系并没有在整个产业资本运动中被凸显出来,但在物流业生产关系再生产中,物流业工人被迫延长劳动时间,增加劳动强度,提高劳动生产率,为物流业资本家获取剩余价值。物流业成为产业资本运动重要保障环节,而物流业工人则成为产业资本运动获取价值和剩余价值不可或缺的部分。物流业劳动是与电商商务平台上的劳动相对应的,电子商务平台上的劳动减少了体力,因此客服工人多为女性;而物流业工人承担了体力劳动,因此性别多为男性。互联网技术实现了物流在信息化基础上的自动化,通过一系列机械化、自动化工具的应用,准确、及时的物流信息对物流过程的监控将使物流的流动速度加快、准确率提高,能有效地减少库存、缩短生产周期。虽然在物流业中劳动关系相当紧张,物流业工人劳动时间延长和劳动强度的增强,致使物流业劳动成为资本家在整个商品资本运动中获取剩余价值最大的部分,但电子商务客观上促使流通时间大幅缩短和流通费用大幅降低,物流业缩短了流通时间,加速资本周转。正是由于物流业中的劳动力再生产的补偿较低,降低了整个流通环节的费用,才使商品资本运动范围扩大。在商品资本转化职能形态后,又会对其他资本运动产生影响,从而对整个产业资本运动产生重要影响。如果物流业的工人工资提高,导致流通费用增加,从而影响产业资本的周转速度。

三 商品资本的独立性增强

电子商务代表商品资本执行售卖职能,并以电子商务为商品资本运动的新节点推动商品资本运动,增强了商品资本运动的独立性。这种独立性体现在两方面:一是商品资本与货币资本结合,商品资本金融化;二是商品资本与商品经营资本关系发生改变。

(一) 商品资本金融化

电子商务在代表商品资本执行售卖职能时,通过电子商务商品的买卖,在名义上获得货币资本,并利用运输工具把具有特殊使用价值的物品运送到买方手里,真正把商品资本转化为货币资本。在名义货币资本转化为实际货币资本过程中,出现了货币资本的游离,从而使电子商务与互联网金融结合。电子商务与互联网金融的结合,实现商品资本真正的转化，加速商品资本的周转，保障产业资本运行的连续性，从而致使商人资本家垄断了流通环节，获取更大的利润。

虚拟空间中销售商品与现实空间中销售商品不同，在现实空间中，商品市场通过买卖双方面对面达成钱货两清的购买交易，即使存在信用赊销，那也是买方和卖方签订契约，以法律强制规定还款形式和日期。在虚拟空间中，买卖双方并不是面对面地达成交易，买方没有获得商品的全部信息，卖方没有得到买方资金信息，买卖双方达成的交易也没有签订契约规定，双方仅靠信用完成交易即买方承诺获得特殊的使用价值时付款，卖方承诺收到付款时把真实商品运送到买方手中。这显然不能完成任何交易。为了消除可能存在的交易风险，电子商务在执行售卖职能时建立了信任体系，搭建第三方支付系统（互联网金融），用于电子商务商品买卖时的支付平台。第三方支付系统与买方和卖方达成交易契约，买方购买商品支付的货币不会直接支付给卖方，而是会先存储于第三方支付平台中，在收到买方确认付款的通知以后，第三方支付平台把货币支付给卖方。对于第三方支付平台来说，完成了与买方和卖方达成的契约，对买方和卖方来说完成商品交易。

第三方支付平台是商业资本家建立还是产业资本家搭建，对电子商务执行售卖职能以及对买卖双方来说是没有影响的，但对第三方支付平台本身的搭建者却有着深远的影响。电子商务代表商品资本执行售卖职能时，买方用于购买电子商务商品的货币暂存于第三方支付系统，在买方收到具有特定使用价值的物品后，再确认付款，在第三方支付平台把货币支付给卖方。具有特定使用价值的物品从卖方到买方的运输是物流过程，需要一定的运输时间。① 在这段运输时间里，就发生了货币资本游离，出现"在途资金"，即第三方支付平台中的货币处于闲置状态，是潜在的货币资本，现在不执行货币资本职能。因此，电子商务执行职能时，第三方支付系统会闲置大量的货币资本。第三方支付系统就在制度上构建了巨大的货币池中。这个巨大的货币池对于电子商务平台以及

---

① 虽然交通工具运输能力和运输速度提高，使运输商品的时间缩短，但经过一系列物流程序和交通运输时间，商品到买方手中也需要一段时间，一般为1—5天。

对互联网金融平台而言，是与它们无关的、潜在的货币资本，但却是获取高额垄断利润的手段。在保障货币流动性基础上，互联网金融通过执行货币以及货币资本的职能获取利润。因此，电子商务代表商品资本执行售卖职能时，往往会依靠电子商务平台建立支付系统，以获得货币池，从而为执行货币资本职能提供基础。互联网金融与电子商品融合发展是资本获取利润的垄断手段，即建立所谓产业、金融、商业的"生态圈"，从而获得高额垄断利润。

电子商务执行职能时所形成的货币池，一个显著的用途就是消费信贷。信用在资本运动的一般性和连续性上发挥关键作用。商品资本转化为货币资本是商品被最终消费者购买，如果商品只是在商品经营资本家之间买卖，并不能实现资本形态的转化，只是延长了资本在商品阶段停留的时间。最终消费者尤其是工人的消费成为资本循环运动的关键点，在商品资本运动中体现为工人购买商品。但工人的工资是有限的，不能实现供给和需求之间存在的系统性缺口，互联网技术为克服这种不足提供了技术支撑。劳动者在电子商务平台上购买商品，往往会被提供信用贷款，以分期付款的方式进行。基于分期付款，劳动者可以消费将来的工资，从而弥补现在的需求缺口。消费信贷使劳动者工资被资本化，即劳动者的工资是为了资本积累，而不是为了劳动力再生产。电子商务平台通过提供消费信贷，再次提高了商品资本实现剩余价值的速度，在电子商务平台提供的信用保障基础上，实现剩余价值货币化。

电子商务售卖生产性消费产品也可以通过信贷，此时，生产性消费信贷是卖方通过平台提供给买方，并以信贷契约形式形成的供应链金融。由于生产性消费信贷额度较大，卖方往往会利用互联网金融做成证券化产品，通过销售证券化产品快速回笼资金。在互联网金融的创造下，金融衍生品流动到全球，导致虚拟经济泡沫膨胀，债务链条愈来愈长。

电子商务代表商品资本执行售卖职能，而售卖职能与购买职能的天然结合性就推动电子商务平台与互联网金融平台融合发展，从而使电子商务平台汇聚巨大的货币池，助推潜在货币资本借贷化、金融化发展，使电子商务平台具有独立化趋势。尤其是，网络正外部效应的存在使电子商务平台具有自然垄断性，具有独立化的商品经营资本搭建的电子商务平台能够获得更大的规模经济和范围经济。电子商务平台越大就表明其拥有的货币池就越多,金融化趋势就越明显。

(二)商品资本地位提升

商品资本是生产资本的结果,也是生产资本的前提。"在 W′…W′ 中,商品形式的资本是生产的前提;在这个循环中的第二个 W 上,它重新表现为前提……这个 W 必须再生产出来,大部分必须作为另一个产业资本的 W′再生产出来。在这个循环中,W′是作为运动的起点、经过点和终点,因此,它总是存在着。它是再生产过程的经常性的条件。"[①] 商品资本在生产资本中起着辅助作用,与劳动力结合创造出更大的价值。

在执行售卖职能时,电子商务作为生产资本的起点和终点,增强了商品资本的力量,在一定程度上减弱了商品经营资本的力量。从起点看,生产企业的生产过程决定了商品的售卖过程,生产企业在用货币购买生产资料时存在着结构性差异,即时间差异和空间差异,尤其当原料是特殊的使用价值时更是如此。一方的卖是另一方的买,相反也是这样,一方的买就是另一方的卖,因此,在电子商务平台上的销售,在另一方也就表现为在电子商务平台上的购买。利用电子商务平台,产业资本家之间可以直接进行生产性消费商品的交易,不必通过商品经营资本家的中介职能,尤其是在网络化企业中,核心企业和外围企业之间通过供应链管理系统直接匹配生产产品信息,完成产品的交易。从终点看,生产资本只有销售出去才能真正实现资本的积累和扩大再生产,对于生产资本而言,没有销售出去的商品就没有任何价值,就会使生产企业破产。因此,产业资本家在售卖商品时都采用电子商务形式,以加快资本形态的转化速度,减少商品售卖过程中耗费的时间和费用。电子商务的出现给产业资本家提供一个有力的工具,在一定程度上摆脱了商业资本家的束缚,建立自己的销售渠道和品牌,获取较高利润。从这个意义上讲,商品资本地位增强,而商品经营资本的地位遭到削弱。但从互联网技术特点来看,电子商务平台是一个双边平台,打破了规模限制,而在网络正外部性基础上,电子商务平台的规模取决于需求方的规模,需求方的规模多大,供给就有多大。为了集聚需求,最大限度地加快商品的

[①] 马克思:《资本论》第 2 卷,人民出版社 2004 年版,第 109 页。

销售速度，商品经营资本家往往会建立一个基础的电子商务平台，产业资本家则是在这个基础的平台上建立自己的商务平台销售商品。商品经营资本建立的电子商务平台成为生产资本集聚的虚拟场所，在这个虚拟场所内，生产资本执行职能。一些电子商务企业如亚马逊、EBay、淘宝网等，它们建立大型的电子商务虚拟平台，一些生产企业在此之上建立销售平台，但要依附于电子商务平台企业。

商品资本与商品经营资本之间关系的变化在不同部门和不同地区存在着差异，这种差异取决于产业资本家和商业资本家之间的力量对比。在大规模使用机器的部门和地区，生产的信息化进一步提高生产资本比重，加强了生产资本的支配地位，例如汽车工业，生产者倾向于支配着分销商；而在以体力劳动为主要动力的部门和地区则是相反，商品资本的比例缩小而商业资本的比例增大，如纺织品产业被商业资本支配。①

无论技术条件发生什么变化，商品资本的基本职能都是售卖，最终目的是获得利润，而利润的来源仍是价值和剩余价值。因此，马克思关于商品资本从属于剩余价值生产的命题仍然有效，商业资本也从属于创造价值和剩余价值的产业资本，这并不意味着商业资本家不得不从属于或者现在就从属于生产者的力量；也不意味着商人不再进行掠夺性积累的勾当。② 互联网技术条件下，商品资本和商业资本之间关系发生变化，商品资本地位增强。

本章小结

互联网技术的应用降低了商品流通时间和费用，增强商品资本运动的计划性和协调性，加快了资本周转速度，推动着商品资本与互联网技术的结合。互联网技术与商品资本结合形成电子商务，并成为商品资本运动的新节点，执行商品资本售卖职能。电子商务平台是一个虚拟的交

---

① [英]大卫·哈维：《跟大卫·哈维读〈资本论〉》，谢富胜、李连波等译，上海译文出版社 2016 年版，第 157—158 页。
② [英]大卫·哈维：《跟大卫·哈维读〈资本论〉》，谢富胜、李连波等译，上海译文出版社 2016 年版，第 158—159 页。

易场所，使商品的价值和使用价值在逻辑上分离，利用电子商务销售的电子商务商品只是其价值形式代表，使用价值则通过交通运输工具运送到消费地。电子商务改变了原先商品资本运动的公式，交通运输业现在成为商品资本运动公式必不可少的一环，其中物流业工人高强度和长时间的工作支撑着电子商务快速发展。电子商务通过与互联网金融结合推动商品资本金融化，提升商品资本的地位。

第六章
互联网技术条件下产业资本总运动的新变化

产业资本总运动是产业资本作为货币资本、生产资本和商品资本有机统一的整体,在三种职能形态资本的依次转化中有机衔接的过程。产业资本运动的目的和动机都是价值增殖,而要达到这个目的,必须使资本在它的任何一种形式上和任何一个阶段上的再生产都连续进行。"但是,连续性是资本主义生产的特征,由资本主义生产的技术基础所决定的,虽然这种连续性并不总是可以无条件地达到的。"① 资本主义生产的技术基础变革,会对产业资本运动的连续性产生影响,因为只有按照"某种方式得到克服和抵消时,才能够存在和继续存在"②。但是,技术基础的变革并不改变资本运动的内在规律,产业资本依次采取货币资本、生产资本和商品资本三种职能形态,执行购买、生产和销售职能,在运动中追求价值增殖的规律没有发生变化。

互联网技术改变了资本主义生产的技术基础,从而对产业资本运动的各种职能形态都产生了影响,对此,前文已经对产业资本的三种职能形态进行了系统分析。分析表明,每一种职能形态资本与互联网技术结合都会使其运动形式和内容产生一些新特点。同样,产业资本整体与互联网技术结合,也会对产业资本总运动产生影响。

---

① 马克思:《资本论》第2卷,人民出版社2004年版,第118页。
② 马克思:《资本论》第2卷,人民出版社2004年版,第122页。

第一节 产业资本总运动的新变化

一 产业资本总运动公式的新变化

资本必须在运动中才能增殖，运动本质上是价值的运动，其经过一系列相互联系、互为条件的转化，经过一系列的形态变化，最终实现价值增殖。"在这里，价值经过不同的形式，不同的运动，在其中它保存自己，同时使自己增殖，增大。"① 产业资本的运动是价值运动的统一体，在资本运动过程中需要依次经历货币资本、生产资本和商品资本三种职能形态，在三种职能形态运动统一中实现产业资本总运动，价值也是在运动中不断变换形态，在三种价值形态运动统一中实现价值运动。货币资本购买劳动力和生产资料进入生产过程，开启了生产资本的运动，当生产的产品作为已经包含剩余价值的商品出售时，产业资本就进入商品资本阶段，商品资本通过售卖转化为货币资本，从而完成了货币资本循环。从生产资本出发到货币资本购买劳动力和生产资料进入生产过程时完成生产资本的循环，从商品资本出发到生产的产品作为商品销售时完成商品资本的循环。作为一个整体，产业资本运动总是同时地、在空间上并列在不同职能形态上，但每一部分都不断地从一个阶段过渡到另一个阶段，执行不同的职能。每一种职能形态都是另一种职能形态的原因，同时也是它的结果，在循环往复中不断出发，并带着增殖的价值不断回流。

从运动公式上看，产业资本总运动形式为：

$$G - W \genfrac{}{}{0pt}{}{P_m}{A} \cdots P \cdots W' - G'$$

$$P \cdots W' - G' - W \genfrac{}{}{0pt}{}{P_m}{A} \cdots P$$

$$W' - G' - W \genfrac{}{}{0pt}{}{P_m}{A} \cdots P \cdots W'$$

—— 货币资本运动 — 生产资本运动 --- 商品资本运动

---

① 马克思：《资本论》第 2 卷，人民出版社 2004 年版，第 122 页。

第六章 互联网技术条件下产业资本总运动的新变化

产业资本总运动规律依次经过这三种职能形态资本变化，不断地反复进行。但在不同技术条件下，每种职能形态资本可采取不同的形式执行职能。在机器大工业时代，每一种职能形态资本运动都采取与其价值相接近的形式，产业资本整体运动都接近价值本身的运动。比如在机器大工业生产方式下，金银、银行券、纸币等形式表示货币资本执行购买职能，大机器生产代表生产资本执行生产职能，物质产品代表商品资本执行售卖职能，每一种形式都能看出与价值的直接关联，能够表现出价值运动中形态的变化。在互联网技术条件下，互联网虚拟空间把价值和使用价值在逻辑上分离，价值在虚拟空间中运动，克服了时间和空间的限制，使用价值在现实空间中随着价值的运动而运动。互联网生产方式下互联网金融、信息化生产和电子商务分别代表货币资本、生产资本和商品资本执行相应职能，每一种形式与价值的直接关联被隐藏起来，价值运动的痕迹已经被互联网生产方式掩盖，价值形态的变化无法被直接辨认。但在互联网生产方式下，资本运动的本质是价值运动没有发生变化，马克思关于产业资本运动的基本原理仍然适用。

在互联网技术条件下，产业资本总运动仍是货币资本、生产资本和商品资本三种形态在时间上继起、在空间上并存的运动。只不过此时，货币资本采取互联网金融形式，生产资本采取信息化形式，商品资本采取电子商务形式，而且互联网技术完全融入资本运动总过程，从而改变了原有的运动形式。此前，在分析三种职能形态资本的运动时，把其他资本形态假设为没有受到互联网技术的影响，以便聚焦于一点。在这里，我们在考察互联网技术下的产业资本总运动变化时，把互联网技术与三种职能形态结合形式统一起来。在互联网技术条件下，产业资本总运动公式为：

$$G_I \text{---} W \genfrac{}{}{0pt}{}{P_m}{A} \cdots P_I \cdots W' \text{---} G_I'$$

$$P_I \cdots W' \text{---} G_I \text{---} W \genfrac{}{}{0pt}{}{P_m}{A} \cdots P_I$$

$$W' \text{---} G_I \text{---} W \genfrac{}{}{0pt}{}{P_m}{A} \cdots P_I \cdots W'$$

—— 货币资本运动　- - 生产资本运动　--- 商品资本运动

与上文相同，公式里的"——"过程为：W_I-W_L。互联网技术条件下，产业资本总运动从互联网金融 G_I 开始，在互联网虚拟空间进行价值运动，首先购买电子商务商品 W_I，并利用物流业把具有特殊使用价值的物品 W 运输到消费地，把劳动力与生产资料结合进行信息化生产 P_I，生产的结果是为商品 W'，并在互联网虚拟空间中转化为电子商务商品，即转化为虚拟化的商品，此后通过物流业把具有特殊使用价值的物品运输到消费地，以真正实现商品资本转化为货币资本，从而实现货币资本的回流。如果把"——"运动过程也放入产业资本总运动公式中，那么公式为：

$$G_I - W_I - W \genfrac{<}{}{0pt}{}{P_m}{A} \cdots P_I \cdots W' - W_I' - G_I'$$
$$\lfloor W_L \rfloor \qquad \lfloor W_L \rfloor$$

$$P_I \cdots W' - W_I' - G_I' - W \genfrac{<}{}{0pt}{}{P_m}{A} \cdots P_I$$
$$\lfloor W_L \rfloor \qquad \lfloor W_L \rfloor$$

$$W' - W_I' - G_I' - W_I - W \genfrac{<}{}{0pt}{}{P_m}{A} \cdots P_I \cdots W'$$
$$\lfloor W_L \rfloor \qquad \lfloor W_L \rfloor$$

——货币资本运动　-·-生产资本运动　---商品资本运动

产业资本总运动中信息化生产内部分工运动并没有反映出来，因为这里是产业资本整体的运动，需要把生产资本内部统一起来，看成一个整体进行分析。随着资本运动过程的继续，在互联网虚拟空间中，电子商务执行售卖职能，在对电子商务商品达成交易以后通过物流把具有特定使用价值的物品运输到消费地，实现商品资本形态的转化，实现价值增殖。从产业资本总运动的分析中发现，商品的价值和使用价值的运动在逻辑上分离，在价值形式上反映，在资本形态上表现。

二　产业资本总运动的连续性增强

(一) 互联网技术产生的计划性增强资本运动的连续性

产业资本通过不同职能形态转化实现连续性运动，对于货币资本、生产资本、商品资本以及产业资本整体而言，只有不断运动，才能实现价值增殖的目的。产业资本总运动则是在三种职能形态运动的统一中，实现总过程的连续性,而不致发生社会总资本运动的中断。产业资本总运动的连续性不仅是三个职能形态运动的统一,同时是每一个职能形态转化运动的统一。在资本运动中,是不断的中断,是离开一个阶段,进入下一个阶段;是抛弃一种形式,存在于另一种形式的过程。如果不能使"离开—进入"和"抛弃—存在"过程完成,资本的运动就会中断,就不会实现资本的循环。因此,资本的连续性主要体现为不同职能形态资本的转化阶段的连续性,也就是,在单个产业资本运动中,每一个职能形态的转化不能被中断,在总资本中,三种职能形态运动的统一。这就要求在整体产业资本中,所有职能形态都要保持一定的比例合理性,才能达到每一职能形态转化连续性的要求。

但问题的反面则是阻碍和可能的中断。这种中断,就像蝴蝶的生命周期中的那些中断一样普遍存在且不可避免。但产业资本总运动的连续性遭到中断就无法实现价值增殖,因此资本家总是试图使用各种手段,比如通过技术革新和信用创造等手段尽可能减少资本运动中断,以实现资本运动的连续性。但正像劳动关系矛盾一样,资本运动的中断和不连续性一直存在,并可能危及整个资本主义生产方式。通过对产业资本职能形态运动的分析,我们会理解为什么危机会以特定的形式发生,如危机有时会以一种无法处置的过剩商品资本的形式出现,或以一种缺乏投资机会的货币资本的过度贮藏的形式出现,或以一种积累进一步扩张所需的生产资料或劳动力短缺的形式出现。资本运动在不同转化阶段中的任何一个时点上都可以被堵塞,从而导致特定形式的危机。①

互联网技术本身具有的信息传递功能,加强各生产环节的分工与协作,很大程度上消除了生产过程与流通过程的信息不对称,提高生产过程的计划性。首先,互联网技术提高产业资本总运动的计划性。互联网技术从最初大机器的控制机发展为生产方式变革的技术基础,推动当前生产生活方式虚拟化、智能化和共享性的发展。互联网生产方式生产、分配、交换与消费各环节联系更加紧密,生产不仅决定消费,生产本身

---

① [英]大卫·哈维:《跟大卫·哈维读〈资本论〉》,谢富胜、李连波等译,上海译文出版社2016年版,第67页。

就是消费，尤其是在互联网生产方式下作用与反作用更密切。互联网技术条件下，资本运动的内在动力没有变化，变化的是资本运动的条件和方式。产业资本运动更多的是根据生产和流通环节的相关信息有计划地运动，而不是无生产计划、无组织地转换资本形态。互联网生产方式下，资本执行职能时的量和质的划分标准是信息，根据商品资本销售信息安排生产计划，根据生产计划购买劳动力和生产资料，并组织价值和剩余价值的生产，根据生产的商品组织销售。互联网生产方式不仅使单个产业资本总运动的计划性增强，还提高产业资本整体的社会协调程度。尤其是在网络化企业的生产组织中，单个产业资本只是生产链条上的一个环节，如果不能协调生产链条上的各个环节，单个产业资本运动就不是时间上继起的，从而也无法满足其他产业资本运动的前提条件，全球产业链、供应链就会中断，最终会导致产业资本运动的断裂。正是由于互联网技术的发展，在虚拟空间中实现价值集中运动，而使用价值则是以价值集中运动为导向的分散运动。价值在互联网虚拟空间中实现跨区域、跨时间自由流通，但这种"自由"是有条件的，其条件就是具有特定使用价值的物品，只有让特定使用价值的物品满足互联网生产方式下经济运行规律，才能够实现价值在虚拟空间中的集中运动。分散在全球各地的网络化企业就是推动特定使用价值满足经济运行规律重要手段，在此基础上，核心企业才能通过互联网虚拟空间支配、占有价值和剩余价值。网络化企业生产组织就提高产业资本运动整体的计划性。

其次，互联网技术提高产业资本各职能形态转化时的计划性。在互联网生产方式下，信息共享性和价值运动的便利性，使产业资本的"离开—进入"和"抛弃—存在"过程能较好地衔接，不仅提高资本运动的连续性，还减少职能形态转化中花费的时间和费用。产业资本在不同阶段执行职能的计划性更强，不同职能形态资本的转化过程的连续性更强。在互联网虚拟空间中，价值以虚拟化的形式存在，从而使产业资本在货币资本阶段时，以互联网金融形式执行购买职能，在商品资本阶段时，以电子商务形式执行销售职能。货币在购买生产资料时，会受到地理空间和运输条件的限制，导致生产资料不能根据生产计划进入生产状态，在互联网虚拟空间中，生产资料以及生活资料都采用虚拟化的电子商务商品，并利用物流业把具有特定使用价值的物品运送给消费者。整个流通过程是高度信息化、数据化的，每一个环节都能随时被监控，从而在一定程度上保障生产的计划性，而不致使资本停滞和循环中断。电子商务代表商品资本执行销售职能时，重塑销售模式，出现先销售后生产的模式，即根据电子商务销售的量再进行生产，或者是以电子商务销售的量为基础制订生产计划。电子商务代表商品资本执行销售职能，从商品资本的供给和需求两方面进行调节，从而减少"惊险一跳"的风险性，减少商品资本停滞导致的资本循环中断。在生产过程中，生产信息化、数字化、智能化使生产过程更具有计划性。不仅在各生产环节、生产工序等方面增强衔接性，减少损耗的时间，还可根据流通过程的相关信息增强生产过程的计划性。根据电子商务销售商品的相关信息，制定生产的计划，按照生产计划，购买一定规模和特定使用价值的原料，与劳动力按照一定比例结合。生产过程中的流通环节都可以利用互联网技术，比如供应链管理技术进行优化，从而能够把商品资本生产中的核心企业和外围企业以产品为纽带紧密联系在一起，减少库存和储备的同时，保证生产过程的连续性。

互联网技术把产业资本总运动的生产过程和流通过程真正地统一起来。生产是流通的前提，而在互联网生产方式下，流通也是生产的前提。在互联网技术条件下，流通把生产领域的各环节联系起来，扩大生产的社会化程度；生产根据商品售卖的多少进行，提高生产的计划性。在生产过程和流通过程的辩证统一中，产业资本按照一定量的比例把货币资本、生产资本和商品资本统一起来。互联网技术协调不同职能形态的转化过程，使产业资本运动的计划性提高，在增强不同职能形态的独立性的同时，使货币资本、生产资本和商品资本相互衔接、相互转化，保障产业资本总运动的连续性。

（二）互联网技术创造的信用增强资本运动的连续性

互联网技术不仅在技术上保障产业资本运动的连续性，还通过创造信用的方式增强资本运动的连续性。货币一旦成为资本，成为具有独立运动规律的信用货币，会在产品的供给和需求两端对产业资本运动的连续性产生极为重要的影响。例如就住房商品来说，借贷资本可以同时借给房地产供应商和消费者，一方面增加住房商品的供给，另一方面增加住房商品的需求，实现住房商品的购买、生产和销售环节连续进行。

在维持产业资本总运动连续性上，互联网技术创造的信用制度中最重要的一环是对最终消费者的消费信贷，这一过程是通过电子商务和互联网金融结合实现的。在商品资本运动中，为了尽快地转化货币资本，商品资本通常会通过信贷卖给商品经营资本家，在商品经营资本家售卖出商品以后再归还债务。但是商品经营资本家之间的售卖行为并没有真正实现资本形态的转换，只是通过信贷在资本家内部链条延长了商品资本运动的时间，只有被工人购买后才算真正把商品资本转换为货币资本，才能消除信贷债务链条。消费者的需求是最终的商品需求，是商品资本的最终实现过程。最后一步的实现过程成为商品资本的"惊险一跳"，成为资本运动中关键的一点。在资本运行机制中，总是系统地存在着总供给大于总需求的弊端，从而必然导致生产过剩，进而导致资本主义周期性的经济危机。互联网技术的发展为这一矛盾提供一个有效但更危险的手段，即以互联网技术为支撑，通过互联网金融与电子商务融合为劳动者提供消费信贷，即劳动者可以通过贷款购买商品，当然贷款是以未来工资为抵押，分期若干期归还。劳动者通过电子商务平台购买商品，以劳动者未来的工资购买现在的商品，这样就能够弥补现在的需求缺口，这是加快资本周转的有效手段。通过消费信贷，商品资本甚至未来的商品得以最终实现，减少产业资本运动中最危险一环的风险，减少商品资本危机出现的概率，提高产业资本运动连续性。但危险在于，消费信贷使劳动者工资被资本化，即劳动者的工资是为了资本积累，而不是为了劳动力再生产，这将导致劳动力再生产被削弱。更重要的是，资本主义系统性过剩是永恒存在的，消费信贷只能短暂实现商品资本的转化，当工人工资被完全资本化和劳动力再生产陷入危机时，就会出现更严重、更全面的危机。尤其是，债务问题从资本家内部延伸到劳动者，劳动者的债务成为资本积累中不可或缺的一环，这就必然导致产业资本总运动风险进一步增加。如以消费信贷中的住房抵押贷款为例，2007 年美国住房抵押贷款占 GDP 比重达到 93.33%，如此之高的负债缓解了住房商品的积压，实现了产业资本总运动的连续性，但高额的债务也直接引发了 2008 年金融危机。

现代信用制度下，除了传统的借贷功能以外，人们还利用互联网技术创造新型虚拟资本，满足产业资本运动对信用的需求规模。新型虚拟资本满足借贷资本回流，增加货币资本流通速度是一方面，另一方面增加了信用的可获得性，使生产企业和商品企业可利用的信用货币总量增加。当产业资本总运动的各阶段出现中断时，利用互联网技术，针对运动中断的原因创新出新的信用制度，把中断的运动重新连接起来。

在互联网技术条件下，信用制度不断被创造出来维持产业资本总运动的连续性。这也是为什么在互联网技术条件下，产业资本总运动的中断产生的危机很少表现为生产过剩的商业危机，也较少地表现为生产资料或劳动力短缺危机，而是更多地表现为信用制度膨胀导致的金融危机的原因。这与互联网技术在产业资本总运动中具有的较高计划性有关，它可以根据产业资本总运动的相关信息，协调生产环节和商品销售环节，从而避免两者脱节，出现以商品为导火索的危机。在产业资本总运动的不同形态转化过程出现中断时，不断创造商品信用和消费信用，实现商品转化为货币，以此为基础的信用不断累积。而在新型虚拟资本上，货币资本的投机性和欺骗性表现得最为显眼，在虚拟资本规模超出一定限度以后就导致了金融危机。

在互联网技术条件下，信用货币被金融创新产品无限放大，以至虚拟资本规模超过国内生产总值。如仅从股票这一种虚拟资本看，美国股票交易总额占GDP的比重在1975年仅为8.12%，此后不断上升，到1987年到达一个峰值，为59.07%。在互联网技术商业化应用以后，股市交易额迅速超过了GDP，并在2000年到达一个峰值，为289.57%，经过互联网泡沫调整以后，2008年达到另一个峰值，为320.99%。①

信用是保持资本运动联系性的必然结果，在产业资本总运动中发挥关键的作用。但资本积累的本性在互联网技术条件下以最醒目的货币资本运动形式表现出来，并被当作唯一的循环运动形式。在互联网技术条件下，货币资本运动导致泡沫破裂之后产生新的、更大的泡沫。

---

① 数据来源：世界银行数据库，https://data.world bank.org.cn。

第二节 产业资本的形态关系新变化

产业资本总运动是货币资本、生产资本和商品资本运动的统一,并且三种职能形态资本在运动过程中不仅按照一定量的比例在时间上继起、在空间上并存,而且按照一定质的关系进行资本积累。在互联网技术条件下,三种职能形态资本受技术因素的影响,一定量的比例关系发生了调整,同时一定质的关系也被重塑。

一 货币资本、生产资本和商品资本之间关系的新变化

(一) 资本三种职能形态比例关系的新变化

马克思在分析产业资本整体运动时,认为货币资本、生产资本和商品资本的运动必须是统一的,这样才能保证产业资本总运动的连续性。在马克思看来,"资本作为整体是同时地、在空间上并列地处在它的各个不同阶段上"[①],各部分的并列存在是资本的分割所决定的。单个产业资本代表着一定的量,代表着一定的资金,对于存在最低限度资金的产业部门需要特定的资金量来使其正常循环。因此,资本的分割必须按一定的比例数字进行,也就是说,任何时候、任何个别的产业资本都要按一定比例分为三个相应的部分,一部分被吸收到生产领域,另一部分以货币形式存在,还有一部分以商品形式存在。对社会总资本而言,它是多个个别资本相互交错形成的,从而社会总资本也在量上按照一定比例划分为三个相应的部分。马克思并没有对产业资本三种职能形式的比例大小进行具体分析,但他认为产业资本家的资金量首先决定的是生产过程的规模,"而生产过程的规模又决定同生产过程并列执行职能的商品资本和货币资本的量"[②]。

然而,产业资本三种职能形式之间的比例关系并不是固定不变的。马克思认为:"连续性是资本主义生产的特征,是由资本主义生产的技

---

① 马克思:《资本论》第2卷,人民出版社2004年版,第121页。
② 马克思:《资本论》第2卷,人民出版社2004年版,第119页。

术基础所决定的,虽然这种连续性并不总是可以无条件地达到的。"① 生产的技术变革对产业资本运动的连续性产生影响。马克思认为技术进步引发价值革命,进而使原料和辅助材料的价值降低,如果保持生产规模不变或者还没有达到扩大再生产的最低限度之前,会出现货币游离,形成潜在货币资本。尤其是当技术具有不确定性时,引发的价值革命使资本循环中出现了干扰因素,产业资本家为了排除干扰,只有持有大量的货币资本,从而"使产业资本家的职能越来越转化为各自独立或互相结合的大货币资本家的垄断"②。这种货币资本游离是为了防止短时间内出现生产过剩进而商品资本运动中断现象,从而表现为在社会总资本中货币资本的比例上升。

互联网作为当前资本主义生产的技术基础,提高了产业资本运动的连续性,并对三种职能形式资本的比例关系进行调整,其中,生产过程规模比例相对减小,而流通过程规模比例相对增加。一方面,就单个产业资本来说,互联网在生产过程中的应用深化了生产分工,形成了以模块为载体的生产协作方式,生产的模块化分工以及互联网在信息传递方面的优势,使企业内分工转变为社会分工,在全球形成网络化企业。网络化企业中的不同企业根据产品链条集聚起来,共同完成一种商品的生产,形成水平型生产组织模式。与垂直一体化生产组织模式相比,水平型生产组织模式中的企业只生产商品的一个组成部分而不是完整的商品,因而生产过程中需要的劳动力和生产资料减少,生产企业的生产规模相对减小。此外,互联网把全球范围内的劳动力协调起来,产生前所未有的社会生产力。这种社会生产力是由劳动力协作产生的规模经济,投入的劳动力和生产资料边际成本是随着生产的扩大而减少的。因此,在互联网条件下,单个产业资本中生产过程的规模相对减小。

另一方面,就社会总资本而言,互联网提高了生产自动化和智能化程度,提高了资本有机构成,在增加商品生产能力的同时,降低了生产商品的社会必要劳动时间。如果保持生产规模不变,在生产过程中使用的可变资本和生产资料价值都会降低,整个社会出现大量的游离货币资

---

① 马克思:《资本论》第 2 卷,人民出版社 2004 年版,第 118 页。
② 马克思:《资本论》第 2 卷,人民出版社 2004 年版,第 124 页。

本；而如果要进行扩大再生产，在未达到最低的货币资本量之前，会出现大量的潜在货币资本，同样出现货币资本游离，游离的货币增大了社会总资本中货币资本的规模。此外，在互联网条件下，创新是竞争的主要手段，通过不断技术进步更新产品，以获得竞争中的优势。这种经常性的技术创新成为生产竞争经常性的前提和必要条件，从而使价值变动成为经常性的结果，进而导致货币资本的束缚和游离反复出现。在价值关系变动后，为了排除干扰，实现产业资本总运动的正常进行，产业资本家必须持有大量的货币资本，才有可能等到干扰被排除。这就导致产业资本家为了减少干扰而减少生产和再生产规模，甚至可能转化为纯粹的货币垄断资本家。另外，互联网技术把企业内分工扩大为社会分工，在提高生产力的同时也增大了商品经营资本的规模。尤其是在互联网虚拟空间中，流通领域的价值运动更加便捷和方便，尤其是以电子商务为代表的商品资本与以互联网金融为代表的货币资本结合起来，垄断流通环节，促进生产的同时也垄断了生产过程的条件，获取垄断利润。商品资本的价值在虚拟空间上运动，而特殊的使用价值需要被运送到消费者手中以真正实现价值形态的转变。因此，互联网下的商品资本规模的扩大离不开物流业的大力发展。现代物流业已经成为国民经济中的一个重要环节和组成部分，加入物流业的商品流通的规模进一步增大。因此，从社会总资本来看，生产过程规模是相对减少的，而与生产过程并列的货币资本规模和商品资本规模相对增加。

值得注意的是，无论货币资本、生产资本和商品资本一定量的比例关系如何调整，三者都是在时间上继起、空间上并存的，并且都不断在运动中实现价值增殖。因此，与其说三者比例关系的变化是资本运动受到技术冲击的体现，毋宁说产业资本为了实现总运动的连续性对三者比例关系进行调整的必然结果。互联网生产方式下，在产业资本统一运动中，生产资本规模比例缩减，货币资本规模和商品资本规模的比例增加。这是技术上的必然结果，而不是产业资本金融化的原因，即产业资本三种职能形式比例关系的调整并不必然导致经济金融化。资本积累是经济金融化的推动力，而在互联网技术条件下，金融资本脱离产业资本并主导资本积累，导致经济金融化现象。

(二) 金融化资本的形成

货币资本、生产资本和商品资本按照一定质的关系进行资本积累，这种质的关系也受到技术的影响。从历史上看，生产资本与货币资本和商品资本之间的比例关系是一个动态的过程，这主要生产力和技术特征有关。在不同生产力和技术条件下，生产资本与货币资本、商品资本之间的支配关系会发生改变。事实上，这是统一的资本家阶级内部派系之间的较量，代表不同职能形态的资本家竞争对其他职能形态资本家的支配权，一旦一个派系压倒另一个派系，就会导致霸权的转变。①

在资本主义发展中，"资本的洪水期前的形式"有着自己的行为和交换规则，处于霸权地位的商人阶级尤其是商业资本家，支配着产业资本的发展，建立了一个个的商业霸权。在某一点上发生了历史性的转变，在工业革命以后，确立了机器大工业生产，资本主义发展的主要驱动力不再是商业，纯粹依靠商业获取财富的霸权国家最终衰落，标志着在资本主义生产发展中，商业资本从属于产业资本。资本主义工业化国家取代商业强权国家，获得世界霸主地位。我们知道《资本论》第二卷的分析是以大机器为技术前提的，即以生产占据绝对主导地位为前提来分析的，因此在产业资本运动中，货币资本运动和商品资本运动都要从属于生产资本，被生产资本支配。随着生产力的发展，在资本家的竞争中，资本集中和资本集聚规模越来越大，资本有机构成提高，进而平均利润率下降，为资本避开"倒霉事"提供了机制基础，大量的资本游离出生产领域，银行就成为保管资本家阶级"共有资本"的社会机构，为他人提供间接融资，变成一个实现资本集中的庞大社会机构。以银行为代表的借贷资本逐渐建立了垄断地位，并在第二次工业革命以后，与垄断工业融合，形成列宁所说的金融资本，实现资本主义的发展从自由竞争到垄断的质变。这时，大垄断工业和大垄断银行一起成为主导一切经济关系的决定性力量，也在产业资本运动中突出了货币资本扮演的角色。

在互联网技术条件下，互联网虚拟空间为虚拟资本运动提供技术基础，摆脱生产的"倒霉事"成为可能。互联网虚拟空间很大程度上克服了价值运动的时空限制和物质障碍，使得价值运动能够脱离物质实体和

---

① ［英］大卫·哈维：《跟大卫·哈维读〈资本论〉》，谢富胜、李连波等译，上海译文出版社 2016 年版，第 179 页。

时空的限制而仅仅在数字上转换,并不受限于物质产品,尤其是满足了虚拟资本运动的需求。虚拟资本是对未来劳动的索取权,这种索取权是以纸质形式还是以电子化形式存在是无关紧要的,而一旦以电子化形式存在,"在货币、商品和生产资本循环中,空间流动的可能性和条件看上去极为不同:现在和未来的所有权凭证(即对未来劳动的索取权)在世界市场上的流通,注定要成为影响资本主义发展的运动规律的、越来越重要的特征"[①]。

在虚拟空间中,电子化虚拟资本可以在全球范围内运动,并且在互联网技术的支撑下,会在虚拟资本基础上产生新型虚拟资本。新型虚拟资本是在虚拟资本之上的又一次虚拟化,它可以根据货币资本积累的需求随时不断地创造出来,进一步脱离生产的束缚。互联网技术条件下,不同职能形态资本的运动公式发生相应变化,更为重要的是借贷资本运动成为资本最显眼的形式。

此时,这时虚拟资本的运动具有新的形式,其公式为:

$$G—G_F—G'—G_F{'}—G''\cdots\cdots$$

其中,G_F表示虚拟资本以及新型虚拟资本。

按照虚拟资本运动的逻辑,虚拟资本的膨胀与剩余价值的生产无关,尤其是新型虚拟资本,在互联网虚拟空间中,其与生产脱离了直接关联,甚至脱离了间接关联,成为独立的东西,一定程度上摆脱了货币回流规律的限制。

在这个公式中,虚拟资本是货币资本的转化形式,两者形成一个螺旋结构,货币资本积累推动虚拟资本的膨胀,而虚拟资本的膨胀反过来要求更多的货币资本作为其价值保障。由此产生一种虚幻的观念,钱能生钱,并且能够通过互联网虚拟空间源源不断地生出更多的钱。尤其是,互联网金融为货币拜物教插上飞翔的翅膀,让物神的形态和观念被资本家和劳动者广泛接受,并且塑造颠倒了的世界。互联网金融平台通过最大限度地集中货币资金,并不断创造出新的信用来建立货币资本的垄断地位,互联网金融同时使货币资本运动的周期缩短,并且降低运动

---

① [英]大卫·哈维:《跟大卫·哈维读〈资本论〉》,谢富胜、李连波等译,上海译文出版社2016年版,第108页。

费用,从而扩大了货币资本的权力。

在互联网技术条件下,在拜物教观念中生产成为真正的"倒霉事"。在互联网虚拟空间中,虚拟资本的运动变成了对幻想资本价值的追求。在货币拜物教观念的支配下,货币资本成为资本的代表形式,货币资本运动也被看成是产业资本总运动的代表。"只要把这种形式不是当作循环形式的一种,而是当作惟一的循环形式,它的虚幻的性质以及与它相适应的虚幻的解释就会存在。"①

这种虚幻的性质在互联网技术条件下非常醒目,资本家内部各派系的力量重新调整,从而使生产资本家和货币资本家之间的权力关系被放到了中心位置。生产资本与货币资本不再是紧密结合,而是在互联网技术条件下逐渐分离,货币资本家在权力竞争中占据主导地位,在货币资本运动规律下,形成独特的资本积累方式,形成金融化资本。② 在互联网虚拟空间中,通过货币资本和虚拟资本的相互转化,两者共同形成了金融资本运动的自循环。金融化资本运动的自循环一方面增大了虚拟资本的规模,另一方面金融资本摆脱生产的束缚,获得高额平均利润率,从而导致经济金融化。互联网虚拟空间促进了股票市场规模扩大,在20世纪90年代互联网技术商业化应用后,美国股票市场总市值超过了GDP的比重,虽然在危机后其GDP比重有所下降,但仍超过100%。除此之外,金融衍生品规模也不断膨胀。1997年年底全球虚拟经济总量是140万亿美元,2008年有报告称,全球的金融衍生产品总值已达596万亿美元,是全球股市总值的9倍,是全球GDP总量的11倍。③ 其中,美国的金融衍生产品总值占全球的50%以上,已高达300多万亿美元,是美国GDP的25倍。④

---

① 马克思:《资本论》第2卷,人民出版社2004年版,第72页。
② 金融化资本与金融资本不同,金融资本是列宁提出的概念,指大垄断银行和大垄断工业相融合形成的垄断资本形式,金融化资本是金融资本的发展形式,指银行资本和工业资本解体之后,金融机构独立建立的垄断资本形式。
③ 颜至宏:《金融海啸的〈祸根〉和〈灾底〉》,《信报财经新闻》2008年12月30日。
④ 刘海藩:《当前金融危机的原因与应对》,《马克思主义研究》2009年第2期。

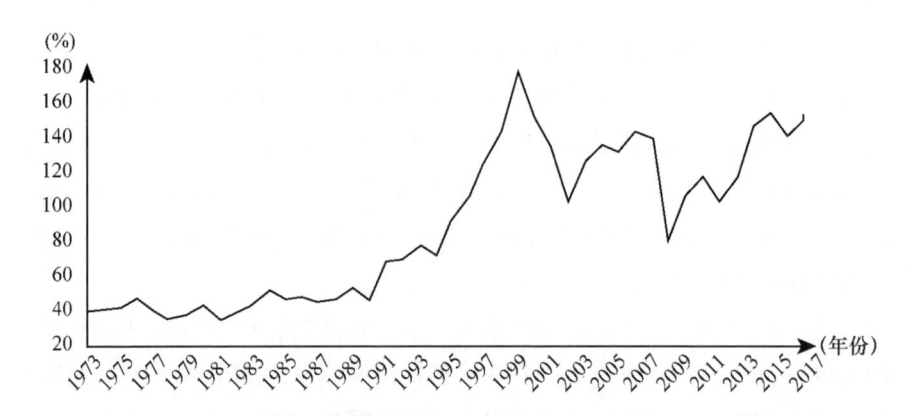

图6.1　1973—2017年美国上市公司年度总市值占当年GDP比重变化趋势

资料来源：王守义：《经济金融化趋向及其对我国实体经济发展的启示——基于1973—2017年美国经济发展数据的分析》，《马克思主义研究》2018年第10期。

在互联网技术条件下，金融资本摆脱了生产资本的束缚，导致产业资本的"脱实向虚"。如从金融资产占国家总资产和非金融企业总资产的比重看，美国非金融资产占国家总资产比重从20世纪70年代的50%左右不断下降，至2017年为25%左右；而金融资产占国家总资产比重不断上升，从70年代的50%左右到2017年的75%左右。其中，非金融企业的金融资产占企业总资产比重与金融资产占国家总资产比重上升趋势相同，从70年代的25%左右上升到2017年的50%左右。表明互联网时代非金融企业内部金融资本规模不断扩大，金融资产规模在整个国家资产中的规模也不断扩大（见图6.2）。

自互联网技术诞生以来，金融化资本逐渐形成，并从自20世纪80年代开始就不可避免地日益占据着主导地位。金融化资本有独特的运动规律，在资本积累动机下，催生了一种不同的资本主义——国际金融垄断资本主义。[①] 国际金融垄断资本主义阶段最为显著的特征就是资本积累的金融化，形成金融主导的资本积累体制。

---

① 张宇、蔡万焕：《金融垄断资本及其在新阶段的特点》，《中国人民大学学报》2009年第4期。

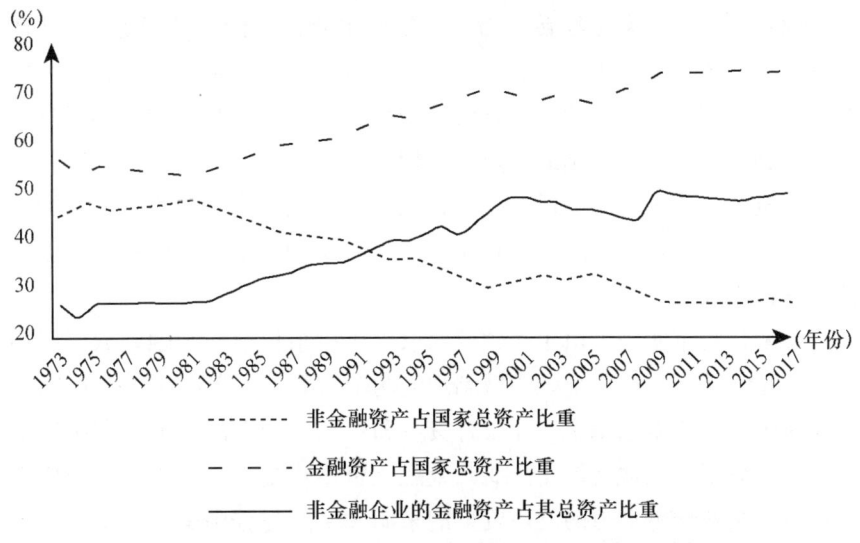

图 6.2 1973—2017 年美国金融资产在国家及非金融
企业总资产中的比重变化趋势

资料来源：王守义：《经济金融化趋向及其对我国实体经济发展的启示——基于 1973—2017 年美国经济发展数据的分析》，《马克思主义研究》2018 年第 10 期。

二 金融主导的资本积累体制地位上升

（一）资本积累方式的转变

在互联网技术条件下，货币资本在产业资本中占的比例关系增大，这种变化可能是产业资本总运动连续性的必然要求，但在产生金融化资本以后，货币资本的比例远超生产资本的比例，并且主导着产业资本总运动。互联网生产方式下，货币拜物教被不断强化，尤其是借贷资本和虚拟资本利用互联网虚拟空间形成钱能生钱的观念，就像播种收获一样成为"常识"。并且由于金融化资本利用虚拟资本或者创新的信用形式获取比生产资本更高的利润率，因此，生产彻底沦为"倒霉事"，生产资本形态转化规模减小。在互联网技术条件下，货币资本运动，与其说是主导产业资本运动，毋宁说是货币资本运动本身就是产业资本运动。货币资本运动独立出来，并把其他职能形态资本尤其是生产资本纳入其运动的体系中，主导并支配生产资本的运动。

金融化资本地位的提升，使资本积累由生产和贸易渠道转变为金融渠道，金融超越实体部门成为主导经济发展的关键因素，并且以工业为主要内容的经济形态已经转变为以金融为主要内容的经济形态。① 在产业资本运动体系中，生产和贸易需要经过漫长的资本形态的转化，才能获得较少利润，而金融化资本导致金融部门的功能异化，即不再通过借贷中介和支付中介，而是通过资产管理和财富管理，通过资产证券化和金融投机塑造货币资本的运动路径，从服务于生产到支配生产。从运动公式上看，金融化资本运动实现了 G—G′ 的运动，从而能够更快、更便捷地获得更大的利润。

金融化资本实现了由生产领域榨取工人剩余价值向金融领域剥削的转变，这种转变对应着金融领域剥削的两个对象：生产资本家和工人。

对于生产资本家来说，他结合资本和劳动力创造的价值和剩余价值很大一部分不再归他支配，而要归金融化资本支配。一个生产企业用于购买生产资料和劳动力的货币资金的来源，生产过程中是否需要扩大再生产，甚至产品使用价值的特殊性也要受到金融资本家的支配。例如，在潜在货币资本的使用上就出现了对极具发展潜力的初生企业的一种权益投资即称为风险投资。在互联网技术大力发展时，风险投资已经成为初生企业必不可少的一部分。从最初还只是资本家的一个想法开始，到他们初创企业，再到企业初具规模，风险资本随着企业发展不断进入。风险资本参与初生企业，其实质是一场智力"选秀"，即金融资本家根据初生企业的管理者智力水平决定是否投资。② 风险投资是金融资本家的一场赌博，金融资本家把闲置资本投入生产过程，作为产业资本依次执行购买、生产和销售职能，当资本循环顺利实现时，金融资本家能获取巨大的利润，然而当产业资本运动受阻碍、资本不能顺利实现循环时，金融资本家将会失去投资的所有资本。为了赌赢一场投资，金融资本家往往会对初生企业进行严格的筛选，只有通过筛选的企业和创业者才能获得投资。

在这里，金融化资本不是与产业资本或者工业资本结合形成垄断资本，而是金融资本家凭借对货币的垄断，主导产业资本总运动，增强金

---

① Sweezy, P., "Economic Reminiscences", *Monthly Review*, Vol. 47, No. 1, 1995.

② 佟新、梁萌：《致富神话与技术符号秩序——论我国互联网企业的劳动关系》，《江苏社会科学》2015 年第 1 期。

第六章　互联网技术条件下产业资本总运动的新变化

融化资本的控制力和统治力。金融资本家除了提供货币资本外，还拥有大量企业股票，成为企业股东，参与企业的经营管理活动，支配生产企业的生产和再生产过程。一些在互联网时代产生的核心企业都离不开风险资本。以苹果公司为例，苹果公司在以 Apple I 为基础成立时，获得了以马古拉为代表的风险资本的青睐，而马古拉以9万美元的风险投资获取苹果公司1/3的股份，当苹果公司成为全球盈利最多的互联网企业时，马古拉凭借9万美元投资成为亿万富翁。与此同时，马古拉还成为苹果公司的执行主席，参与苹果公司的日常经营，在企业人事、技术、财务管理等方面产生重要影响。可见，金融化资本对产业资本具有较强的控制力和统治力，生产资本被置于金融化资本之下，金融资本家在核心企业中代表金融化资本执行职能，为金融化资本创造利润。

资本积累方式转变的另一个途径是工资资本化。① 互联网金融形式的货币资本运动不再限于与产业资本家和商业资本家发生关系，还通过互联网金融的信用创造功能，把信用与工人的消费或工人的工资联系起来。现在社会中，在互联网金融的助力下，有些国家如美国银行信贷的主体已经不是面向企业的信贷而是面向个人消费的信贷。② 但如果把对个人的金融掠夺看成商业银行被迫的行为，是商业银行应对竞争以获得利润的途径③，那么还没有认识到互联网技术条件下资本积累对信用制度发展必然要求。

在资本主义社会中，供给和需求总是存在缺口，即供给大于需求。因为，从供给来看，资本家提供市场的商品价值是 C+V+M，但资本家的需求是 C+V，工人的需求 V 已经被支付了，因此，商品价值的供给系统性地超过需求。对于超过需求的 M 最初由资本家自己的消费储备资金提供，只有这样才能维持供给与需求相等。但在扩大再生产中，资本

---

① 工资资本化准确地说应该是工资被资本化，指工人工资以金融途径集聚到资本家手中，重新成为资本进行积累和剥削。工资资本化是资本对劳动新的剥削形式，这时工资是以资本积累为目的，而非以劳动力再生产为目的。

② 考斯达斯·拉帕维查斯、李安：《金融化了的资本主义：危机和金融掠夺》，《政治经济学评论》2009年第1期。

③ 翟斯：《马克思的生息资本理论与当代资本主义金融化——基于虚拟资本积累视角的考察》，《哲学动态》2017年第2期。

家为了更大限度地追求剩余价值,把消费储备资金转化为货币资本执行职能,从而资本家只能挖掘其他货币储备如工人消费储备资金为最终商品资本的实现买单。工人的工资是为了满足工人劳动力再生产进行购买商品,从而在一定程度上实现商品资本的"惊险一跳"。但工资被资本家最大限度地压低后,导致总需求下降,从而不能从根本上维持资本主义总供给和总需求的平衡。

互联网金融信用创造为资本家提供了一个有效的方式,即工资资本化。互联网金融把产业资本家和商品资本家与货币经营资本家的货币资本运动联系起来,与工人工资一起形成一个广泛的共有资本,扬弃了资本的私人性质,是资本主义生产超出它本身界限的有力手段。① 互联网金融的信用创造功能,使银行与产业资本家或商业资本家一道给消费者提供消费信贷。以商品为抵押,银行为资本家提供生息资本,同时为消费者提供购买货币,并以消费者工资收入为生息资本回流保障。当然,产业资本家或商品资本家利用互联网金融创造的信用可与消费者直接相连,同样也是工资资本化的一种表现。比如消费信贷中最典型的房地产抵押信贷,美国的抵押贷款市场在 2007 年达到顶峰,总计 14 万亿美元,而美国当年的 GDP 约为 15 万亿美元,工作资本化的规模和程度可想而知。② 消费信贷使工人工资预支乃至透支以扩大有效需求,从而达到总供给与总需求的暂时平衡。同时,消费信贷在管理经济中的总需求和为"第二级的剥削形式"提供充足机会中起到了关键作用。③ 从表面上看,工资资本化使资本运动的连续性增强,促进资本积累不断进行,而实际上是资本对未来劳动的掠夺,并不能从根本上解决资本主义基本矛盾,将导致资本主义经济危机更猛烈、更持久。

互联网技术不仅使资本积累方式转变,而且隐晦了金融化资本的积累。"工业、商业和不动产资本变得如此集中于金融运作和机构,以至于要说出商业和工业利益始于何处以及严格的金融利益终止于何处,正

---

① 马克思:《资本论》第 3 卷,人民出版社 2004 年版,第 686 页。
② [英]大卫·哈维:《跟大卫·哈维读〈资本论〉》,谢富胜、李连波等译,上海译文出版社 2016 年版,第 261 页。
③ [英]大卫·哈维:《跟大卫·哈维读〈资本论〉》,谢富胜、李连波等译,上海译文出版社 2016 年版,第 262 页。

日益变得很困难。"① 互联网技术衍生出许多新的业态，重塑传统市场运行方式，并利用互联网的技术实行跨界经营。② 跨界经营形成资本的生态圈层，从而模糊了生产和流通的界限，两者时常交织在一起。互联网技术下，资本生态圈掩盖了背后现实的货币资本、生产资本和商品资本执行职能具体活动。利用互联网技术的经营活动，从表面上看是生产活动或者是商品销售活动，但它们或多或少会与货币资本产生关联，或者是集中货币资本，或者是以生产活动或商品销售活动为基础的信用创造。在国际市场上也是如此，通过金融投机获取较高的利润率。"全球极少数人通过信息技术将全球的所有的重要投资和贸易，事实上是所有的主要利润渠道进行全方位的控制。世界出现电子游牧，资本如同成吉思汗的蒙古骑兵，以云速度、电速度控制和掠夺全球，所到之处，一片狼藉。所以现在资本越来越疯狂投机，危机周期越来越短、越来越深重。"③

（二）国际金融垄断资本主义主导世界

互联网技术的广泛应用，把金融化资本推向全球，演变成国际金融垄断资本主义。资本主义与全球化一直是相伴发展的，这是生产力发展的结果，同时也是资本积累规律的内在要求。当代全球化表现为：生产全球化、贸易全球化和金融全球化，其中生产全球化和贸易全球化是金融全球化的基础，金融全球化是生产全球化和贸易全球化的集中体现。④ 产业资本总运动在全球范围内进行，为了获得价值和剩余价值在全球进行生产和贸易。互联网技术的应用后，金融部门在产业资本运动中逐渐占据主导和支配地位，体现为金融全球化是全球化的核心内容，"金融占主导地位的全球化积累方式，它构成了当代自由世界秩序的实质内容"⑤。

---

① ［英］大卫·哈维：《后现代的状况》，阎嘉译，商务印书馆2003年版，第208页。

② 赵振：《"互联网+"跨界经营：创造性破坏视角》，《中国工业经济》2015年第10期。

③ 尹斌：《金融资本主义的危机与中国发展战略》，《国外理论动态》2011年第12期。

④ 张宇、蔡万焕：《金融垄断资本及其新阶段的特点》，《中国人民大学学报》2009年第4期。

⑤ ［法］弗朗索瓦·沙奈：《资本全球化》，齐建华译，中央编译出版社2001年版。

现实中，在20世纪70年代，资本主义出现世界性的生产过剩危机，资本主义找到的方法是把大量过剩资本引入房地产、股市、基金、债券等金融部门，金融自由化使金融取代生产贸易成为资本积累的主要渠道，金融资本向金融化资本转变。

金融在资本积累中的地位确立了，经济全球化中商品贸易全球化和生产全球化越来越成为金融全球化的载体，成为金融全球化的附属品。互联网技术加速美元的全球化权力。"只有市场发展为世界市场，才使货币发展为世界货币，抽象劳动发展为社会劳动。"① 以美元为代表的世界货币在全球拥有价值尺度、流通手段、支付手段和贮藏手段超中心的地位，把世界各国的社会必要劳动时间转化为国际价值的代表形式，起到平衡国际贸易差额、支付清算和配置资源的作用。但资本的逐利性要求金融化资本通过经济全球化在全球掠夺和转移剩余价值，突破地理空间的限制成为资本积累的手段。如果不能通过贸易全球化、生产全球化和金融全球化获取垄断利润，制度上的空间限制如关税便会盛行起来。货币是一种由私人占有的社会权力形式，对更多社会权力的渴望成为不断扩大全球积累的驱动力之一。在布雷顿森林体系解体后，美元与黄金脱钩，但美元继续作为世界通行的货币，取得霸权地位。作为世界货币，美元的使用范围超越了主权国家的区域，作为一般财富绝对社会化身，代表支配全球生产要素的权力，在世界各国为国际金融垄断资本生产和转移剩余价值，为资本的再生产开辟道路。

同时，互联网技术使以虚拟资本为特殊表现形式的金融化资本无视时间和空间限制，形成自身独特的运动规律，以股票、基金、债券等形式控制和支配世界各国产业资本，同时暂时摆脱货币回流规律，形成自循环。金融化资本在世界各国的流动是以金融和货币自由化为前提的，如果一国实行金融和货币限制，金融化资本则会借助国家和国际组织的力量冲破这一限制，如墨西哥、巴西等国家放松金融管制，是世界银行提供贷款的条件。随着世界各国解除外汇、放松金融市场管制、提高投资自由化，美元被广泛运用到全球金融、贸易、政治等各领域，美国金融霸权也扩张到全球。以美国为主导的全球化，不过是美国金融化资本

---

① 《马克思恩格斯全集》第26卷第3册，人民出版社1974年版，第278页。

通过控制和支配世界各国的生产和流通过程，剥夺和转移世界各国创造出来的价值和财富，获取高额垄断利润率。

互联网技术条件推动金融化资本垄断化、全球化。互联网金融极大地符合资本的本性，加快资本的流动速度，扩大资本运动的范围。互联网金融打破了货币资本运动的地域限制和时间限制，满足了虚拟资本对流动性的要求，使虚拟资本不仅在规模上远超以前，还推动金融的全球化。金融部门在全球配置资源，一方面需要更大规模的资本集中，另一方面在货币资本全球的运动也加剧了资本的集中，从而扩大金融部门的规模，加重金融部门的垄断。首先，互联网金融集聚闲置货币资本，增加了金融资本家的权力。金融资本家利用互联网金融购买全球的虚拟资本和新型虚拟资本，在虚拟资本的运动中实现资本的集聚。金融资本家在互联网虚拟空间中，使用他人的资本进行金融投机，在全球范围内获取利润。其次，互联网生产方式下，金融部门规模不断膨胀，垄断性不断增加。1977年，美国最大50家银行总资产占全国银行总资产的56.8%，其中最大的5家银行总资产占50家大银行总资产的比重超过42%[①]，到2016年，美国最大50家银行的总资产占最大1800多家银行总资产的81%，最大5家银行的总资产占比为49%。全球银行集中度也不断提高，全球最大的10家银行总资产占全球最大1000家银行总资产的比例从1999年的14%上升到2020年的23%。除了银行集中规模扩大以外，非银行金融机构资产超过银行，主导作用日益凸显，2020年，银行资产占金融资产的38.5%，非银行金融机构（NBFI）占48.3%。

国际金融垄断资本主义以金融为主要手段，与各种形态资本结合，在全球资源配置中占据主导地位，对全球各个国家和地区进行掠夺。国际金融垄断资本主义掠夺的方式有两种：一是以跨国公司为载体控制全球产业链，二是以虚拟资本为手段支配全球产业链。

首先，国际金融垄断资本以跨国公司为主要手段，控制和支配全球产业链。跨国公司成为世界主要的经济活动主体，并且利用互联网技术开展各种经济活动，发展十分迅速。20世纪末，全球跨国母公司已多达

[①] 参见宋则行、樊亢《世界经济史》下卷，经济科学出版社1994年版，第77页。

6万余家,它们大多数是在美国、英国等发达国家。这些跨国公司母公司控制的海外分支机构有50多万家,并且它们还控制着世界生产的40%、国际贸易的50%—60%、国际技术贸易的70%、对外直接投资的90%以上。① 跨国公司营业额从1980年的3万亿美元增长到1999年的14万亿美元,其占世界国内生产总值的比重也由5%增长到10%。②

全球跨国母公司多为核心企业,主要从事设计和研发等高技能脑力劳动,掌握最新的科学技术。我们知道,随着互联网生产方式的发展,全球生产企业的网络化协作促进全球产业链协作,根据生产网络中企业的分工和层级不同,可把全球生产企业划分为核心企业和外围企业。核心企业是在全球产业链中占据主导地位的企业,只把生产资料和劳动力结合在核心生产环节,其余生产环节均外包给外围企业。核心企业在模块化生产中拥有"看不见的设计规则",并通过模块连接外围企业的"看得见的设计规则"。核心企业可以根据核心生产环节的需要调整这一规则,即通过研发和创新提高"看不见的设计规则",从而引领外围企业的生产工艺和标准升级。外围企业从属于核心企业,在生产链条中进行分散的制造、加工和组装环节,执行核心企业主导产业链中的生产任务。核心企业整合产业链分工,以整体工人的角色实现商品的社会劳动,让商品资本进入最终消费,完成产业资本的循环,实现高额剩余价值的积累,获取垄断利润率。跨国公司通过模块化分工、生产外包环节把生产环节分包给海外分支机构,同时这些分支机构把分工细化,进一步外包给其他生产企业。通过层层的模块化分工和生产外包,生产环节最终在预付可变资本更低的发展中国家组织。资本在全球运动,不同国家主要承担的资本形态不同,发达国家主要是货币资本形态的金融部门,而发展中国家主要是生产资本形态的制造部门。发达国家的跨国母公司则通过较高的科学技术生产标准和金融化资本控制外包的生产环节,这就不可避免地导致发达国家金融和服务规模膨胀,而生产规模大幅缩小,"去工业化"和金融化程度较高。

---

① 参见中国社会科学院研究室《世界沧桑150年——〈共产党宣言〉发表以来世界发生的主要变化》,社会科学文献出版社2002年版,第56—57页。
② 李其庆:《马克思经济学视阈下的金融全球化》,《当代经济研究》2008年第2期。

第六章　互联网技术条件下产业资本总运动的新变化

跨国公司与金融化资本紧密结合。互联网虚拟空间推动资本社会化发展，资本社会化程度提高的一种重要体现为企业的直接融资规模上升，对于跨国公司，这种体现更为直接。大型跨国公司的股票可以通过互联网金融在世界各地交易，在获取大量融资的同时，使其股权高度分散化。这种高度分散的股权只要控制较少的股份就能具有公司决策权，从而为金融化资本利用和控制跨国公司拓展全球化提供便利。例如有些跨国公司股权分散，以至掌握3%—4%的股票就可以控股，支配整个跨国公司。① 在美国，金融垄断资本家凭借对资本的所有权，利用风险投资渠道，控制核心企业，因而控制了全球产业链发展，并且分享核心企业获取的垄断利润。美国机构投资者代表金融垄断资本几乎垄断了美国国内产业链。在美国1000家大公司中，机构投资者持股比重不断上升，从20世纪80年代的不足50%，上升到2007年金融危机发生时的76.4%，其中排前50名的大公司持股63.7%，其余公司均在70%以上，近几年来机构投资者持股基本稳定在2/3以上。②

其次，国际金融垄断资本以虚拟资本为手段，支配和控制全球产业链协作。在互联网生产方式下，金融部门异化，出现资产证券化趋势，使资产和社会财富以虚拟资本形态表现出来，尤其是在资本流动高度自由化的互联网时代，全球股票、债券、信托等形式的所有权凭证能够在不同国家进行交易。处在全球产业链分工中的企业为了缩短进行扩大再生产所需积累最低限度货币资本的时间，往往以股票、债券、信托等对未来收益的所有权凭证为抵押条件，通过资产证券化从外部获取货币资本。金融垄断资本通过购买世界各国企业的证券化资产，拥有了各国企业的所有权凭证，在获取这一部分企业的未来收益外，还可以代表资本行使投票权，操纵和控制企业生产过程，从而在全球支配和控制产业链中发展。由于生产企业尤其是跨国公司股权高度分散，金融垄断资本以不多的资本能够成为跨国公司的大股东，进而操控数十倍甚至数百倍的产业资本。金融垄断资本利用虚拟资本形式在全球操控产业链企业，

---

① 李其庆：《马克思经济学视阈下的金融全球化》，《当代经济研究》2008年第2期。
② 参见李策划、李臻《美国金融垄断资本全球积累逻辑下贸易战的本质——兼论经济全球化转向》，《当代经济研究》2020年第5期。

从而构建了以产业链为载体的分工协作。虚拟资本成为金融垄断资本控制全球产业链的工具，一方面虚拟资本把全球生产要素调动起来，形成前所未有的社会生产力，并且表现为虚拟资本的生产力；另一方面虚拟资本建立更大规模的垄断，提高生产所需最低资本数量，反过来提高生产对虚拟资本的依赖度，进一步强化虚拟资本对全球产业链的控制。

国际金融垄断资本利用美元的世界货币属性在全球交易虚拟资产，尤其是在经济金融危机以后，"量化宽松"后大量的美元可在世界各国购买贬值的证券化资产，从而拥有产业链分工企业的股权，支配产品生产的国际协作。金融打破时间和空间束缚，美元超过主权国家的限制，美国金融垄断资本实现了"电子游牧"。在国际金融垄断资本主导的全球积累体系中，虚拟资本规模不断膨胀，金融化资本运动占据全球总资本流动的大部分，如在跨国资本运动中，全球跨国金融垄断资本流动规模的比例从1990年的80%上升到2006年的85%，其规模也从1990年的1万多亿美元增加到2006年的8.2万亿美元，而以生产制造为主的外国直接投资（FDI）在全球跨国资本流动的比例不断下降，从1990年的20%下降到2006年的15%。[1]

国际金融垄断资本支配和控制着虚拟资本整体以及生产企业。美国机构投资者是金融垄断资本的主要代表。据统计，美国机构投资者持有公司股权市值的66%，交易量占纽约交易所交易总量的77%。仅其中的投资公司就持有美国全部上市公司31%的流通股份，持有美国市场上20%的国内公司债券及海外债券、13%的国债和政府机构债券、25%的市政债券以及25%的商业票据。[2]

国际金融垄断资本利用虚拟资本手段购买企业证券化资产，世界各国生产企业呈现国际化的同时，也在一定程度上被金融垄断资本控制和支配。例如三星电子的股权结构中有55%被国际金融资本持有，其中，以花旗银行和摩根士丹利为代表的华尔街金融资本操控着三星电子的发

---

[1] Mckinsey, Company, "Mapping Global Capital Markets", Fourth Annual Report, January 2008.

[2] 参见李策划、李臻《美国金融垄断资本全球积累逻辑下贸易战的本质——兼论经济全球化转向》，《当代经济研究》2020年第5期。

展,为三星电子提供资本、市场和技术的支持,为三星电子的全球化开辟了道路。①

在国际金融垄断资本构建的国际积累体系中,金融化和去工业化是应有之义。在国际金融垄断资本主导的积累体系中,利息表现为最初的真正果实,而转化为企业主收入的利润只表现为在再生产过程中附加进来和增添进来的东西。正是这种颠倒改变了的资本间关系,金融化资本的权力不断增加,使金融部门在国民经济中获得垄断利润。美国公司利润的部门构成中,金融部门的利润占比呈振荡上升趋势,1960—2020年,美国金融业占比从14%增加到21%,金融业的利润从17%增加到高于30%。1947—2012年,美国GDP增长63倍,其中制造业增长30倍,金融业增长212倍。1980年前后,全球金融体系中的衍生品交易量微乎其微,2019年利率衍生品占全部衍生品名义本金比例超过80%。2019年,利率衍生品占总风险敞口比重为80.39%。全球流动性金融资产与全球GDP之比1980年为109%,2013年为350%。2019年,入围世界500强的企业中,金融企业共有113家,相比于世界500强企业43亿美元的平均利润,113家金融企业的平均利润则超过61亿美元。与此相对应,在全球产业链分工中,通过控制生产的核心环节,非核心环节外包给其他国家,导致美国工业生产中间投入超过27%需要从全球其他国家购买,更有50%以上的产品需要进口,导致美国去工业化。美国制造业劳动人口比例在1953年达到30%,到2019年这一比例下降到11%,贸易占比从17%下降到10.87%,制造业的利润从49%降至10.6%,缩减了2/3以上。② 劳动人口转移到工资水平更低、社会福利普遍下降零售、物流等行业。

互联网时代,金融功能异化使资本积累方式由生产和贸易渠道转向金融渠道,在资本主义全球化过程中,这一转变过程更为明显。当代资本主义制度的发展,尤其是新自由主义席卷全球,并没有使金融从属于

---

① 吉纪元:《美国屡次对华为下手却不制裁三星》,搜狐网(http://www.sohu.com/a/117398694_465447),2019年5月29日。
② 参见王伟光《国际金融垄断资本主义是垄断资本主义的最新发展,是新帝国主义》,《社会科学战线》2022年第8期。

生产资本,而是生产资本越来越从属于金融。① 发达国家跨国母公司与金融化资本相结合,以全球化的生产和贸易为物质基础,以金融全球化为导向,把全球各国置于资本统治之下,为资本积累服务,形成国际金融垄断资本,开启资本主义发展的又一新阶段。但此时的国际金融垄断资本主义与列宁时代的金融垄断资本主义不同,国际金融垄断资本主义中金融化资本与大工业资本不再紧密结合在一起,两者是相分离的,金融化资本占据主导和最终控制地位。但金融主导的资本积累具有内在的不稳定性。金融化资本支配着金融部门和非金融部门,非金融企业也具有强烈的金融化的动机,又通过工资资本化来暂时克服供给和需求的系统性不均衡,并在债务的基础上创造信用和虚拟资本。在互联网金融时代,货币资本运动主导了产业资本总运动。在金融化资本积累的同时会导致虚拟资本膨胀,从而引发资本主义经济内部矛盾和结构性缺陷。"全部信用制度,以及与之相联系的交易过度、投机过度等等,就是以必然要扩大和超越流通的界限和交换领域的界限为基础的。"② 在互联网技术条件下,商人资本的独立性增强,可以驱使整个系统远远超出它自身的限制,但是价值规律和剩余价值生产和实现之间有内在的联系,正是这种内在联系在金融危机中重新宣布了自己的存在。尤其是在美元为世界货币的美国,金融积累体制导致巨额的资本输出和贸易赤字;在新债换旧债的"游戏"中,虚拟资本高度膨胀并随着美元作为外汇储备回流到美国使虚拟资本流向全世界。当金融积累超过了生产所能承受的最大限度时,金融危机就会爆发,并随着金融化资本的运动扩展到全球,形成世界金融—经济危机。

第三节 金融主导下资本积累体制导致劳动关系新变化

在互联网技术条件下,产业资本总运动的变化重塑了资本主义生产

---

① Toporowski, J., *Monetary Policy in an Era of Capital Market Inflation*, Jerome Levy Economics Institute, Bard College Working Paper, No. 279 (1999).
② 《马克思恩格斯全集》第46卷(上册),人民出版社1979年版,第400页。

关系，其中对劳动关系影响较为显著。金融主导下的资本积累体制加大了对劳动的剥削，以致形成对劳动的掠夺性积累。

一 劳动力商品化程度提高

互联网技术条件下，在私有化浪潮中，金融管制逐渐解除，新自由主义盛行，资本的力量逐渐增强，金融主导的资本积累体制是资本应对技术和社会组织变化的调整。在自由化、私有化和金融化浪潮中，社会保障也在不同程度上被私有化，提高劳动力商品化程度，工人阶级的力量不但没有增强，反而不断分化和减弱。①

在互联网技术条件下，生产分工外包到生产制造成本更低的国家和地区，"去工业化"的结果就是经济服务化和金融化。服务经济吸收了主要的就业人口，如美国、英国、日本服务业就业人口不断上升，近几年来超过总就业人口的70%。服务经济中一些工作技能要求较低，不需要长期积累，因此形成弹性工作制，出现大量的兼职工、临时工。美国是互联网经济最发达的国家，兼职工和临时工的发展也最具典型性。美国劳工统计局报告指出，截至2017年5月，有3.8%的工人即590万人从事临时性工作；从事替代性工作的劳动者占总就业人数的10.1%，其中，独立承包商有1060万人（占就业总人数的6.9%）、随叫随到的工人有260万人（占就业总人数的1.7%）、临时援助机构工人有140万人（占就业总人数的0.9%）、由合同公司提供工作的工人有93.3万人（占就业总人数的0.6%）。② 2001—2010年美国的兼职工人呈现出明显增长态势，兼职工人在2010—2018年一直保持在高位，2018—2021年因受新冠疫情影响兼职工人有所减少。总体而言，零工劳动者数量增多、规模增大（见图6.3）。

---

① 劳动力商品化程度指劳动力再生产对市场的依赖程度。参见孟捷、李怡乐《改革以来劳动力商品化和雇佣关系的发展——波兰尼和马克思的视角》，《开放时代》2013年第5期。

② Bureau of Labor Statistics,"Contingent and Alternative Employment Arrangements", https://www.aspeninstitute.org/WP-content/uploads/2018/06/2017-contingent-worker-supplement-Findings_BLS.pdf.

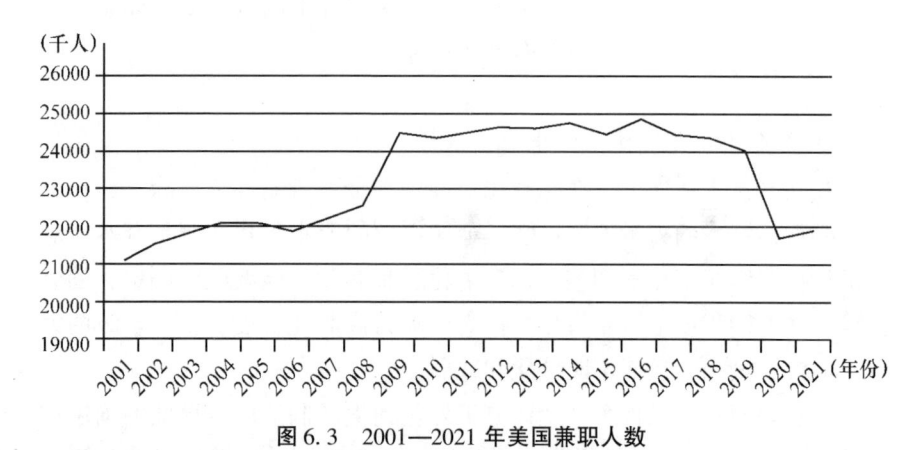

图 6.3 2001—2021 年美国兼职人数

资料来源：U. S. Buteau of Labor Statistics, http://www.bls.gov/.

兼职工人和临时工的就业模式进一步提高了劳动力商品化程度。④全职工是劳动者与资本家签订一段时间（一年或更长时间）的劳动合同，在合同生效的时间范围内，企业与劳动者的关系是相对稳定的。劳动者获得的工资有两部分，除了满足劳动力再生产的显性部分工资，即工人到手工资外，还应包括隐性部分工资，即社会保障部分，这两部分共同实现劳动者的个人劳动力和家庭劳动力再生产以及劳动者的技能培训。与此相反，兼职工人和临时工、零散工作者或者称为零工工作者与企业的关系是短期的，零工工作者在完成了企业布置的任务拿到报酬之后，与企业的关系就算结束了。零工工作者与数字平台和劳务派遣企业缔结的并不是正式的雇佣关系，零工工作者既不属于数字平台的正式雇员，也不属于劳务派遣企业的正式雇员。零工工作者除了不需缴纳社会保险金、带薪休假、职业技能培训等员工福利外，也不符合长期雇佣关系中法律规定雇主需要对劳动者工作中发生的意外人身伤亡等事故进行赔偿的要求。零工工作者的社会保障更是微乎其微，使得劳动者的再生产只能依靠自己，零工工作者为了能够获得足够的收入以满足自身和家庭的劳动力再生产，而不得不自主延长工作时间。同时，平台通过各种策略和管理机制，使零工工作者在"赶工游戏"中将更多的时间投入工作。零工工作者的隐性部分工资转化为资本家的利润，满足资本最大限度降低可变资本、获取剩余价值的需求，劳动力商品化程度大大提高了。

第六章 互联网技术条件下产业资本总运动的新变化

据统计，处于外包工作岗位的保洁员和保安的收入会比正式员工的收入分别减少4%—7%和8%—24%，处于合同工性质的这两个岗位则比正式工作收入分别减少15%和17%。① 国际劳工组织（International Labour Organization）的调查指出，微任务平台零工的收入比在传统领域从事类似工作的员工低64%。② 美国劳工统计局（Bureau of Labor Statistics）指出，临时工作者（contingent workers）的收入要低于非临时工作者，在工作时长达到全职的工人中，临时工作者的周收入中位数（685美元）是非临时工作者周收入中位数（886美元）的77%；1/4的临时工作者由雇主提供健康保险，而非临时工作者中有一半的人由雇主提供健康保险，临时工作者比非临时工作者更难获得健康保险；23%的临时工作者能够获得雇主提供的养老金或退休计划，而48%的非临时工作者能够获得雇主提供的养老金或退休计划。③ 显然，互联网技术改变了就业结构，被互联网技术排挤的工人无法得到更高的收入补偿和更好的社会保障，这一现状让这些人长期处于贫困之中。零工工作者的贫困率比美国总体的贫困率高出近一倍，年收入低于3万美元的贫困人口占美国总人口的比重为26%，而临时工群体中年收入低于3万美元的贫困人口比重高达49%。④

互联网技术的资本主义应用还降低了工人实际工资。总体上看，工人工资收入占企业部门净增加值比重不断下降，从20世纪70年代的63.5%下降到2014年的55.8%。劳动力商品化程度提高不仅没有提高工人工资，还增大了贫富差距。美国基尼系数从1996年0.36上升到2013年的0.40，贫富差距不断增大。1970—2002年，占人口90%以上的美国家庭，他们的购买力没有提高，而占人口0.1%的富有家庭的购买力增长4倍，其中

---

① ［美］莎拉·凯斯勒：《零工经济：传统职业的终结和工作的未来》，刘雁译，机械工业出版社2019年版，第80页。

② Uma Rani, "Gig Economy and the World of Work: The Role of Digital Platforms", *ILO*, 2021.

③ Bureau of Labor Statistics, "Contingent and Alternative Employment Arrangements", https://www.aspeninstitute.org/wp-content/uploads/2018/06/2017-contingent-worker-supplemeut-Findings-BLS.pdf.

④ ［美］莎拉·凯斯勒：《零工经济：传统职业的终结和工作的未来》，刘雁译，机械工业出版社2019年版，第82页。

0.01%最富有的家庭购买力增长7倍。① 1971—2007年，美国企业高管与普通员工的工资差距从40∶1扩大到了357∶1。② 从1973年至2016年美国工人实际工资收入增长率仅为0.2，增长几乎为零。③ 财富和贫困分布在两极，一极是财富的积累，另一极是贫困的积累。

互联网技术应用扩大了企业规模，引发了管理革命，把具有高技能的工人纳入管理层，扩大了管理层。④ 组织管理方式变化与弹性工作制一起分化了工人阶级，弱化工人阶级的力量。从工会组织的参与率看（见表6.1），工会的力量被大幅削弱。在美国以企业工会为主，因此工会力量的削弱对工人利益是严重的打击。最为显著的就是对工人劳动时间和劳动强度的影响。1978—2007年，相对于互联网技术提高制造业年均增长率3.26个百分点，互联网技术的资本主义应用并没有明显减少美国工人的劳动时间。⑤ 从1974年到2022年的48年间，美国工人劳动时间总共减少90个小时，减少5%的工作时间，日本工人的劳动时间总共减少530个小时，减少24.8%的工作时间（见表6.2）。另外，互联网消除了时间和空间的限制，使工人生活和工作不能区分，工人在非工作时间里也做着大量的工作，工作强度也远远超过以前。

表6.1　　　　　　　　　工人参与工会密度　　　　　　（单位:%）

年份	1970	1980	1990	2000	2013
美国	27.4	22.1	15.5	12.8	10.8
德国	32	34.9	31.2	24.6	18.1

资料来源：OECD数据库（https：//www.oecd.org/en/data/hndicators.html?orderBy=mostRelevent&page=0）。

---

① ［美］保罗·克鲁格曼：《美国怎么了？一个自由主义者的良知》，刘波译，中信出版社2008年版，第99页。
② 何国勇：《国际金融危机的成因、前景及启示》，《特区实践与理论》2009年第4期。
③ 张鹏辉：《贫富差距拉大凸显美国社会不公》，《人民日报》2017年10月12日。
④ 刘凤义：《劳动力商品理论与资本主义多样性研究论纲》，《政治经济学评论》2016年第1期。
⑤ ［美］斯蒂芬·雷丝尼克、理查德·沃尔夫：《经济危机：一种马克思主义的解读——兼与凯恩斯主义经济学和新古典主义经济学比较》，《国外理论动态》2010年第10期。

表6.2　　　　　　　　　　工人工作时长　　　　　　　　（单位：小时）

年份	1974	1980	1990	2000	2010	2022
美国	1901	1859	1878	1880	1818	1811
日本	2137	2121	2031	1821	1733	1607

资料来源：OECD 数据库（https://www.oecd.org/en/data/hndicators.html?orderBy=mostRelevent&page=0。）。

互联网技术增加了产业后备军的规模，使得劳动者的内部竞争进一步加剧。比如，平台上发布的零工工作数量众多，但大部分是细碎、不连续而报酬低的工作任务，报酬较高的工作任务则受到众多零工工作者的激烈争抢。同时，在互联网通信技术迅速发展的背景下，全球零工工作者都能参与竞争，从而加大了获得零工工作任务的难度。有的平台甚至会为零工工作者设置最低工作量标准，激烈的竞争不仅影响零工工作者是否能接到某项工作任务，还影响零工工作者与平台的合约是否能够完成。零工工作者会更加担心有预料之外的支出，80%以零工为主要收入来源的零工工作者表示他们难以支付预料之外的1000美元支出；零工工作者的财务不安全感更严重，85%以零工为主要收入来源的零工工作者担心美国经济衰退会对他们造成影响。[①] 工作不稳定带来的更广的负面影响：影响家庭和家庭生活，比如影响结婚、生孩子的时机和数量；影响社区生活，比如社会活动参与的减少、社区组织成员的减少，进而会影响社区的凝聚力和稳定性。另外，不稳定性可能加剧经济不平等，带来更严重的社会问题。[②]

二　金融化资本对劳动的掠食性

工资资本化是金融化资本进行积累的一个重要的途径，是金融主导资本体制下积累方式转变的结果。这种转变对工人具有强烈的掠食性，对劳动力再生产产生重要影响。资本积累方式由生产主导转变为金融主

[①] Edision Research, "Americans and the Gig Economy", https://www.edisonresearch.com/americans-and-the-gig-economy/.

[②] Arne L. Kalleberg, "Precarious Work, Insecure Workers: Employment Relations in Transition", *American Sociological Review*, Vol. 74, No. 1, 2009, pp. 1–22.

导,不仅提高金融化资本积累的规模,还增加资本积累的渠道。在以生产为主导的资本运动中,资本积累依靠在生产领域工人的绝对剩余价值和相对剩余价值生产,其他职能资本以平均利润率为标准共同分享剩余价值。在以金融为主导的资本运动中,资本积累不仅以生产领域创造的价值和剩余价值为对象,还以可变资本为对象,最主要的是通过工资资本化对工人进行掠食性积累。

在互联网技术条件下,特别是互联网金融时代,工资被异化,积聚在资本家手中成为资本。互联网金融一方面通过弱化借贷中介提高直接融资比例,表现为工资收入的一部分用于购买股票、债券等虚拟资本。据此,人们便认为工人是企业的股东,可以获得财产性收入,从而成为"资本家",殊不知这是互联网金融时代资本积累的一种方式,工人逃脱不了被剥削的命运。在美国,收入在20%到80%之间的家庭,直接或者间接持有股票的比重不断增加,从1989年的29%增长到2001年的55%,2013年回落到49%。工资资本化也会为工人带来所谓财产性收入,从财产性收入与工资收入比重看,1963年为13.9%,之后不断上升,在1989年达到最高的27.9%,在20世纪90年代不断调整以后,2003年重新上升,到2008年为26.8%,2023年仅为10%。

同时,从家庭部门财产性收入占净收入比重看,出现先上升后下降趋势。20世纪60年代开始,家庭部门财产性收入逐步上涨,到80年代末期超过30%,此后这一比重波动下降,到2014年低于28%。财产收入的指标没有划分出不同的阶级和阶层,如从不同的阶级和阶层看可以看出财产性收入的真正受益者仍是资本家。从1989年到2007年,美国从富到贫的1%、10%、40%家庭的股票资产分别增加了36.8%、10.5%和0.5%。①也就是说,低收入的工人阶级不可能依靠财产性收入成为资本家,其工资资本化只能是为资本积累服务。

工资资本化不仅不能增加劳动者收入,还进一步拉大了贫富差距。2021年,美国最富有的1%人群资产占全国32.2%,1989年仅为23.5%。同时,美国底层90%的人群拥有的财富份额也在逐步下降,

---

① 崔学东:《新自由主义导致美国劳动关系不断恶化》,《红旗文稿》2012年第20期。

从 1989 年的 39.1% 降至 2021 的 30.2%。美国人中最富有的 10% 拥有的平均收入是其余 90% 人口的 9 倍多；最富有的 1% 人口的平均收入则是这 90% 人口的 39 倍以上；最富有的 0.1% 人口的平均收入可达这 90% 人口的 196 倍以上。美国贫富差距主要体现在不同阶层及企业高管与员工之间的收入不平等上，大公司首席执行官的收入在 2020 年上涨了 16%，但普通工人的薪酬仅上涨了 1.8%，中等收入者拥有的房产、股票、私营商业等资产不断收缩。在过去 50 年里，美国普通家庭的财富积累变得越来越困难。从 1943 年到 1973 年，普通家庭大约每 23 年收入就会翻一番。但根据过去近 50 年的数据推算，收入翻番所需的时间可能延长至 100 年。① 中等收入家庭财富缩水的另一个原因是他们背负的车贷、学生贷等消费贷款攀升，这些贷款的利率通常更高。

互联网金融另一方面是通过信用创造透支工人工资实现当期的消费，表现为以未来收入作为抵押购买商品和虚拟资本商品。工人通过不断增大的债务来满足当前的消费，使无产阶级变成了"负债阶级"。② 这也进一步佐证了上述观点，即工人工资资本化不可能使其成为资本家，因为如果工人成为资本家获得财产性收入，他们利用"资本"获取价值和剩余价值，因此他们是不会负债或者负债是很低的。通过信用创造透支当期工资，家庭负债规模大幅增加，满足了金融对工人的收入和储蓄的"金融掠夺"。③ 作为资本主义的生产者，劳动者不会成为债务奴隶，但他们作为消费者可能就会成为债务奴隶。家庭信贷消费占总消费比重从 20 世纪 60 年代低于 20%，到 70 年代增加到 21%，到 90 年代快速上升，在 2007 年达到 27%。随着金融危机爆发，家庭信贷消费占总消费比重稍微下降，但 2011 年后又进一步上涨，超过 2007 年的水平。随着家庭信贷消费比重的增加，美国家庭部门债务量也不断增加。从 1970s 开始不断上升，1970 年为 0.46 万亿美元，到 1990 年上升为 3.57

---

① 《美国贫富差距持续扩大报告显示，美收入最高的 1% 家庭财富超过中等收入家庭财富总和》，《人民日报》2021 年 10 月 19 日。

② 刘元琪：《金融资本的新发展与当代资本主义经济的金融化》，《当代世界与社会主义》2014 年第 1 期。

③ Lapavitsas, Costas, "Financialised Capitalism: Crisis and Financial Expropriation", *Historical Materialism*, Vol. 17, No. 17, 2009, pp. 114–148.

万亿美元,在 2007 年金融危机发生以前达到 13.7 万亿美元,平均每人负债 7 万美元,增长率惊人。家庭债务占 GDP 的比重也不断上升,1973 年为 45%,2007 年该比例增长到 98%。① 在新创造的价值中,绝大部分都用来还债,债务成为经济运行和资本积累的一部分。显然,家庭部门财产性收入没能缓解家庭部门的债务增加,家庭部门债务与金融资产比例不断上升。从 60 年代低于 15%,到 2008 年超过 30%,金融危机以后有所下降,但还是远超 70 年代之前的平均水平。②

金融化资本通过工资资本化实现自身的积累,但这是一种掠食性的积累。工人的工资是为了满足劳动力再生产,在互联网金融时代却变成资本积累的一种手段。工资资本化在维持供给和需求平衡方面是一个有效的,但也极其危险的方式。因为信用制度在维持资本积累的同时也实现了债务的同步进行。工人工资资本化并不能满足资本主义永恒的扩大再生产,从而不可能永久消除供给和需求的差额。虽然在短期内,通过未来的工资弥补当期的劳动力再生产,不会使劳动力再生产出现明显的萎缩,但从长期来看,金融化资本积累不断扩大工资资本化的程度,从而必然导致未来的工资无法弥补当期的劳动力再生产,导致劳动力再生产的萎缩。一旦劳动力再生产出现萎缩,在短期内是无法恢复的,因为工人要一直偿还较高的债务,无法缓解劳动力再生产的困境。如个人可支配收入中用于偿还债务的比例,从 1983 年的 15.6% 增加到 2007 年 6 月的 19.3%。③ 近 1/5 的可支配收入用于偿还债务,从而使劳动力再生产萎缩近 1/5,并且随着金融化资本积累的进行,这个比例还会进一步增大。当工人工资资本化到最大限度,工人贫困化到了无法进行劳动力再生产时,资本化的信用链条就会断裂,最终导致金融—经济危机。不同于生产过剩的危机过后过剩的生产被暂时消灭,金融—经济危机后不能消除危机发生之前的债务信用,只是通过新一轮的信用创造掩盖原先的债务

---

① 嵇飞:《次贷危机与当代资本主义危机的新特征——考斯达斯·拉帕维查斯访谈》,《国外理论动态》2008 年第 7 期。

② 马慎萧:《劳动力再生产的金融化——资本的金融掠夺》,《政治经济学评论》2019 年第 2 期。

③ 嵇飞:《次贷危机与当代资本主义危机的新特征——考斯达斯·拉帕维查斯访谈》,《国外理论动态》2008 年第 7 期。

危机，工人完全被掠食。在金融主导的积累体制下，生产被置于金融之下，工人劳动力再生产被削弱，从而必然导致这种积累体制的破产。

本章小结

互联网技术条件下的产业资本总运动出现新变化，这些新变化不仅体现在产业资本总运动的公式随着货币资本、生产资本和商品资本分别以互联网金融、信息化生产和电子商务形式执行职能而调整，还体现在产业资本内部权力关系发生变化，出现了金融化资本。金融化资本是互联网技术条件下产业资本运动的结果，同时也改变了资本主义生产关系和制度本身。在金融化资本的驱动下，资本积累方式由主要依靠生产和贸易渠道转变为主要依靠金融渠道，通过资产证券化和金融投机建立了金融主导的资本积累体制。以金融全球化为主导的全球化形成国际金融垄断资本主义，通过跨国垄断公司掠夺全球资源。金融主导的资本积累体制下私有化和自由化浪潮迭起，提高了劳动力商品化程度和剥削程度，工人被掠食，削弱了劳动力再生产的能力，从而必然导致这种积累体制的破产。

第七章

互联网技术条件下我国产业资本运动分析

对于我国产业资本运动的分析是综合产业资本的两个层面含义进行的，互联网技术条件既会对不同职能形态的资本运动产生影响，同时也会对产业资本总运动产生影响。互联网技术对产业资本运动产生的影响既是当前我国面临的经济问题，也是我国面临的机遇。只有认识并运用互联网生产方式下产业资本运动的基本规律，才能适应新发展阶段，推动供给侧结构性改革，建立现代化经济，用新技术引领经济发展，构建新发展格局。

第一节 互联网技术条件下我国产业资本职能形态的新变化

本节根据产业资本第一层含义，分析互联网技术条件下我国货币资本、生产资本和商品资本形态变化。

一 社会主义市场经济中的资本及其运动规律

马克思在《资本论》里详细揭示了资本本质、资本性质、资本规律和资本作用，认为资本是资本主义生产方式下特有的范畴，没有设想社会主义制度与市场经济体制结合，当然也就无法预见社会主义国家如何对待资本。党的十四届三中全会通过的《中共中央关于建立社会主义市场经济体制若干问题的决定》提出资本是社会主义市场经济的重要范畴，表明社会主义条件下可以搞市场经济，可以有资本。资本不是资本主义特有的经济范畴，社会主义也具有资本赖以存在的社会经济条件，具有一定的理论逻辑、现实逻辑和实践逻辑。①

无论在社会主义市场经济，还是在资本主义市场经济中，资本都具有双重属性：自然属性和社会属性。其中，自然属性是指资本具有的共同的规定性，即资本一般；社会属性是指资本所承载的生产关系，即资本特殊。② 社会主义市场经济条件下的资本特殊表现在两个方面：一是社会主义制度能够驾驭资本，克服资本的消极影响，发挥资本文明的作用③，二是公有制经济在市场经济中体现为公有资本的特殊形态，其承载着社会主义生产关系④。公有资本在社会主义市场经济中占据主体地位⑤，形成社会主义生产关系的"普照之光"。公有资本在遵循资本一般规律基础上，通过增殖与积累，主导我国经济增长，促进社会主义生产发展⑥，通过集体劳动与社会分配正义，增进人民福祉。⑦ 社会主义市场经济条件下公有制及其资本形态克服资本权力化、物化的逻辑，超越资本主义生产方式，标识中国式现代化道路的开辟。⑧

资本不是脱离市场经济的抽象范畴。从资本主义生产方式的产生历史来看，资本与市场经济有着内在联系，可以说市场是资本的"游乐

---

① 陈文通：《资本范畴在当代社会主义市场经济中存在的历史必然性》，《经济研究》1998年第5期。

② 朱炳元：《马克思资本理论与社会主义市场经济》，《马克思主义研究》2008年第5期。

③ 鲁品越：《社会主义市场经济与资本主义市场经济的区别——兼论私有化对中国的毒害》，《思想理论教育》2012年第11期。

④ 王宏波、曹睿：《公有资本范畴的生成逻辑、实践成就与时代价值》，《西安交通大学学报》（社会科学版）2021年第4期。

⑤ 洪远鹏：《对社会主义社会中资本范畴的理解》，《思想理论教育导刊》2000年第3期。

⑥ 荣兆梓：《生产力、公有资本与中国特色社会主义——简评资本与公有制不相容论》，《经济研究》2017年第4期。

⑦ 杨志、陈跃：《公有资本是当代科学社会主义的重要创新》，《经济纵横》2015年第9期。

⑧ 周丹：《社会主义市场经济条件下的资本价值》，《中国社会科学》2021年第4期。

场"，资本的产生、资本的积累、资本的成长，都由发达商品经济，并通过市场机制实现增殖、扩张和积累。货币转化为资本的过程"包含着一部世界史"，即"商品流通是资本的起点。商品生产和发达的商品流通，即贸易，是资本产生的历史前提。……如果撇开商品流通的物质内容，撇开各种使用价值的交换，只考察这一过程所造成的经济形式，我们就会发现，货币是这一过程的最后产物。商品流通的这个最后产物是资本的最初的表现形式"①。随着商品经济的发展，资本接替货币成为价值的主要表现形式，而一旦资本产生，就推动了大规模生产和大规模流通，从而推动商品经济不断繁荣发展，由此形成和繁荣了市场经济。在资本产生以后，资本的内在扩张动力不断扩大了商品化的范围、提升了生产分工协作的程度、延伸地理空间的边界，推动市场渗透到经济的各个方面，增强市场配置资源的广度和深度。反过来，在市场经济不断完善以后，资本增殖、扩张和积累的各种外部条件都被满足，如资本需要足够的生产要素如劳动力、土地、技术等，把这些生产要素在生产中结合起来才能实现增殖，而市场提供了各类生产要素，各类生产要素在价格引导下能够集聚和集中，满足了资本扩大再生产的需求，从而加快了资本积累。

从逻辑上和实践上来看，市场经济可以与不同的社会制度相结合。市场经济不仅可以与资本主义相结合，形成资本主义市场经济，还可与社会主义相结合，形成社会主义市场经济。"搞社会主义市场经济是中国共产党的伟大创造。"② 社会主义市场经济中存在着多元经济形态，不仅有以国有经济、集体经济为表现形式的公有制经济，有以民营经济、个体经济、外资经济为表现形式的私有制经济，还有公有制经济与私有制经济交叉持股形成的混合所有制经济。在市场经济中，各种经济形态实际上是各种形态资本的具象化，"现阶段，我国存在国有资本、集体资本、民营资本、外国资本、混合资本等各种形态资本"③。这里所说的

---

① 马克思：《资本论》第 1 卷，人民出版社 2004 年版，第 171 页。
② 习近平：《正确认识和把握我国发展重大理论和实践问题》，《求是》2022 年第 10 期。
③ 习近平：《正确认识和把握我国发展重大理论和实践问题》，《求是》2022 年第 10 期。

资本形态是从所有制上划分的，也可以从公有制经济、私有制经济和混合所有制经济概括为本质上是公有资本、私人资本和混合资本。

马克思主义政治经济学认为，资本是一种生产关系，体现为带来剩余价值的价值。资本是"一种以物为中介的人和人之间的社会关系"①。在资本主义制度下，资本"是资产阶级的生产关系"②，表现为资产阶级无偿占有剩余劳动，而在社会主义制度下，资本反映的是无产阶级的生产关系，同时在社会主义生产关系下，无产阶级占有生产剩余，并通过资本增殖、扩张和积累来实现扩大再生产，以解放和发展生产力，满足人民对美好生活的需要，最终走向共同富裕。

事实上，无论是在资本主义生产关系下，还是在社会主义生产关系下，资本都具有二重性，即生产性与逐利性。马克思对资本主义生产方式的剖析，揭示了资本主义生产关系下资本逐利性更显著，生产性是处于次要的、附属的。虽然马克思没有对社会主义生产关系下的资本进行分析，但从社会主义市场经济条件下利用资本的历史经验看，资本的生产性和逐利性是兼顾的、并重的。

社会主义生产关系下的资本反映了社会主义的本质。"社会主义的本质，是解放生产力，发展生产力，消灭剥削，消除两极分化，最终达到共同富裕。"③ 社会主义市场经济条件下的资本承载着社会主义生产关系，承担着解放和发展生产力、推动全体人民共同富裕的职能。想要解放和发展生产力、推动全体人民共同富裕，必须充分发挥资本的生产性，以生产为主要载体，生产以满足社会需要为重要目标，这是社会主义市场经济中资本的"历史任务和存在理由"④。

具体而言，公有资本是社会主义生产关系的直接体现，其中，国有资本、集体资本以及混合资本中的国有和集体成分都是公有生产资料的价值表现形式。作为社会主义生产关系的主要载体，公有资本利用公有生产资料的集中化，推动大规模生产与流通，实现社会化大生产，提高劳动生产率。作为价值表现形式，公有资本具有增殖和扩张的内在性，

---

① 《马克思恩格斯文集》第5卷，人民出版社2009年版，第878页。
② 《马克思恩格斯文集》第1卷，人民出版社2009年版，第724页。
③ 《邓小平文选》第3卷，人民出版社1993年版，第373页。
④ 马克思：《资本论》第3卷，人民出版社2004年版，第288页。

能够让公有资本在市场经济竞争中保值增值，实现公有资本自身的积累，同时，实现公有资本背后社会主义生产关系的再生产和扩大再生产。公有资本体现的是社会主义生产关系，其在社会主义市场经济中增殖是以劳动力成为商品为前提的。虽然在社会主义市场经济中，在劳动力作为商品在市场上进行等价交换，劳动者获得工资形式进行劳动力再生产，公有资本获得剩余价值进行扩大再生产，但在社会主义市场经济中，公有资本具有很强的公有性和按劳分配特征①，劳动力成为商品的社会条件和社会性质发生了改变，劳动从属于资本的关系已经转变为劳动者具有社会主人翁地位。私人资本是社会主义生产关系的间接体现，其中民营经济、个体经济和混合经济中的私有成分都是私有生产资料的价值表现形式。作为价值表现形式，私人资本具有无限追求剩余价值的内在性，但在社会主义生产关系下，私人资本在追逐利润时也要兼顾生产性，其增殖和扩张的边界受到公有资本"普照之光"的引导，以满足社会需要为主要价值取向，在社会主义市场经济中的各行业、各领域不断扩张，提高社会生产力，满足人民需要。

私有资本和公有资本虽然在市场经济运行的形式上相似，但在本质关系上还存在区别。在私人资本中，是雇佣劳动关系，劳动力是商品；在公有资本中，虽然劳动力也通过市场进入企业，但劳动力只在形式上是商品，在实质上不是商品。公有资本的所有者不是个人，而是劳动者集体，劳动者个人提供的剩余价值最终会体现在劳动力再生产中。公有资本的社会主义性质体现在新创造价值的用途上与资本主义社会不同。在资本主义国家中，通过资本表现的是资本家无偿占有工人创造的剩余价值的关系；而在社会主义国家中，通过资本表现出来的是资本与劳动共享新创造价值的关系。

当然，社会主义市场经济条件下各种形态的资本的逐利性也会导致供求结构性失衡和贫富差距，致使资本运动或多或少出现一些问题，但这些问题不是系统性制度性矛盾，只需要协调资本生产性和逐利性关系就能够解决。

---

① 冯子标、靳共元：《论"社会主义资本"》，《中国社会科学》1994年第3期。

第七章　互联网技术条件下我国产业资本运动分析

资本不仅是一种生产关系,而且只有在运动中才能保持这种生产关系。资本不是静止物,而是一种运动。资本必须转化不同形态,执行相应职能,才能使自己增殖、增多。产业资本运动中必须依次转化为三种资本形态,即货币资本、生产资本和商品资本,依次执行三种职能即购买、生产和销售,在时间继起、空间并存中实现资本增殖。一旦其中某一个环节出现堵点导致资本运动中断,资本自行增殖就不能实现。

在我国社会主义市场经济中存在着各种形态的资本,当然也存在着产业资本,只不过从所有制上看,我国的产业资本有公有产业资本和私有产业资本,无论哪种所有制的产业资本,其运动基本规律在社会主义市场经济中也同样适用,也就是说公有产业资本和私有产业资本有相似的运动规律。公有产业资本在运动中执行购买、生产和售卖职能,并在不同阶段形成不同职能形态的资本,通过三种形态的资本运动转化最终实现价值增殖。货币通过购买劳动力即 G—A 过程转化为资本,在生产过程中,劳动力与生产资料结合创造新价值,并把生产的产品作为商品销售出去重新转化为货币资本,如此循环往复。

然而,公有产业资本和私有产业资本运动实现的新创造的价值最终用途不同,具有社会制度的规定性。私有产业资本运动是以资本积累为主要目标,产业资本运动带来的新增加的价值也是用来进行资本积累;而公有产业资本运动同样是进行资本积累,但资本积累的目的是为实现人的自由全面发展提供物质基础。在中国特色社会主义市场经济中,两种产业资本并存有利于扩大产业资本运动的规模和提高产业资本运动的连续性。在两种产业资本运动中,公有产业资本运动是占据主导地位的,通过公有产业资本的引导,利用私有产业资本来实现人的自由全面发展。

二　互联网技术条件下我国产业资本不同职能形态的变化

在互联网技术条件下,产业资本运动过程中出现的一系列新变化、新特征在我国也存在,即在我国,随着互联网技术应用和互联网生产方式普及,互联网金融、信息化生产和电子商务代表货币资本、生产资本和商品资本执行购买、生产和销售职能,并且在以互联网金融、信息化生产和电子商务为新节点的运动过程中具有新特征。

我国信息技术发展较早，我国在1958年和1959年相继研制出第一台小型电子管计算机和大型电子管计算机，1965年自行设计第二代晶体管计算机，1977年第一台计算机研制成功。改革开放以后，我国信息技术发展速度与日俱增。1983年，"银河"巨型计算机体系研制成功，1994年，我国成功开通了Internet全功能服务，进入21世纪后，大数据、人工智能、云计算、5G、物联网等新一代信息技术蓬勃发展，在国际上具有较强的竞争力，一定程度上使中国在新一轮工业革命中站在世界科技的前沿，如5G专利中中国占据全球的34%，美国占据了13.9%。① 早在2013年科技部组织了先进技术国际对比，在1346项先进技术中，中国领先与并行的技术占47%，跟踪的技术占57%。②

随着互联网技术发展，其应用也不断深入。我国互联网基础资源丰富。其中，IPv4数量超过3.9亿个，IPv6也超过6.3万块，活跃用户超过6亿人，移动电话基站996万个，互联网宽带接入端口超过10亿个，光缆线路长度超过5400万公里（见表7.1）。在如此多的互联网基础资源上，互联网技术应用广泛且深入。我国网民规模从2005年的1.03亿人增加到2021年的10.32亿人，我国网民数量全球最多，互联网普及率从8.5%上升为73%（见图7.1）。其中，我国手机网民规模达10.29亿人，网民使用手机上网的比例为99.7%。截至2021年12月，网民的人均每周上网时长为28.5小时，我国网页数量达3350亿个，国内市场上监测到的App数量为252万款。在具体应用中，我国网络购物用户规模达8.42亿人，我国在线办公用户规模达4.69亿人，我国网络支付用户规模达9.04亿人。③

2015年国务院出台了《关于积极推进"互联网+"行动的指导意见》，大力推动我国互联网平台经济的发展。互联网技术被社会各部门广泛采用，成为生产发展、生活交流的基础性技术，而平台资本深入金

---

① 李策划、李臻：《美国金融垄断资本全球积累逻辑下贸易战的本质——兼论经济全球化转向》，《当代经济研究》2020年第5期。
② 戴建军、熊鸿儒、马名杰：《新一轮技术革命及生产方式变革对中国的影响》，《中国发展观察》2019年第7期。
③ 中国互联网络信息中心：《第49次中国互联网络发展状况统计报告》，2022年。

融、生产和商品流通各领域，重新塑造了不同形态的资本，并对产业资本运动产生重要影响。目前，在互联网技术条件下，我国产业资本在运动时出现了互联网金融、信息化生产和电子商务新形式执行购买、生产和售卖职能，这是互联网作为基础性技术被资本利用的结果，也是技术进步和生产力发展的体现。互联网技术的广泛应用推动互联网生产方式在我国落地生根，改变经济社会发展方式，尤其是推动产业资本运动出现新变化、新特征。

表 7.1　　　　　　　　　　互联网基础资源数量

基础资源	截至 2021 年 12 月
IPv4（个）	392486656
IPv6（块/32）	63052
IPv6 活跃用户（亿人）	6.08
域名（个）	35931063
移动电话基站（万个）	996
互联网宽带接入端口（亿个）	10.18
光缆线路长度（万公里）	5488

资料来源：中国互联网络信息中心：《第 49 次中国互联网络发展状况统计报告》，2022 年。

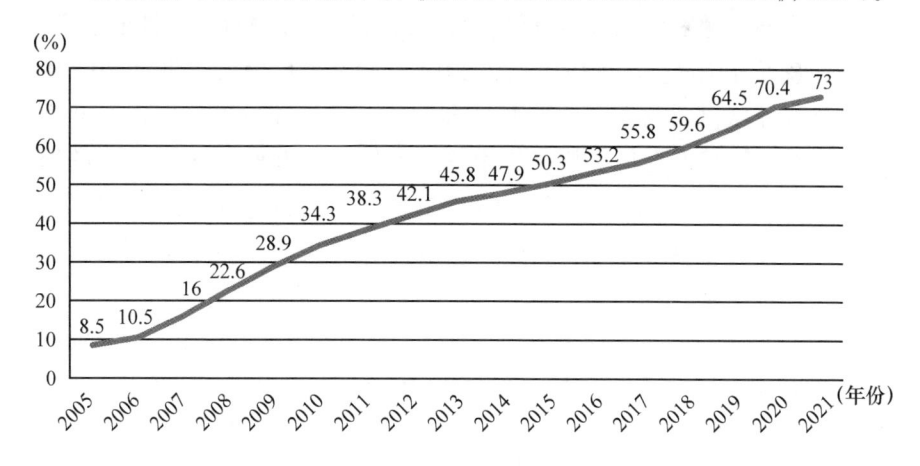

图 7.1　互联网普及率

资料来源：中国互联网络信息中心：《第 49 次中国互联网络发展状况统计报告》，2022 年。

（一）互联网金融执行购买职能

20 世纪 90 年代互联网技术被引入中国以后，以互联网金融代表货币资本执行购买职能经历两个阶段。首先是互联网技术作为金融行业的技术变革，促进金融部门业务电子化、联网清算的发展。随着银行业计算机化和信息化投资的增加，互联网与金融业务进一步融合，在20世纪90年代到21世纪初，银行业基本实现了全面的计算机化。2004年，中国银行业IT产品和服务投资为212亿元，2016年增长到923.2亿元，其中硬件投资占总投资量的53.4%，服务方面投资占投资总量的37.6%，软件投资占投资总量的9.0%。1999年手机银行萌芽，在智能手机产生以后，2010年开启客户端手机银行的热潮，2011年手机银行业务在手机网民中的使用率已经达到52.5%。[①] 随着互联网技术硬件设备的普及与完善，出现了新型的形式如自助银行、网上银行等电子银行，招商银行推出中国第一家网上银行开启了我国互联网金融的进程。电子银行逐渐开始兴起，开启了银行"+互联网"进程。其次是互联网作为一种生产方式重塑金融部门，各类金融业务逐渐脱离金融机构，发挥互联网技术本身的特征，创新金融模式，实现了"互联网+金融"，即互联网金融。

随着智能手机应用普及，移动支付的兴起，尤其是在大数据、云计算等技术推动下，互联网金融进入平台阶段，破除了价值运动的技术障碍。互联网金融平台塑造的虚拟空间极大满足了金融对流动性的需求，从而使各类互联网金融创新模式从2014开始爆炸性增长，因此2014年也被称为互联网金融元年。互联网金融新业务迅速发展，出现P2P理财、众筹、第三方支付、数字货币等，不仅促进互联网金融本身的繁荣，还推动互联网金融使用率上涨，如网络支付用户规模达9.04亿人，占网民整体的87.6%。[②] 近年来，互联网金融代表货币资本执行购买的职能进一步凸显。2020年中国第三方互联网支付和第三方移动支付总规模达到271万亿元，相比2016年增加近200万亿元，其中第三方移动支付从2013年的1.2万亿元增长到2020年的226.1万亿元，增长近200倍，第三方互联网支付从2016年的19.9万亿元增长到2020年的21.8

---

① 数据来源于易观国际发布的《2010年中国手机银行市场专题报告》（https://www.analysys.cn/article/detail/10261）。

② 中国互联网络信息中心：《第49次中国互联网络发展状况统计报告》，2022年。

万亿元。在第三方移动支付中，移动支付和移动消费比例不断上涨，两者从 2016 年第一季度的 23.1% 上升到 2020 年第四季度的 45.5%。① 网络借贷尤其是 P2P 兴起，2014 年中国网络借贷用户数达 0.8 亿人，到 2016 年达 1.6 亿人，增长了一倍。②

互联网金融已经正在成为货币资本执行职能的主要手段，推动货币资本运动。在互联网金融发展过程中，以民营企业为代表的私人资本率先推动，促进金融部门和金融业务的革新，比如支付宝、微信支付、苏宁支付等。随着互联网金融越来越成为货币资本的表现形式，以国有企业为代表的公有资本也参与进来，比如云闪付、中金支付等。但无论是私人资本还是公有资本，互联网金融代表货币资本执行购买职能的性质没有发生变化，其运动基本规律也不会受到资本的所有制属性发生改变。运动公式为：

$$G—W \cdots P \cdots W'—G'$$

在加入信用因素后的运动公式为：

$$G_0—G—W \cdots P \cdots W'—G'—G'_0$$

在互联网金融代表货币资本执行购买职能后，在利润的使用上才能体现民营互联网金融企业与国有互联网金融企业的区别。在互联网金融发展过程中，为了获得更高的利润，维持资本运动，加速资本周转，会出现一些问题如金融风险、脱实向虚等。

(二) 信息化生产执行生产职能

互联网技术推动机器生产从自动化向信息化发展。我国信息化生产经历两个阶段。一是生产过程中使用互联网技术，使生产环节、生产工艺具有财务电算化、计算机辅助工程分析、计算机辅助设计等特征。互联网技术投资不断增加，2003 年中国制造业信息化建设投资规模约为 243.1 亿元，其中硬件产品支出占 60.5%，软件产品占 26%，IT 服务占 13.5%。随着互联网技术应用，企业的信息化水平有所提升，2003 年，制造业每百人计算机拥有量为 18.7 台，计算机联网率为 68.4%，新产品开发周期由 2002 年的 209.2 天缩短到 2003 年的 201.4 天。但此时互

---

① 数据来源于艾瑞咨询《2021 年中国第三方支付行业研究报告》，2021 年。
② 数据来源于艾瑞咨询《2017 年中国第三方支付行业研究报告》，2017 年。

联网技术应用还不深入，互联网仅仅是作为技术接入生产过程，而不是作为生产方式重塑生产过程。比如2003年，虽然国有大型企业中办公自动化占50%，企业资源计划管理系统占21%，但供应链管理系统、客户关系管理等业务比例较低，网上销售率为7.8%，网上采购率为6.9%。① 二是随着新一代信息技术实现了生产条件的智能化变革，互联网作为一种生产方式本身，改变生产环节、生产工艺和生产流程，重塑劳动过程，出现现代集成制造系统、虚拟产品开发、供应商关系管理、客户关系管理、产品数据管理、管理信息系统等特征，实现"互联网+生产"的改造。2018年，中国规模以上企业进行的信息化投入超过6500亿元，使用计算机和接入互联网的企业比率均超过99.5%，其中有96.5%的企业使用信息化管理生产经营过程。② 我国信息化水平不断提高，从2001年的0.532上升到2012年的0.757，我国信息化在全球各国信息化程度中的排名从2012年的36位上升到2015年的25位，上升了11位。虽然信息化水平仍然低于世界平均水平，但差距越来越小。③ 随着新一代信息技术的发展，工业化和信息化融合程度进一步提高，互联网生产方式在中国落地。中国正从工业2.0向工业3.0和工业4.0跨越。截至2020年6月，企业数字化研发设计工具普及率和关键工序数控化率分别达到71.5%和51.1%，有4000多万台（套）工业设备连接到工业互联网平台，服务的工业企业数量超过40万家。④ 随着互联网生产方式的推进，生产制造过程也在一定程度上实现了智能化发展，比如在车间生产中，有40%的车间可远程下达作业指导、加工程序、工艺参数等工艺文件，有36%的车间能够对生产各环节进行数据采集，有12%的车间可以进行生产计划和作业工单的自动排程，有23%的车间对生产

---

① 马颂德：《中国制造业信息化的现状与发展》，《信息化建设》2006年第Z1期。
② 《我国企业信息化水平持续提升——第四次全国经济普查系列报告之四》，国家统计局网站（http://www.stats.gov.cn/tjsj/zxfb/201912/t20191205_1715468.html）。
③ 中国互联网络信息中心：《国家信息化发展评价报告2016》，2017年。
④ 《信息化和工业化融合成效凸显新模式新业态持续涌现》，国务院新闻办公室网站（http://www.scio.gov.cn/xwfbh/xwbfbh/wqfbh/42311/43672/zy43676/Document/1687685/1687685.htm）。

信息进行可视化与数据统计，有29%的车间能够对生产资料实现信息化管理。①

信息化生产提升我国生产效率。据工信部数据，截至2022年12月，全国面向特定行业、特定场景的工业App突破65万个，制造业重点领域企业数字化研发设计工具普及率、关键工序数控化率分别达到75.1%、55.7%，工业App所涉及的环节也遍布企业的研发设计、生产制造、物流周转、日常运维、经营管理等领域，企业的数字化渗透率提升迅速。我国制造业企业实现生产计划协同、物流协同、订单业务协同、财务结算协同、物流仓储协同、加工配送协同、研发设计协同、产业链企业间订单全程可追溯和实现产业链企业间质量控制全程可控的比例分别达到37.5%、37.4%、35.1%、30.7%、29.2%、19.9%、16.6%和13.0%②。这表明互联网技术的应用，使生产自动化和智能化有很大提升，并提高制造业生产率。同时，信息化生产程度提高，促使我国在全球价值链的地位也有所上升。从"贴牌加工"到委托设计，再到自有品牌营销，生产的技术复杂程度不断提高。中国制造业处于全球制造业第三方阵，与第一、第二方阵制造强国发展指数差距不断缩小，追赶步伐持续加快。中国制造业增加值从2004年的0.6万亿美元增加至2021年的4.9万亿美元，其间年复合增速达12.8%，中国制造业增加值占全球比重也从2004年的8.6%上升至2021年的30.3%，分别在2007年和2010年超过日本、美国，制造业增加值规模居世界第一位。

中国制造业在全球价值链中的位置逐年攀升。自2001年加入WTO后，中国通过进口中间产品进行加工组装再出口，快速融入全球产业链，制造业中间品出口比重开始提升，我国制造业价值链位置由0.7上升至2018年的0.9。由于疫情冲击、中美贸易摩擦加剧等国内外因素影响，我国制造产业的价值链位置也由2018年的0.9降至2021年的0.8。③

---

① 中国电子技术标准化研究院：《智能制造发展指数报告（2021）》，2022年。
② 高晓雨、马东妍、王涛：《中国制造信息化指数构建与评估研究》，《制造业自动化》2017年第3期。
③ 荀玉根、吴信坤、杨锦、刘颖：《从全球价值链看中国制造业优劣势——现代化产业体系研究系列3》，海通证券网站（https://www.htsec.com/jfimg/colimg/upload/20230320/68991679275617173.pdf）。

2012年中国制造业进出口占 GDP 比重达 35.6%，其中有 50% 以上是加工贸易，58% 以上是由外资企业出口，而制造业部门出口的国内外增加值比重中，国外增加值比重由 1995 年的 11.87% 增长到 2009 年的 32.63%。因此，"中国制造"在一定意义上说是"世界制造"。①

虽然信息化生产提升产生效率，但是以信息化生产为代表的生产资本仍然以生产制造资本为主，研发设计资本比较少，这就决定了我国的工业企业资本运动受制于外国核心企业，也就是存在"卡脖子"问题。只要按照真空般的市场经济基本规则，这个"卡脖子"问题不会影响生产制造资本的运动，而一旦按照地球上有空气的市场经济规则，"卡脖子"的"看不见的设计规则"就成为核心企业支配、控制和剥削外围企业的工具，从而会导致生产制造资本运动中断，进而对我国经济循环产生影响。

（三）电子商务执行售卖职能

随着互联网技术进步，电子商务执行售卖职能的规模越来越大，电子商务成为商品资本执行职能的主要手段。物流业的大力发展也推动着电子商务成为商品资本运动的新节点。

互联网技术促进电子商务的发展，主要经历两个阶段。首先，2008 年以前，我国电子商务发展经历探索和渠道阶段，受限于电子商务基础设施不完善，这个阶段虽然电子商务开始起步，但没有发挥真正的潜力。从 1998 年第一笔互联网网上交易开始，2000 年中国网络购物交易总额约为 5 亿元，2007 年网络交易零售额达到 561 亿元。其次，金融危机以后，在基础设施的完善和政策支持下，尤其是智能手机出现以后，移动购物规模爆炸式增长，推动中国电子商务规模不断增大。2008 年电子商务规模为 3.1 万亿元，2020 年中国电子商务交易额增加到 37.21 万亿元，增加了约 12 倍。2011 年到 2015 年，电子商务交易额增长率均超过 20%。从 2016 年开始，电子商务交易额增长率不断下降，2020 年增长率为 4.5%（见图 7.2）。从交易主体看，2020 年，对单位交易额达 18.11 万亿元，对个人交易额 9.84 万亿元。网络购物规模不断增加，在社会零售总额中的比重也不断上升，2020 年网上零售额达到 11.76 万亿

---

① 杨继军、范从来：《"中国制造"对全球经济"大稳健"的影响——基于价值链的实证检验》，《中国社会科学》2015 年第 10 期。

元，其中实物商品网上零售额 9.76 万亿元，占社会零售总额的比重从 2006 年的 0.6% 上升到 24.9%。2020 年全国电子商务从业人员从 2014 年的 2690 万人增加到 6015.33 万人，增长了一倍多（见图 7.3）。

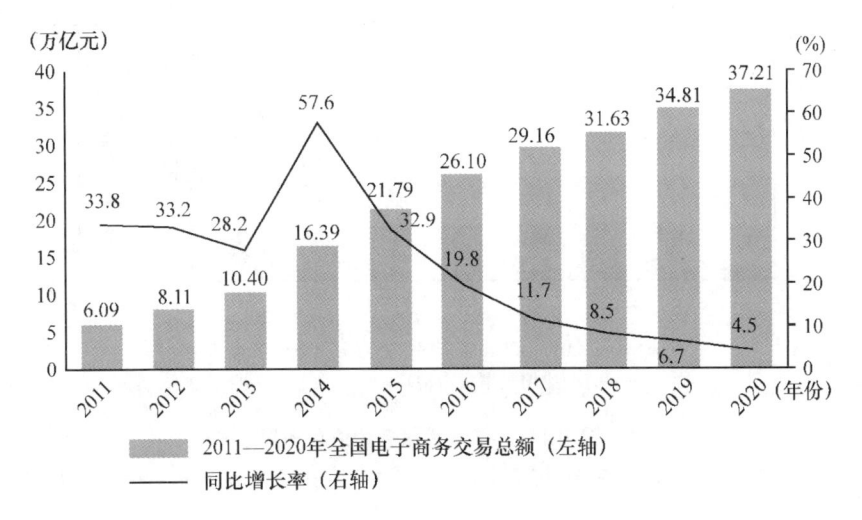

图 7.2　中国电子商务交易总额

资料来源：商务部电子商务和信息化司：《中国电子商务报告 2020》，中国商务出版社 2020 年版，第 1 页。

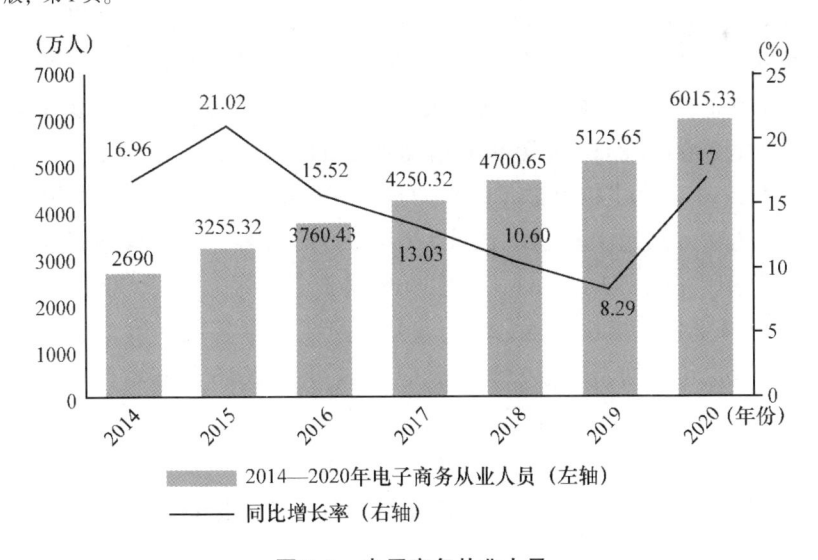

图 7.3　电子商务从业人员

资料来源：商务部电子商务和信息化司：《中国电子商务报告 2020》，中国商务出版社 2020 年版，第 8 页。

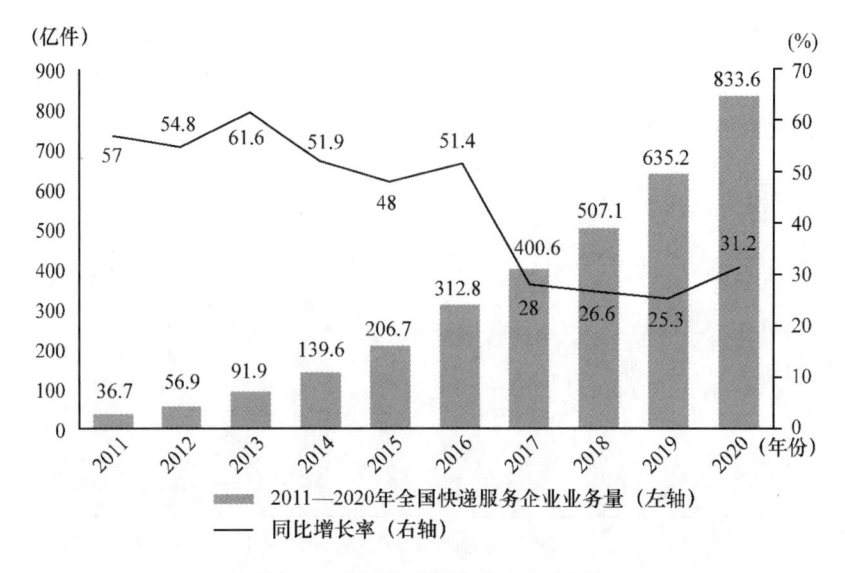

```
(亿件)                                                              (%)
900                                                          833.6  70
800    54.8                           51.4                          60
700  57      61.6  51.9                                             
         48                                                         50
600                                                          635.2
500                                                   507.1         40
400                                            400.6                
                                        312.8                 31.2  30
300                                28                                
                                                 26.6  25.3         
200                         206.7                                   20
                      139.6                                         
100      56.9  91.9                                                 10
     36.7
  0                                                                  0
     2011 2012 2013 2014 2015 2016 2017 2018 2019 2020 (年份)

       ■ 2011—2020年全国快递服务企业业务量（左轴）
       —— 同比增长率（右轴）
```

图7.4 全国快递服务企业业务量

资料来源：商务部电子商务和信息化司：《中国电子商务报告2020》，中国商务出版社2020年版，第8页。

  网络购物规模的发展离不开物流业的支持。社会流通总额从2000年的17.1万亿元增长到2008年的89.9万亿元，年均增长率为23%，再到2021年的335.2万亿元，较2008年增长了272.9%。2021年社会流通总额中，工业品物流总额299.6万亿元，占比89.4%。① 物流业增加值则由2000年的0.69万亿元增加到2008年的2.15万亿元，年均增长率为15.3%，对GDP总量的平均贡献率为10.4%。2013年物流业增加值为3.9万亿元，占GDP比重为6.8%。2020年，全国快递服务企业业务量累计完成833.6亿件，其中80%属于电子商务业务，相比于2011年的36.7亿件，增长了近22倍。2011年到2020年间，服务企业业务累计完成量年均增长超过25%，其中2011年到2016年间增长率均超过48%（见图7.4）。物流信息化程度达到大幅度上升，智能物流装备应用越来越广泛，从仓储数字化、分拣自动化到配送可视化，货物的运输过程可以实时监测，使物流和信息流相互融合。物流信息化和智能化程度

---

① 中国物流信息中心：《2021年全国物流运行情况通报》（http://www.clic.org.cn/xlxxwlyj/307780.jhtml）。

的提高也降低了物流费用，流通费用占 GDP 比重在 2000 年为 19.4%，到 2016 年该比重下降为 16.9%，2020 年下降为 14.6%。①

第二节 互联网技术条件下我国产业资本总运动的新变化

社会主义市场经济条件下产业资本总运动也是货币资本运动、生产资本运动和商品资本运动的统一，三者必须在时间上继起、在空间上并存，只有这样才能实现产业资本总运动的连续性，才能推动社会主义国民经济循环。在互联网技术条件下，货币资本运动、生产资本运动和商品资本运动以及产业资本总运动都出现新变化，这些新变化会对产业资本总运动的连续性产生影响，而产业资本总运动的连续性要求又驱动资本改变原有生产体系，塑造适应互联网生产方式的新的生产体系。在这个新的生产体系塑造过程中会对原有的经济结构进行调整，从而引发一些我国经济发展的重大战略。

资本运动除了受技术因素影响外，还受社会经济环境的影响。资本主义市场经济受到资本主义基本矛盾的固有影响，出现供给和需求系统性不匹配，导致周期性的生产过剩、需求不足等问题，资本运动无法实现连续性。而周期性的中断表现为周期性的资本贬值、大规模失业和经济危机等。社会主义市场经济受到社会主义主要矛盾的影响，供给和需求存在结构性不匹配，尽管不存在系统性不匹配，也会导致一些部门的资本运动受阻。另外，由于社会主义市场经济中生产要素流动受到地区、产业和所有制等因素的影响，资本运动存在着一定的堵点和痛点。但社会主义市场经济条件下的资本运动受阻不是周期性的、制度性的，而是社会主义市场经济体制机制不完善所造成的，通过完善社会主义市场经济体制机制，构建国内统一大市场，就能够疏通资本运动中存在的堵点和痛点，畅通经济循环。

---

① 数据来源：2000 年、2008 年和 2016 年《中国物流统计年鉴》；商务部电子商务和信息化司：《中国电子商务报告 2020》，中国商务出版社 2020 年版。

一　产能过剩是资本运动连续性增强的结果

在社会主义市场经济中，资本依据市场机制运行和积累，不可避免地产生一些问题，如产能过剩问题、消费不足问题等。但这些问题不是社会主义制度带来的，而是社会主义市场经济中产业资本总运动受技术变革和价值革命影响而带来的。互联网技术推动价值革命，从而使原有产业资本总运动出现波动，甚至中断。在产业资本总运动波动调整过程中，为了重新保障产业资本总运动的连续性，就必须对抗扰动因素，这种对抗力量一方面来自产业资本内部的调整，另一方面来自外部的调整。互联网技术条件下产业资本运动的连续性是通过计划性的增强来实现的，在作为社会主义国家的中国，这种计划性更强烈，与我国的社会主义国家性质具有较高的契合性。因此，我国产业资本总运动的连续性增强。

（一）产能过剩不是生产过剩

互联网技术在我国得到广泛应用以后，一方面对原有生产方式产生冲击，另一方面使产业资本总运动出现波动。互联网技术的应用不仅改变了不同阶段资本执行职能的形式，还对产业资本总运动产生极为重要的影响。互联网技术的应用增强了生产环节和流通环节的连续性，生产是根据流通领域的需求信息来组织劳动力和生产资料的结合，不再是先生产再销售，因此可能出现生产能力超过了商品的需求，从而导致产能过剩问题，而不是生产过剩问题。

自我国进入新常态以来，经济增长速度不再维持在两位数，因此对产品或商品的需求增长速度有所下降，甚至有些行业和部门需求的绝对量也下降，与此相对应的却是生产的规模仍旧维持在经济高速增长时期。这种供给和需求的不匹配，在大机器生产条件下会导致生产过剩和商品过剩危机；而在互联网技术下，商品供求信息被共享，因而生产过剩会被预测到，进而减少商品生产的数量。为了保证产业资本总运动的连续性，生产的产品总数量将会减少，但此时原有生产能力仍旧维持在较高水平，从而导致生产能力的利用率下降，出现产能过剩。此时的产能过剩不是生产过剩，是互联网技术条件下产业资本运动价值革命的结果。2012年底，我国钢铁、水泥、电解铝、平板玻璃、船舶产能利用率分别仅为72%、73.7%、71.9%、73.1%和75%，明显低于国际通常水平，产能利用率低于75%则被认为是产能过剩。① 2016年，我国粗钢产能过剩约为1.3亿吨，比美国粗钢总产量高出约65%，2015年粗钢产能利用率约为70.9%，低于金融危机前的85%。②

产能过剩是互联网技术条件下资本在社会主义市场经济运行中产生的结果，但产能过剩的化解需要由国家和政府对生产企业进行合理有序的协调，这与国家的性质密切相关。在资本主义制度下，互联网技术条件下产业资本总运动出现产能过剩，但资本主义制度下企业生产的计划性与整个社会生产的无序性的矛盾，致使其没办法解决这一问题，充其量就是把多余的产能转移到其他国家。社会主义制度下，互联网技术条件下产业资本总运动出现的产能过剩，通过发挥市场在资源配置中的决定性作用，更好发挥政府作用，以合理有序的手段循序渐进地疏导过剩产能。2013年，国务院出台《关于化解产能过剩严重过剩矛盾的指导意见》后，各地方政府在尊重市场规律与改善宏观调控相结合、开拓市场需求与产业转型升级相结合、严格控制增量与调整优化存量相结合、完善政策措施与深化改革创新相结合的原则下，引导重点过剩行业、重点过剩地区有序淘汰和退出落后产能。2015年，在供给侧结构性改革指导下，我国通过去产能、去库存、去杠杆、降成本、补短板，转变经济发展方式，削减过剩产能取得显著成效。到2016年共淘汰落后炼钢炼铁产能9000多万吨、水泥2.3亿吨、平板玻璃7600多万重量箱、电解铝100多万吨。③ 当然，削减过剩产能还必须完善信用制度，通过减少对过剩产能的生产企业的信用贷款以间接减少过剩产品的生产，而对信贷方向的指导也只有在社会主义国家才能实现。

（二）供给侧结构性问题不是消费不足

互联网生产方式改变了消费结构。经过四十多年改革开放，中国实现经济长期稳定增长，实现了从站起来到富起来的伟大飞跃。生产力水平的提高为人民提供了丰裕的物质产品。随着经济发展水平不断增长，

---

① 参见《国务院关于化解产能严重过剩矛盾的指导意见》。
② 参见陆之瑶《重估钢铁行业过剩产能》，《中国经济报告》2017年第12期。
③ 参见《2016年政府工作报告》（https://www.gov.cn/gouwuyuan/20162fgzbg.htm）。

人民收入水平也不断提高，人民对物质产品提出新的要求，即要求差异化、个性化的高质量的物质产品，但原有的生产方式不能够提供满足人民对美好生活向往的产品。这时就产生了需求外溢，即我国消费者通过到发达国家购买消费产品以满足自身对消费的需求。比如2015年我国居民出境超过1.2亿人次，境外消费达到1.5万亿元，购买的产品类型包括奢侈品和日常生活用品。这就说明我国消费充足，但国内生产体系没有适用需求，没有充分利用互联网技术重塑生产过程，从而导致生产产品的品质无法满足消费需求。

生产决定需求，生产就是消费。生产资本执行职能是把劳动力与生产资料结合起来，也就是要消费劳动力和生产资料。信息化生产代替生产资本执行职能时，消费的劳动力多是脑力，消费的生产资料是其他生产资本生产的商品，特别是在网络化生产组织和国际分工体系中，外围企业消费的生产资料多是核心企业生产的产品。把什么样的劳动力和生产资料结合起来，就有什么样的商品资本，进而又进一步决定了货币资本购买什么样的商品。也就是说，生产资本执行生产职能时本身也是在生产供应链中。互联网生产方式在重塑生产体系的过程中就会出现供应链不匹配，即有的企业已经完成或正在完成重塑，而有的企业没有开始，这就导致生产的产品在生产工艺不同，产品存在代差，供应链的连接标准不一致，供应链也就断裂了。

消费对生产具有反作用。商品资本售卖商品，商品一旦卖出去，就会带着剩余价值回流，转化为货币资本，从而开始新一轮循环。如果商品卖出去，摔坏的不是商品，而是商品所有者，即可能意味着商品所有者破产。电子商务代表商品资本执行职能扩大商品销售的时空范围，同时也把商品消费的信息反馈给商品所有者，进而反馈给生产环节。商品消费信息对改善商品生产质量具有重要作用。消费商品越多，反馈的信息就越多，就越有助于改善生产工艺、生产流程。

在生产与消费辩证关系中，我国生产与消费的不匹配的问题不是因为消费不足，而是因为消费结构、消费方式已经被互联网技术重塑，但生产方式还没有被重塑，即生产决定的供给体系出现结构性问题。供给侧结构性问题需要从生产端入手，减少低端生产过程中的要素投入，利用互联网技术改进生产工艺、生产流程，推动供给走向中高端。推动供给侧结构性改革不仅仅要从供给端入手,也要从需求端着手。没有需求就没有供给,有什么样的需求就有什么样的供给。对供给侧结构性改革需要进行需求侧管理,达到以需求牵引供给、供给创造需求的高水平动态平衡。扩大内需就是扩大供给,而内需总量扩大的同时也要改善需求结构。对于投资性需求来说,财政政策和货币政策以及信用体系都要支持高质量生产性需求,对于最终消费来说,引导品质消费。我国社会主义市场经济中出现的生产和消费的问题,从生产与消费辩证关系看是供给侧结构性问题而不是消费不足,需要从供给和需求两端入手才能畅通生产、分配、交换、消费各环节。

二 "脱实向虚"是金融化资本运动的结果

互联网技术增强了产业资本运动的连续性,也在资本运动规律作用下增强了金融资本家的权力,形成金融化资本。互联网技术条件下,金融化资本在运动过程中不参与利润平均化过程,获得较高利润率,导致产业资本也趋于金融化。随着互联网技术的广泛应用,我国也出现了金融化资本,使我国经济出现"脱实向虚"现象,可能引发我国系统性金融风险。

互联网金融增强了金融部门配置资源的能力,提高货币经营资本独立运动的能力。为了躲避监管,银行将信贷资产卖给信托机构,再以理财资金进行回购,实现资金"出表"和牟利。我国银行业进行了资产结构和业务结构调整,银行业金融结构表外业务不断增加,资产管理业务也不断增加。2018年,银行业金融机构表外业务余额为338.42万亿元,同比增长12.02%,增速较上年下降7.15个百分点。表外资产规模相当于表内总资产规模的126.16%,比上年末上升6.47个百分点。其中,担保类20.66万亿元、承诺类24.46万亿元、金融资产服务类188.8万亿元。[①] 银行业理财业务发展较为迅速,2013年我国共发行理财产品14.4万只,累计募集资金70.48万亿元,到2016年发行20.21万只,累计募集资金167.94万亿元,银行投资理财资金占总资产比重从2013的6.92%上涨到2016年的12.51%,上涨近6个百分点。银行理财产品

---

① 中国人民银行金融稳定分析小组:《中国金融稳定报告2019》,中国金融出版社2019年版,第42页。

的主要方向是债券、存款、货币市场工具，占比为 73.52%，其中，债券资产配置比例为 43.76%。①

银行还不断创造新的信用。从 2005 年银行业信贷资产证券化试点开始，2015 年扩大试点，资产证券化规模不断膨胀，导致银行金融部门的金融功能存在着一定程度的异化。2005 年开始试点的信贷资产证券化和住房抵押贷款证券化规模分别为 41.78 亿元和 30.17 亿元，2015 年共发行资产证券化产品 6032.4 亿元，较 2005 年增长 144 倍；市场存量 7703.95 亿元，较 2005 年增长 255 倍。其中，信贷 ABS 发行 4056.34 亿元，同比增长 45%，占发行总量的 67%；存量 5380.61 亿元，同比增加 96%，占市场总量的 70%。企业 ABS 发行 1941.06 亿元，同比增长 384%，占比为 32%；存量 2164.44 亿元，同比增长 388%，占比为 28%。到 2021 年，我国共发行资产证券化产品 30999.32 亿元，较 2005 年增长 742 倍，较 2015 年增长约 5 倍；市场存量为 59280.95 亿元，较 2005 年增长约 1965 倍，较 2015 年增长约 8 倍。②

互联网金融的发展也不断增大虚拟资本的规模。1993 年股票市场总值和股票成交金额为 0.35 万亿元和 0.36 万亿元，占国内生产总值比分别为 9.95% 和 10.19%，到 2015 年时股票市场总值和股票市场成交金额增长到 53.15 万亿元和 255.05 万亿元，占国内生产总值的比重分别为 77.42% 和 371.55%，规模增长速度惊人。到 2020 年时股票市场总值和股票市场成交金额增长到 79.72 万亿元和 206 万亿元，占国内生产总值的比重分别为 72.90% 和 188.37%，规模增长速度惊人。期货总成交额的规模和增长率更是惊人，1993 年期货总成交额占国内生产总值仅为 15.51%，到 2013 年增长为 453.03%，2015 年更是增长到 807.39%，2020 年有所降低为 399.87%。

在互联网金融发展中，金融部门的利润率同步提高。2001—2019 年，我国 A 股上市公司中金融企业和非金融企业的利润增长率之差具有两个阶段：在 2008 年金融危机前，金融企业和非金融企业利润增长率

---

① 数据来源于中国理财网 2014 年和 2017 年发布的《中国银行业年度理财报告》(https://www.chinawealth.com.cn/zzlc/sjfx/lcbg/list.shtml)。

② 李波：《2021 资产证券化发展报告》，《债券》2022 年第 2 期。

第七章 互联网技术条件下我国产业资本运动分析

之差为正，表明金融企业利润增速加快，尤其是2004年和2005年，金融企业和非金融企业利润增长率之差竟超过100个百分点，在2008年金融危机之前非金融企业利润增长率与金融企业利润高增长率差别较大。2008年金融危机以后，金融企业与非金融企业利润增长率之差在横轴上下波动，表明金融企业和非金融企业利润增长率之差交替上升。但仔细观察发现，非金融部门利润增长率高于金融部门利润增长率的时期较短，这表明金融部门利润具有高增长率的趋势（见图7.5）。

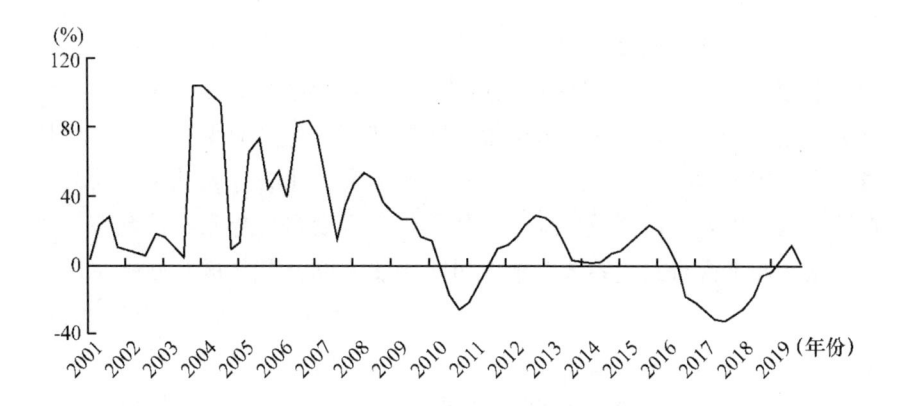

图7.5　金融部门和非金融部门利润增长率之差

资料来源：张成思、贾翔夫、廖闻亭：《金融化、杠杆率与系统性金融风险》，《财贸经济》2022年第6期。

在高利润率的引导下，产业资本金融化日益突出。产业资本金融化活动还导致我国经济出现"脱实向虚"现象。在金融化资本运动中，在高利润率的引导下，越来越多的资本倾向于采取货币资本形态，而不是生产资本形态，并且在产业资本总运动中，货币资本家的权力不断增长，导致我国经济出现"脱实向虚"现象。在上市公司中，金融业净利润占总利润的比重从2000年的7.4%增长到2009年的49.3%，1980—2014年金融部门的资本收益率更是从4%增长到16%。从主要部门的资本收益率中金融业的资本收益率始终领先于其他部门，金融部门利润率的提高，吸引更多的非金融部门从事金融活动。2007年第二季度非金融企业从事类金融投资业务规模为476.46亿元，到2014年第四季度增长到4710.68亿元，占国内生产总值的8‰，增长近十倍。

产业资本的金融化主要通过入股或成立信托、资产管理公司、融资租赁、小额贷款公司等非银行金融机构，参与金融投资活动。这些非银行金融机构通过所谓金融创新并以互联网金融新业态呈现出来，导致在法律漏洞中生存的金融乱象疯狂生长。但由于它们没有获得廉价存款的能力，于是与银行合作，要么发行理财产品，要么直接从银行获得便宜的贷款，将融得的资金投向实体经济部门。资金虽然最终仍然是流向实体经济的，但是在金融体系内绕了两圈，形成"金融自我循环"。

产业资本的金融化活动导致了影子银行业务不断地膨胀。① 2017 年初，中国广义影子银行规模达到历史峰值 100.40 万亿元，狭义影子银行规模达到 51.01 万亿元，影子银行规模与国内生产总值（GDP）的比值一度达到 123%。② 影子银行是在金融体系之外的金融乱象，同时又在社会融资规模中占据重要地位，如果任其发展可能导致经济动荡。过度膨胀的影子银行致使系统性金融风险隐患不断累积，成为威胁中国金融安全的五大"灰犀牛"之一，并极有可能触发"明斯基时刻"。2017 年，中国人民银行将商业银行表外理财纳入宏观审慎评估体系（MPA）；2018 年 4 月，中国人民银行联合"两会一局"发布《关于规范金融机构资产管理业务的指导意见》；同年 9 月，银保监会发布《商业银行理财业务监督管理办法》，中国进入资管行业的严监管时代，影子银行规模不断缩小。

---

① 根据中国银行保险监督管理委员会 2020 年发布的《中国影子银行报告》，中国影子银行被界定为处于银行监管体系之外的、扮演着"类银行"角色的金融信用中介业务，通常以非银行金融机构为载体，对金融资产的信用、流动性和期限等风险因素进行转换。银保监会广义影子银行计算口径主要包括：银行同业特定目的载体投资、委托贷款、资金信托、信托贷款、银行理财、非股票公募基金、证券业资产管理、保险资产管理、资产证券化、非股权私募基金、网络借贷 P2P 机构、融资租赁公司、小额贷款公司提供的贷款，以及商业保理公司保理、融资担保公司在保业务、非持牌机构发放的消费贷款。狭义影子银行计算口径主要包括：同业特定目的载体投资、同业理财和投向非标债权及资产管理的银行理财、委托贷款、信托贷款、网络借贷 P2P 贷款和非股权私募基金。

② 高蓓、金健、何德旭、张明：《资管新规背景下的中国影子银行体系：特征事实、风险演变与潜在影响》，《当代经济科学》2023 年第 5 期。

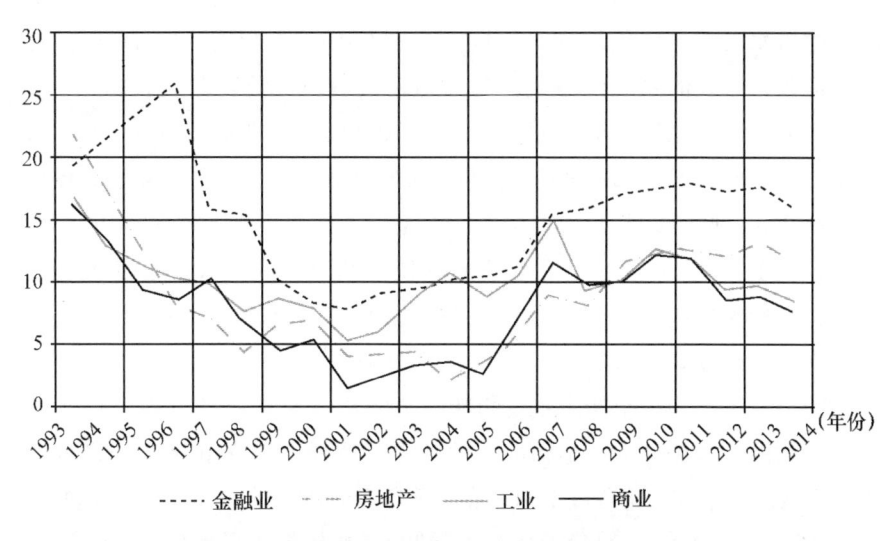

图 7.6　1992—2014 年中国主要行业的资本收益率

资料来源：彭俞超：《论现代市场经济中的金融资本——基于金融部门资本收益率的分析》，博士学位论文，中央财经大学，2016 年。

另外，居民的日常消费正在被资本化。2007 年，中国家庭部门贷款总额仅为 5.07 万亿元，占 GDP 比重仅为 18.9%；到 2020 年，中国家庭部门贷款总额已达 63.18 万亿元，占 GDP 比重已达 62.7%，家庭部门贷款总额年均复合增长率达到 21.4%。[1] 在家庭部门贷款中，消费信贷比例较高，2018 年，我国消费贷款余额占住户部门贷款余额比重为 78.9%。消费信贷中个人住房贷款余额为 25.8 万亿元，占住户部门债务余额的比例为 53.9%；短期消费贷款 8.8 万亿元，但保持 20% 以上的增长速度。[2]

消费贷款的增加意味着债务增加。2007 年中国家庭债务收入比为 31.9%，2019 年这一数值达到了 93.7%，年均复合增长率达 9.4%。[3]

---

[1] 西南财经大学中国家庭金融调查与研究中心：《中国消费信贷健康问题发展研究》（https:chfs.swufe.edu.cn/_local/1/4A/6c/31A41A215674-6A3FDB41F7B969D-6C02Ba70-E80A6.pdf），2020 年。

[2] 中国人民银行金融稳定分析小组：《中国金融稳定报告 2018》，中国金融出版社 2018 年版，第 24—25 页。

[3] 西南财经大学中国家庭金融调查与研究中心：《中国消费信贷健康问题发展研究》，2020 年。

不同收入水平的人，负债水平不同。根据2016年中国家庭追踪调查报告，低收入家庭的家庭债务负担整体重于高收入家庭：有负债家庭中，年收入低于6万元的平均债务收入比为285.9%，而年收入高于36万元的平均债务收入比为89.0%。此外，年收入低于6万元的有负债家庭中，有0.8%的家庭债务超过50万元，意味着这部分家庭在收入水平不变的情况下，需要用近十年的全部收入偿还债务。低收入家庭金融资产有限，消费支出刚性，很可能因为意外支出需求导致财务状况恶化。①我国内需规模逐渐增长，但工资资本化也削弱了劳动力再生产的能力，对我国金融系统的稳定产生重要影响。

互联网技术条件下，金融部门的独立性增强，在货币拜物教的迷惑下，金融化资本在一定程度上引导和支配着产业资本的运动，从而可能引发系统性金融风险。一旦货币资本在产业资本中占据主导地位，金融部门可能脱离为实体经济服务的宗旨，形成"金融自我循环"，剥削和压榨生产资本，产生系统性金融风险。因此，需要对金融部门进行监管，规制金融部门金融功能，把货币经营资本束缚在为生产资本服务的宗旨内部。

三　以国际金融垄断资本主导的外循环动能减弱

（一）中国以产业链分工参与国际大循环

全球产业链分工把商品的不同生产阶段和生产环节分布在不同的国家或地区，每个国家的企业只生产产品的一部分。由于不同国家的技术和劳动力技能有差别，每个国家在国际产业链中所处的位置也有差别。正如产业链中的核心企业和外围企业一样，在国家局部工人化的国际产业链中也具有核心国家和外围国家。核心国家是在国际产业链中占据主导的国家，拥有核心企业，制定整个世界产业发展的规则，推动世界生产工艺标准升级；而在国际产业链中从属和跟随核心国家的外围国家中，外围企业比较集中，被动接受世界产业规则和生产工艺，承担产品的加工和制造。

从改革开放以来，尤其是1994年确立中国特色社会主义市场经济

---

① 转引自中国人民银行金融稳定分析小组《中国金融稳定报告2019》，中国金融出版社2019年版，第30页。

后，中国积极融入全球产业链中，全球产业链的参与度超过南非、巴西、俄罗斯、印度、墨西哥等新兴经济体。① 依靠劳动力、土地等要素禀赋优势，在加入 WTO 后，中国承接发达国家产业外包，并迅速成为"世界工厂"。2010 年中国制造业总产值占世界制造业总产值的 19.8%，首度超过美国成为世界第一制造业大国，2015 年制造业的占比高达 22%，稳居世界第一。② 中国深度参与全球产业链分工，成为世界生产制造基地，一个直接的结果就是拥有贸易顺差。尤其是对去工业化主要国家美国的出口比重不断上升，2001 年中国占美国进口比重为 7.5%，到 2017 年上升到 17.4%。与此相对应，中国对美国的贸易顺差持续上升，2001 年中国对美国贸易顺差占美国贸易顺差的 23.0%，到 2017 年，这一比例上升至 67.9%。

但在金融垄断资本构建的全球产业链分工中，中国仍处于中低端环节，是国际产业链分工的外围国家，受美国等核心国家制定的产业规则和生产工艺制约。例如 2016 年中国商品贸易结构中，机电产品和劳动密集型产品占我国出口主要部分，而在进口的中间品中，零部件占比接近 40%、未加工的初级原料及能源资源占比约为 35.42%，初级加工原材料占比约为 24.78%。其中，绝大部分的零部件进口集中在电子通信（占 59.33%）、装备制造（占 19.71%）、交通运输设备（占 18.62%）等高新技术及机电制造部门。③ 从进出口商品结构看，中国在全球产业链中仍处于从属地位，受核心国家产业发展影响。

（二）中国逐渐跳出金融垄断资本主导的全球积累循环

美国金融垄断资本把世界各国都纳入其构建的全球积累体系中，中国也不例外。但中国的产业发展与国际产业链分工规律共振，走出了一条适合国情的发展道路。中国具备完整的现代工业体系，是唯一能够生

---

① 李正、武友德、胡平平：《1995—2011 年中国制造业全球价值链动态演进过程分析——基于 TiVA 数据库的新兴市场国家比较》，《国际贸易问题》2019 年第 5 期。

② Gary Gereffi, Joonkoo Lee, "Why the World Suddenly Cares about Global Supply Chains", *Journal of Supply Chain Management*, Vol. 48, No. 3, 2012, pp. 24–32.

③ 数据来源：海关总署网站（https:www.gov.cn/xinwen/2017-01/14/content-51594 78.htm）。

产联合国工业目录大类所有产品的国家，特别是随着新一代信息技术革命深入，中国互联网生产方式逐步落地，在一定程度上跳出了金融垄断资本构建的全球积累循环。

第一，核心生产环节垄断优势和高技术优势逐渐丧失。互联网生产方式重塑生产规则。随着互联网技术与产业资本深度结合，中国深入参与到全球产业链分工当中，承接大量核心企业的生产外包，通过"干中学"获取技术溢出，拥有一定的技术积累和人才资源储备。通过结合中国要素禀赋优势和产业基础，在生产工艺、生产标准、生产工序等方面创新，不断攻克技术难题，推动互联网生产方式落地生根，促进企业竞争力提高和产业转型升级。互联网生产方式的发展使中国在全球产业链中的位置不断攀升，缩小与美国核心生产环节的代差，甚至在一些领域，中国已经成为全球产业链分工的核心国家，能够制定全球产业的标准，如中国的核电技术、高压输变电技术、中国的高速铁路技术、航空航天技术等。为了更快融入新一代信息技术，引领科技革命和产业革命发展，塑造生产核心竞争力，进一步提升中国在全球产业链分工中的地位，推动中国由制造大国迈向制造强国，2015年出台了《中国制造2025》。在新一代信息技术的多个领域深耕，推动互联网生产方式向更高质量、更深层次、更广范围发展，力争形成一批制定生产标准和规则、具有国际竞争力的核心企业，在全球产业链分工中不断向上游攀升。

虽然目前中国在全球产业链中仍处于从属地位，但随着5G、大数据、云技术、人工智能等新一代信息技术革命的到来，中国可能在新技术变革中实现"弯道超车"，突破原有全球产业链分工定位，构建新的全球分工体系。例如以华为为代表的中国高科技企业正在成为网络企业中的核心企业，引领和参与制定全球5G标准。在5G技术发展方面，美国的核心企业技术优势正在丧失，就专利而言，华为申请了全球5G专利的15.5%，整个中国的5G专利占全球5G专利的34%，而美国5G专利占比仅为13.91%，其中占比最多的企业高通仅占8.19%。①

另外，美国金融垄断资本的虚拟资本手段无法支配和控制正在崛起

---

① 李策划、李臻：《美国金融垄断资本全球积累逻辑下贸易战的本质——兼论经济全球化转向》，《当代经济研究》2020年第5期。

的中国高科技企业。一方面是由于中国金融业开放的循序渐进，美国进入中国的金融垄断资本数量是有限的。另一方面是因为中国一些核心企业没有资产证券化，如华为。华为没有进行资产证券化，并且98.93%的股权被以工会为载体代表员工持有，从而排除了虚拟资本对生产的干扰，使美国金融垄断资本无法通过虚拟资本控制华为。美国金融资本无法支配和控制以华为为代表的中国核心企业，从而导致其全球积累路径在中国失效。

第二，金融业开放循序渐进，国际竞争力不断提高，使美国金融垄断资本的胁迫失效。改革开放以来，中国金融业开放程度不断提高，但为了保护国内金融安全，总体开放水平较低，对外国资本持有的银行、证券、保险行业股份及经营范围有所限制。例如2012年外资银行资产占国内银行资产总额为1.82%，低于世界平均水平13%；中国没有设立外资独资的证券公司，中国和外国合资（中方控股）的证券公司资产占全部证券公司资产总额的5.74%；外资在财险市场的份额为2.1%，低于其他国家。①随着"一带一路"倡议实施，资金融通是其重要途径，经济高质量发展要求金融业的高质量发展，因此中国金融业进行了新一轮对外开放。例如中国取消银行和金融资产管理公司的外资持股比例限制、取消证券公司的持股比例限制、不再对合资券商的业务范围单独设限、内外资一致等。通过循序渐进地开放，提高中国金融业的国际竞争力，有效避免了墨西哥式危机。墨西哥金融业"休克"式的开放，使外资控制政府发行债券的70%、股市总额的1/3，在美联储加息后，外资回流到美国，导致墨西哥比索贬值，进而导致金融危机。金融业新一轮对外开放提高了中国金融业的国际影响力，2018年6月，我国A股正式纳入MSCI指数；2018年境外投资者投资中国债券市场增加近6000亿元，目前总量达到约1.8万亿元等，无不说明中国金融业具备走向国际的能力和信心，不再受金融垄断资本的支配和控制。尤其是，随着人民币国际化程度不断提高，削弱了美元世界货币的地位。从2009年试点跨境贸易人民币结算开始，人民币国际化程度（RII）不断提高。2009

---

① 王洋天、郑玉刚：《基于改革开放40年的中国金融业对外开放实践和启示》，《贵州社会科学》2018年第9期。

年 RII 为 0.02%，到 2018 年时 RII 达到 2.95%，虽然与美元国际化指数 51.95% 相差较大，但增长速度较快，十年增长了 147.5 倍。2016 年，人民币加入特别提款权后，人民币在全球官方外汇储备占比一直稳步提升，成为美元、欧元、英镑和日元之后的全球第五大储备货币，同时也是全球第五大支付货币。① 人民币作为世界货币执行价值尺度、流通手段、支付手段和贮藏手段职能，代表国际价值的一般形式，削弱了美元世界货币的地位。随着中国与"一带一路"共建国家进行资金融通，2018 年中国与"一带一路"共建国家跨境人民币交易结算量超过 2 万亿元，与 21 个共建国家签署了双边本币互换协议，美元的支配权力被进一步削弱，从而对美国金融垄断资本的积累体系产生重要冲击。

第三节　产业资本总运动连续性畅通经济循环

互联网技术的技术变革和价值革命对产业资本总运动产生重要影响，一方面使产业资本各职能形态出现新变化，另一方面也对产业资本总运动连续性产生冲击。为了维持产业资本总运动的连续性，在互联网技术条件下，产业资本在整体结构与主导体系方面出现新变化。这些新变化虽然维持产业资本总运动的连续性，却也带来了一些问题，比如金融功能异化、金融化资本形成削弱了产业资本力量等。如果单从产业资本适应互联网技术的技术变革和价值革命来说，这些新变化是没有问题的，但如果从国民经济运行角度看，就会发现这些新变化是在资本积累机制下发生的畸形运动，虽然短期内能够维持产业资本总运动连续性，但也留下重大隐患，在不远的将来必然造成产业资本总运动的断裂，进而导致经济循环不畅通。

在社会主义市场经济中，互联网技术推动产业资本总运动出现一些新变化，同时也会导致国民经济发展出现一些问题。为了畅通经济循环，应对互联网技术对产业资本总运动带来的冲击，维持产业资本总运

---

① 中国人民大学国际货币研究所：《人民币国际化报告》，中国人民大学出版社 2019 年版，第 1—2 页。

动连续性，需要引导产业资本整体结构和主导体系。在互联网技术条件下，产业资本仍是创造新价值唯一的职能形态，生产过程是价值创造过程，流通过程是价值实现过程，两者缺一不可，否则不能实现产业资本总运动的连续性。在产业资本各形态中，货币资本和商品资本服务服从于创造价值的生产资本，在互联网技术条件下，仍需要以生产资本为主导，货币资本和商品资本服务服从生产资本，才能保障产业资本总运行顺畅。在互联网技术条件下，应该充分认识产业资本各职能形态的新变化以及产业资本总运动新变化，在掌握基本规律的基础上，引导产业资本总运动回归本源，构建新发展格局，推动国民经济健康发展。

一 金融服务实体经济

在当今社会，金融已经成为国家重要的核心竞争力，金融安全是国家安全的重要组成部分，金融制度是经济社会发展中重要的基础性制度。这不仅得益于生产的发展对金融的要求，还在于互联网技术提高了金融部门的独立性。互联网技术推动货币资本独立化为金融化资本，并且金融化资本运动在互联网虚拟空间中脱离了生产环节，实现虚拟资本的自我循环即实现 G—G′过程。金融化资本的运动脱离了实体经济，不仅如此，金融化资本的形成进一步强化了金融部门的主导地位，并把生产部门置于金融化资本运动的逻辑内，控制和支配实体经济发展。[①] 要约束金融化资本本身及其形成的积累体系，把金融部门重新纳入产业资本运动的逻辑内，让金融服务于实体经济。

首先，金融部门功能回归本源。金融从其本源来说是服从服务于经济社会发展的。货币最初作为一般等价物进行商品的交换活动，并随着商品贸易的发展出现了信用制度如商业信用、银行信用。信用制度的产生为借贷资本提供基础，以信用制度为核心衍生出一系列的金融产品如证券、期货、股票等，形成虚拟资本。最初，信用制度和虚拟资本都是从商品的生产和流通过程产生，从执行货币职能产生即从 G—W 和

---

① 实体经济的概念没有统一的定义，本书采用刘晓欣等的理解，实体经济是相对于虚拟经济而言的，虚拟经济主要指金融、房地产服务业和置业服务业。参见刘晓欣、宋立义、梁志杰《实体经济、虚拟经济及关系研究述评》，《现代财经》2016 年第 7 期。

W′—G′开始，在商品的买和卖中形成资本，与产业资本存在着关联。随着生产大规模增加，流通也大规模增加，从而使商人资本独立出来，产生了货币经营资本家，信用资本表现为凌驾于产业资本运动之上的G—G′过程，即借贷货币表现出一种货币拜物教，钱能生钱的观念"深入人心"。虽然此时借贷资本脱离了产业资本运动逻辑，但大银行资本仍然必须与大产业资本结合起来形成金融垄断资本，从而使借贷资本钱能生钱观念根植于产业资本运动逻辑。而在互联网技术条件下，互联网金融创造的信用制度彻底释放金融部门的"潘多拉"，形成金融部门内部自循环的金融化资本。金融化资本运动把产业资本纳入进来，让产业资本获得利润成为结果，而不是原因，金融化资本与产业资本的关系被彻底颠倒过来，货币拜物教不断被强化。在金融部门功能异化、金融化资本兴起和资本积累方式转变中，我国出现了潜在的系统性金融风险。要避免系统性金融风险就必须正本清源，把颠倒的关系再颠倒过来，让金融部门功能回归本源，让金融化资本运动纳入产业资本运动中去，让金融服务于实体经济。

　　对金融部门的独立性进行规制，健全金融监管体系。从总体上完善金融市场、金融机构、金融产品体系，协调金融与实体经济的发展，提高金融部门资源配置效率，降低实体经济成本。从具体上，在发挥市场配置金融资源的决定性作用的同时，加强政府对金融市场、金融机构、金融产品体系的宏观调控，化解金融乱象。近年来，我国在防范化解金融风险方面做了很多工作，如规范金融部门业务、整治影子银行、治理互联网金融平台的金融乱象、化解银行不良贷款率等，取得了重要成绩。就加强影子银行监管而言，2017年开始，同业理财、委托贷款、信托贷款、通道类信托等狭义影子银行业务受到了压降规模的严格监管，而对融资租赁、资产证券化等非狭义影子银行项目的监管重点则是提高业务的合规性与透明度。2017年，银行业监督管理委员会启动的"三三四十"专项整治行动，旨在整治银行业市场乱象，尤其是针对同业业务、理财业务、表外业务等跨市场业务中存在的资产出表、杠杆过高、多层嵌套、相互代持等问题，形成了强大的监管震慑。随后，2018年监管部门又连续发布关于委托贷款、资管业务、理财业务的管理办法，推进"去杠杆""去通道""去嵌套"，以全面弥补监管制度短板。此轮集中治理后，我国影子银行规模持续下降，增长态势得到有效遏制。例如银行理财治理取得初步成效，2021年银行理财市场规模达到29万亿元，累计新发理财产品4.76万只，募集资金122.19万亿元。其中，保本理财产品规模已由整治前的4万亿元降至零；净值型产品存续余额为26.96万亿元，占比为92.97%；同业理财降至541亿元，较整治前下降97.52%。

其次，构建金融服务实体经济的长效机制，把金融资本、金融化资本运动纳入产业资本总运动中，构建产业资本主导的治理体系。金融是进行资源配置的手段，尤其是现代信用制度的发展更是为了满足实体经济多样的金融需求，而只有在产业资本占主导的社会总资本运动中，实体经济才是金融的出发点和落脚点，否则实体经济只是金融活动的中介，是金融积累的支撑基础。为了避免出现系统性金融风险，需要把实体经济作为金融活动的出发点和落脚点，壮大实体经济。

金融是国之重器，是国民经济的血脉。坚持把金融服务实体经济作为根本宗旨，要把服务实体经济作为根本目的，把防范化解系统性风险作为核心目标，把深化金融改革作为根本动力，促进经济与金融良性循环。虽然目前很多工作正在推进，2018年出台《关于加强非金融企业投资金融机构监管的指导意见》引导非金融企业继续从事实体经济，进一步推动银行理财服务实体经济，2021年，银行理财通过投资债券、非标准化债权、未上市股权等资产，支持实体经济资金规模约25万亿元，相当于同期社会融资规模存量的8%。除此之外，银行理财还投向绿色债券，规模超2200亿元；投向乡村振兴、扶贫等专项债券，规模超1200亿元，为中小微企业发展提供资金支持超3万亿元。① 但要构建金融服务实体经济的长效机制，防止金融资本、金融化资本野蛮生长，还需不断完善金融资本治理体系。

二 构建中国创造和中国制造体系

互联网技术推动的信息化生产奠定了"中国制造"基础。我国制造

---

① 中国理财网2021年发布的《中国银行业年度理财报告》（https://www.chinawealth.com.cn/zzlc/sjfx/lcbg/list.shtml）。

业在过去四十多年间迅速崛起,但在国际分工中更多承担着外围企业的组装加工环节,即我国更多的是 Pb 资本而不是 Pa 资本,从而导致我国制造业长期被锁定在产业链条的低端。尤其是,以国际金融垄断资本主导的国际大循环动能减弱,以国际大循环带动国内经济循环出现瓶颈,就需要增强国内经济循环的动能。研发设计资本是生产资本运动的核心动力,外围资本是生产资本运动的辅助动力,只有增强研发设计资本的泵动力才能畅通经济循环,否则经济循环较弱,畅通能力不强。随着物联网、大数据和人工智能等新一代技术的发展,尤其是伴随着数字经济崛起,为增强研发设计资本运动、改变核心企业区域分工提供重要契机,有利于打破原有的国际分工体系,重新塑造我国在国际分工体系中的地位,促进我国产业迈向全球价值链中高端。

首先,抓住新一代信息技术战略机遇,打造驱动新发展格局的研发设计资本和核心企业。研发设计资本和核心企业具体可分为两个层次。第一层次是完全掌握"看不见的设计规则"的研发设计资本和核心企业,从而能够构建起整合网络化企业乃至形成以核心企业为中心的国际分工体系。一般来说,这类研发涉及资本和核心企业拥有关键核心技术。关键核心技术是产业链和供应链的"命门",只有掌握这个"命门"才能跳出国际金融垄断资本构建的积累循环。第二层次是拥有部分"看不见的设计规则",但更多的是作为国际分工体系中的一环,在网络化企业中作为一级供应商、二级供应商存在。

研发设计资本的生产过程需要高端生产资料和高技能的脑力劳动者,并把两者结合起来,因此,需要从三方面入手:一是提升生产资料质量;二是培养高技能人才;三是创新高技能劳动力与高端生产资料的结合方式。

在数字虚拟空间中,数据成为新的生产要素,并在"前生产阶段"串联劳动、资本、土地、技术等要素,整合研发创新资源,形成研发创新的新模式。核心企业通过数字虚拟空间搭建网络化、数字化协同研发平台,把企业、产业以及整个社会的研发创新资源整合起来,构建数字化研发生态,最大限度发挥集体智慧,达成前所未有的社会协作,为突破关键核心技术封锁、攀升全球价值链提供契机。互联网技术具有信息传递、检索和交互方面的优势,缩小时空距离,扩大产业链布局的地理空间，降低管理成本和交易成本。数字供应链平台把设计商、制造商、供应商、销售商、集成商、客户等相关主体联系起来，编织成扁平化的网络，优化生产组织流程，提高供应链效率。

增加研发设计环节的投入，需要"硬件"即技术设备和"软件"即高技能劳动力相结合。不能只注重其中智能化生产技术设备，还要培养造就一大批战略科技人才、科技领军人才、青年科技人才和高水平创新团队，这样才能增大研发设计资本，实现"中国创造"。加快建设世界重要人才中心和创新高地，在北京、上海、粤港澳大湾区建设高水平人才高地，在一些高层次人才集中的中心城市建设吸引和聚集人才的平台。集中国家优质资源重点支持建设一批国家实验室和新型研发机构，发起国际大学计划，为人才提供国际一流的创新平台。

互联网技术改变生产工艺和生产流程。在推动数字产业化和产业数字化过程中，变革原有生产模式，形成智能制造模式、网络化协同制造模式、个性化定制模式和服务型制造模式等。其中，智能制造模式是新一代信息技术对生产制造链的全流程数字化、智能化改造，是在大数据驱动下"关联+预测+调控"的工厂生产与决策新模式。网络化协同制造模式是数字虚拟空间连接不同生产制造企业，通过协同制造打造工业化和信息化横向集成融合，形成需求和技术双轮驱动。个性化定制模式是互联网平台打造的以用户为中心、以数据确定的全新组织模式，实现供需匹配和按需生产。服务型制造模式是新一代信息技术延伸制造业产业链、缩小制造业生产空间的结果，通过网络化协作实现制造环节向服务环节延伸、服务环节向制造环节渗透，从而整合制造和服务价值链，提升产品附加值。新型制造模式是新一代信息技术与制造业深度融合的产物，新一代信息技术为传统制造业建立"大脑"，传统制造业为新一代信息技术经济提供赋能载体，在生产装备质量提升的基础上，依托"数据+算力+算法"打造智能化生产体系。

关键核心技术攻关是一个系统性工程，不是一朝一夕的事情，也不是一个企业的事情，需要国家整体协调，进行系统布局，发挥社会主义市场经济的独特作用，健全关键核心技术攻关新型举国体制，把政府、市场、社会有机结合起来，科学统筹、集中力量、优化机制、协同攻关，塑造中国特色社会主义的研发设计资本和核心企业。

其次，构建网络化企业和区域分工体系。在生产资本内部分工中，研发设计资本 P_a 不断创造出新的产品。核心企业制定标准，外围企业执行这些标准和具体的生产制造过程。研发设计资本和生产制造资本共同构成了生产资本整体，两者缺一不可，因此在实现"中国创造"的同时，需要提高"中国制造"的质和量，才能形成完整的产业链条，才不会导致产业空心化。建立现代化经济体系要求协调区域发展，以创新引领东部地区率先实现"中国创造"，深化改革，加快东北等老工业基地振兴，发挥优势推动中部地区崛起，强化举措推进西部大开发，提高"中国制造"质和量。在协调区域发展中，完善中国产业体系。

构建中国创造和中国制造体系需要不断深化供给侧结构性改革，将提高供给体系质量作为主攻方向，推动互联网、大数据、人工智能和实体经济深度融合，促进产业转型升级，逐渐提高生产制造的技术有机构成，推动劳动过程与直接物质生产过程的分离。在高度协作的社会分工中，核心企业利用网络化分工外包生产制造环节，专注于研发设计环节，最终实现"中国创造"。通过研发设计资本的集聚和集中，逐步向全球产业链条的中高端攀升，形成世界级先进制造业集群，创造研发设计资本和核心企业，构建网络化企业和区域分工体系。

无论是研发设计资本还是生产制造资本都是实体经济的一部分，是物质生产的一个阶段。研发设计资本的增加和核心企业的购进、产业链条的攀升说明实体经济的力量增强，同时也表明生产资本的力量增强，从而在产业资本整体运动中占据更为重要的地位。生产资本力量增强是产业资本整体运动顺利进行的基础，在社会总资本中，只有生产资本占主导地位才能形成合理的产业结构，推动经济健康有序发展。

三 建设现代化流通体系

在产业资本运动中，$G—W$ 和 $W'—G'$ 过程是流通环节的两个过程，这两个过程作为生产过程的中介，为生产过程提供保障。在社会再生产过程中，流通环节和生产环节缺一不可，流通效率和生产效率同等重要，是提高国民经济总体运行效率的重要方面。高效流通体系能够在更大范围内把生产和消费联系起来，扩大交易空间范围，推动分工深化，提高生产效率，促进财富创造。

在互联网技术条件下，电子商务执行职能时降低流通费用，减少商品买卖时间，加快资本周转速度，成为加快产业资本周转的推动器。要加快利用互联网技术改造物流基础设施。互联网技术应用在交通工具、物流生产资料上增强了流通过程的信息化、智能化水平，提升传统物流基础设施的承载力，大幅提升流通效率。在新一轮国家骨干流通网络建设中，要发挥新一代信息网络作用，抢抓5G发展机遇，高效率、大面积铺开5G建设工作，同时加强以数据中心、智能计算中心、工业互联网、物联网等为代表的新型信息基础设施建设。进一步深化互联网、物联网、云计算、大数据等新技术在流通领域的普及应用，促进流通体系业态与生产制造、研发设计和金融服务等行业深度融合，在管理体系、运作模式、技术协作、人力资源整合等方面实现转型升级。物流基础设施的覆盖面从城市延伸到农村，加强县乡村共同配送中心建设，加大速冻、冷库、冷藏等设施设备投入，补齐城乡冷链物流设施短板。推动全国流通信息资源的共享和协同平台建设，打造集流通体系运行监测、安全监管、数据共享等多功能于一体的大平台，为流通企业提供支撑服务，也进一步提升政府对流通业的运行监测和公共服务能力。

要加快培育一批具有创新力和带动力的国际性流通企业，逐步形成一批以流通企业为主导的现代供应链，构建新型产销体系，承担连接国内国际双循环的枢纽功能，畅通国内外双向流通渠道，引导和整合全球资源聚合流转。以完善现代流通体系实现供需有效对接和供应链产业链协同发展，建立以我国产业为核心的全球供应链，构建自主可控、安全可靠的国内生产供应体系，巩固提升优势产业的国际领先地位，推动价值链向中高端迈进，强化供应链产业链韧性。

电子商务平台在构建跨时空的全球销售网络的同时，也打造高效的流通体系。互联网技术除了提高交通基础设施和交通工具性能，还改变了运输方式。随着物联网、大数据、云计算等新一代信息技术的应用，交通运输部门出现了条形码技术、数据库技术、电子订货系数（EOS）、电子数据交换（EDI）、有效的顾客反应（ECR）等技术，把运输过程数字化。电子商务平台通过商品数字化信息的收集、存储、标准化加工和实时传递，把全球各地密切联系在一个生产和流通网络中，从而把价值运动、使用价值运动和信息的运动有序统一起来。在电子商务平台集中商品流和信息流基础上，以信息运动带动使用价值点对点的运动，打造现代物流和仓储体系实现了精准配送，塑造新的流通方式和商业生态体系，直接缩短了运输中的间接转运浪费的时间，提高流通效率。要以电子商务平台为核心，带动平台上下游各流通环节，以高效流通体系促进生产体系高效发展。同时，大力发展流通新业态新模式，创新商业模式，提高新型流通方式对上下游供应链企业的吸引力，打造集产业运行、安全监管、数据共享等于一体的多功能平台，创新流通模式，提高流通自动化、智能化水平，从而提升产业链、供应链服务能力。流通业需要广泛应用现代信息技术，对流通业的规范化、技术数据的标准化和配送中心技术水平的提升，尤其充分利用以互联网为代表的信息技术手段，提升供给能力。

  电子商务与物流业密切相关，建设现代化的流通体系需要建设现代化的物流业。物流业把现实物品运输到消费地承载，是电子商务能够代表商品资本执行职能的关键一环。现代化物流业发展不仅要有信息化、智能化的基础设施，还要有一批具备专业素养的现代物流工人。现代物流工人是产业工人的重要组成部分。只有在和谐的劳动关系下，现代物流业才能更有效率，因此现代物流工人的基本权益要得到保障。近年来，由于电子商务的发展催生出一些新业态、新模式，形成一些新职业，这些新职业的工人暴露在资本酷日之下，没有法律遮阳棚的保护，导致劳动关系紧张。随着物流业在经济社会发展中的作用越来越重要，其劳动关系也受到广泛关注，需要维护新就业形态劳动者权益。因此，2021年，国家出台《关于维护新就业形态劳动者劳动保障权益的指导意见》，保障新就业形态劳动者劳动保障权益如健全公平就业、劳动报酬、休息、劳动安全、社会保险制度，强化职业伤害保障，完善劳动者诉求表达机制等。

  建设现代化流通体系是为了促进产业资本总运动连续性，畅通经济循环。然而，以电子商务为核心的流通环节在提高流通效率的同时也会增加商品资本的独立性，有些电子商务利用互联网技术特征建立垄断势力，并与互联网金融结合，强化流通过程的地位，削弱生产过程的作用。大型电子商务企业建立的垄断电子商务平台，成为商品资本销售的主要渠道，一些中小生产资本被大型商业资本控制。因此，建设现代流通体系需要防止出现流通异化现象，使流通服从于生产，提高商品资本的资源配置效率，克服供给和需求的结构性失衡，进而提高生产效率，创造社会财富。

本章小结

在我国社会主义市场经济中，产业资本运动规律同样适用。在互联网技术条件下，互联网金融、信息化生产和电子商务代表货币资本、生产资本和商品资本执行购买、生产和销售职能。在互联网技术条件下，我国产业资本整体运动连续性增强，也会出现经济"脱实向虚"的潜在系统性金融风险，并且随着人工智能、大数据、云计算等新一代信息技术发展，以产业资本主导的中国经济内循环动力逐渐增强，以国际金融垄断资本主导的外循环动能逐渐减弱。在互联网技术条件下，以产业资本为主导，协调产业资本内部各形态规模和结构关系，让金融服务实体经济，构建中国创造和中国制造体系，建设现代化流通体系，才能畅通产业资本循环，从而促进经济循环，构建新发展格局。

结　语
数字经济时代的资本

当前，人类社会进入数字经济时代。数字经济作为一种新的经济形态，是互联网技术成熟演变为数字技术的呈现，是新一轮科技革命产业化的结果。数字技术持续不断地变革原有的生产方式，构建数字化生产条件、网络化生产组织和智能化劳动方式，从而塑造数字生产方式。

一　数字生产方式下的经济关系重塑

马克思指出："随着新的生产力的获得，人们便改变自己的生产方式，而随着生产方式的改变，他们便改变所有不过是这一特定生产方式的必然关系的经济关系。"[①] 数字技术是当代先进的生产力，塑造了数字生产方式，而随着数字生产方式的确立，就会撬动传统生产方式变革，并改变生产、分配、交换、消费等各种经济关系。

（一）数字生产方式赋能生产和再生产过程

数字技术开拓了人类生产和再生产的时空范围，提高了产品使用价值质量。在数字虚拟空间中，数据作为新型生产要素参与生产、分配、交换和消费各环节，对传统生产环节产生重大影响。数据天生是资源，但不是天生的生产要素，只有在数字经济时代，数据不仅在可能上而且在现实上成为能够与劳动力结合的生产要素。不同于土地、劳动和资本等生产要素，数据具有自身的特点，如规模报酬递增、边际成本递减甚至是零边际成本。具有这些特点的数据生产要素推动生产动力变革，改

[①] 《马克思恩格斯选集》第4卷，人民出版社2012年版，第410页。

变生产的可能性边界。比如数据与其他生产要素交叉融合过程中，催生人工智能等"新技术"、数字资本等"新资本"、智能机器人等"新劳动"、数字孪生等"新土地"等新型生产要素，不断放大、叠加、倍增数据要素的赋能效应。数据要素不仅塑造新型生产要素，而且改变生产要素的组合方式，把原先集中并联的生产要素在空间上串联起来，形成生产要素链。数字经济时代，生产要素不需要集中在工厂或在特定空间才能发挥规模经济和集聚经济的效应，数据要素能够把数字虚拟空间和现实空间的各种要素串联起来，以生产要素链形式作用于生产各环节，实现生产要素空间分散化的规模经济和聚集经济。

数据搜集、加工和处理的脑力劳动过程一般在数字虚拟空间中进行，从而形成"前生产阶段"。[①]"前生产阶段"是脑力劳动与数字技术结合的阶段，重塑制造业产品生产环节、生产工艺，是制造业产品价值的决定阶段。"前生产阶段"的竞争优势一般体现在知识产权上，知识产权不过是以知识、信息、数据等形式存在的数字资源。一般来讲，数字资源能够以较低的成本被复制和传播，而知识产权则赋予数字资源以垄断性，不能够轻易或者说需要花费很大成本才能被复制和传播。因此，在"前生产阶段"的竞争优势能够通过知识产权不断累积。同时，如果想要弯道超车，"前生产阶段"是关键。

"前生产阶段"的劳动过程是价值的决定性阶段，是企业创新和产品竞争的主要领域，物质生产过程则处于从属地位，但这并不意味着物质生产过程不重要。物质生产过程中机器的智能化、数字化以及生产的适应性程度都在一定程度上决定脑力劳动产品的物化质量，决定产品的市场竞争力。传统的大机器生产方式下的生产制造过程具有标准化、规模化特点，一旦生产的标准和规则产生变化，就需要更换整个生产机器体系，而数字生产方式下智能化的机器更具有生产适应性，生产的标准和规则发生变化只需要调整生产机器体系的参数，不需要更换整个生产机器体系。同时，在生产过程中，数字平台的应用优化了生产组织流程。数字平台连接供给和需求双方，生产制造企业充分利用产品数据管

---

① 李策划：《互联网时代数字劳动的政治经济学分析》，《改革与战略》2020年第3期。

理（PDM）、协同产品商务（CPC）等数字化技术，对需求方的消费方式、消费习惯和消费体验等的数据搜集、加工、处理和预测，在"前生产阶段"研发和设计出消费者"想要"的产品，再通过智能工厂、数字化车间等进行定制化生产，改变原有的生产组织流通，进而塑造新的制造模式。

（二）数字生产方式提高流通效率

数字平台改变传统流通方式，使产品价值和使用价值运动相分离，提高流通效率，加速周转。在数字虚拟空间中，现实商品映射为以数据、图片形式存在的虚拟商品，表征商品的价值，而其使用价值仍然存在于现实空间中。数字平台作为虚拟化的交易场所，表征价值的虚拟商品能够被搜寻、筛选，也能够被买卖，但数字平台上的虚拟商品价值运动还要求现实空间中现实商品的使用价值相对运动，即只有把现实商品运送到购买者手中，商品的价值和使用价值才能实现对立统一。数字平台改变商品买卖方式，利用虚拟商品表征价值，减少了商品买卖时间和交易成本，利用现实产品表征使用价值，再以高效的交通运输工具运送，提高流通效率，提高商品价值周转速度。

数字平台在构建跨时空的全球销售网络的同时，也打造高效的流通体系。数字技术除了提高交通基础设施和交通工具性能，还改变了运输方式。随着物联网、大数据、云计算等数字技术的应用，运输部门出现了条形码技术、数据库技术、电子订货系数（EOS）、电子数据交换（EDI）、有效的顾客反应（ECR）等技术，把现实商品进行数字化。数字平台通过商品数字化信息的收集、存储、标准化加工和实时传递，把全球各地密切联系在一个生产和流通网络当中，从而把价值运动、使用价值运动和信息的运动有序统一起来。在数字平台集中商品流和信息流基础上，以信息运动带动使用价值点对点的运动，打造现代物流和仓储体系实现了精准配送，塑造新的流通方式和商业生态体系，直接缩短了运输中的间接转运浪费的时间，提高流通效率。

此外，数字经济的发展还模糊了生产与流通的界限。在数字平台中，消费者可能作为生产者参与生产活动，即所谓产消者。消费者在数字平台上的消费行为会形成信息反馈，比如消费者对商品标准、工艺的需求信息，消费者对商品的消费体验和改进建议等数据，都可能作用于

"前生产阶段"研发、设计等劳动过程,进而直接影响生产工艺、生产流程。因此,在数字虚拟空间中,生产和流通的界限不再是泾渭分明,而是具有模糊的发展趋势,从而提高流通效率,加速周转。

(三) 数字生产方式优化收入分配结构

数字技术的技术属性具有共享性,数字虚拟空间也是共享空间,从而使数字技术红利惠及较多的人。① 马克思认为:"所谓的分配关系,是同生产过程的历史地规定的特殊社会形式,以及人们在他们的人类生活的再生产过程中相互所处的关系相适应的,并且是由这些形式和关系产生的。"② 因此,在数字经济时代,数字生产方式推动生产和再生产中局部生产关系的变革,从而导致收入分配结构也发生变化。大机器具有垄断的技术属性,私有权与大机器技术结合形成资本统治,资本也因具有大机器的所有权而获得较多技术红利,形成无法跨域的分配鸿沟,而数字生产方式下人类生产生活的再生产过程所具有的共享性也体现在分配结构上,使分配关系不断优化。

在网络正外部性的要求下,数字技术被最大限度地普及,从而使数字经济时代的生产条件一部分被劳动者掌握,比如硬件设备中的计算机和手机、一些被免费使用的数字平台等。劳动者掌握部分生产资料就决定着劳动者也能够分配更多的剩余产品,尤其是,高技能知识工人是与生产资料结合进行脑力劳动,可凭借自己掌握的具有垄断性的知识和技能获得共享一部分剩余价值的权力,同时也能参与企业管理,改变企业管理方式。当前,一些高技能脑力劳动者与生产资料直接结合,作为自雇佣劳动,打破了生产资料和劳动力分割的间接雇佣劳动,改变着劳动方式。虽然自雇佣劳动仍然是在资本逻辑下进行的,但自雇佣劳动也在一定程度上具备控制自身劳动的能力,打破劳动对资本的从属关系,改变劳动者在生产分配中的地位。从劳动力再生产角度看,"前生产阶段"的生产既是知识、数据的生产阶段,也是劳动力再生产的重要内容,劳动力只有在"前生产阶段"不断补充新知识,才能获得高技能,创造出

---

① 刘凤义、李策划:《论互联网技术下的共享经济》,《马克思主义理论学科研究》2020 年第 4 期。

② 《马克思恩格斯选集》第 2 卷,人民出版社 2012 年版,第 653 页。

使用价值更美好的产品。知识、数据作为数字经济时代的劳动产品，具有较强的复制性，一经生产出来就能够被保存、快速传播，并且保存和传播费用较低，因此劳动力再生产成本较低，进一步调整资本和劳动在剩余产品中的分配关系，优化收入分配结构。

另外，在数字虚拟空间中，数字平台的搜寻和匹配功能能够实现资源的合理有效配置，提高流通效率、加速周转，从而减少流通时间和流通费用，这些被节省的费用被使用者共同享有，而不是被资本独占。比如电子商务能够节省买卖时间和费用，这些被节省的买卖时间和费用能够使生产者和消费者都受益，生产者能以较低的价格售卖，因为扩大了销售量而获得更多的利润，消费者也能以较低的价格购买同样的产品而获益。因此，数字经济时代，在数字生产方式变革中，数字技术红利更多地被更多的人共享。

(四) 数字生产方式重塑消费过程

数字生产方式通过整合生产和消费塑造新的消费方式，通过丰富消费资料创造新的消费内容，通过改变产权观念打造"共享经济"的消费模式，重塑数字经济时代的消费方式。

数字技术推动生产和消费在时间与空间上的一致性，改变了传统的生产和消费关系，塑造了新的消费方式。传统消费方式中的生产和消费的关系是生产在前而消费在后，同时，生产与消费的距离受到地理空间的限制，从而扩大生产与消费的时间距离。在数字虚拟空间中，数字平台加速生产与消费同一性，出现了生产过程就是消费过程的现象，3D打印、4D打印就是其中一个典型案例，甚至会出现消费过程决定生产过程，比如消费反馈信息能够提升产品性能。虽然生产决定了消费的数量和质量，但消费在生产中的作用越来越重要，消费反作用于生产的时间越来越短。同时，数字虚拟空间扩大生产和消费的地理空间，却缩短了生产和消费的时间距离。电子商务使消费的场所转移到数字虚拟空间中，通过数字平台的搜索和匹配，能够快速在全球找到满足需要和需求的产品，不再需要消费者到特定的物理场所，从而缩短了生产和消费的时间距离，但数字虚拟空间中的电子商务平台把消费的地理范围扩大到全球，比如消费者能够使用京东、天猫等电子商务平台购买全国各个地区的产业，也能够购买美国、欧盟、南美等国家的产品，使用去哪儿网等商旅服务平台订购全国各地区或全球其他国家的酒店服务等。

数字技术为消费者增加了数字消费资料，改变了消费场景，丰富消费内容。数字技术一方面能够创造新产品、新业态，从而增加消费者的消费资料，比如VR就是通过虚拟现实技术给消费者带来新的消费体验，另一方面也能给传统产品、业态打造数字化消费场景，丰富消费内容。比如，直播带货、在线教育等就是销售、教育等数字化、虚拟化、平台化的结果，满足消费的同时也提高消费的便捷性、丰富性。在数字经济时代，数字生产力提升消费结构，从物质型向享受型转变。数字生产力极大提高物质产品生产的能力，传统衣食住行的物质型生存资料消费在一定程度上被基本满足，人们开始追求教育、医疗、文化等享受型发展资料消费。随着数字生产方式推广，消费内容更加多样化，消费过程更加智能化，消费结构更加高级化，推动了人的全面发展。

数字经济冲击了传统产权观念，推动以使用权为核心的共享经济发展，塑造消费模式。数字技术的内在基因具有共享性。因为，数字技术的三个组成部分在一定程度上都是准公共产品，比如硬件设备中的卫星、电缆等是国家建造的，传输网络和数字平台在网络正外部性作用下，由社会共同使用和维护，不具有竞争性。人们使用数字技术，在数字虚拟空间中从事各种活动，都不需要全部拥有数字技术和数字虚拟空间，形成"不为我所有，但为我所用"的使用权观念。由于机器大工业时代的技术本身就具有强烈的垄断性和私有产权，所以在传统的观念里，如果需要使用某些产品，那就必须花费货币购买它的所有权，也就是支付价值获得了使用价值。然而，在数字生产方式下，使用某些产品可能不需要拥有它的所有权，获得它的使用权同样能够满足需求，并且支出更少。在私有制生产关系中，所有权仍旧是生产关系的核心，但数字技术促使所有权和使用权的分离，使用权开始成为市场交易的对象，如人们利用数字平台分享或者交易产品和服务的使用权，满足了一定的需求，同时也减少支出，节约社会资源。数字技术促使所有权向使用权的转变，人们开始共享使用权，共享数字技术进步带来的收益，排他权开始向共享转变，催生了"共享经济"。

二 数字资本特性

在数字生产方式下,资本的形态又一次进化,演变为继产业资本、金融资本之后的数字资本样态。马克思指出:"资本不是物,而是一定的、社会的、属于一定历史社会形态的生产关系,它体现在一个物上,并赋予这个物以特有的社会性质。"① 在数字经济时代,这个"物"就是数据。在数字技术体系的构建下,互联网虚拟空间演变为数字虚拟空间,开辟的数字化生产场域,扩展了人类生产活动的空间和时间②,数据成为新积累秩序和社会建构的基础。数字虚拟空间中经济逻辑反映的就是以数据为载体的人与人之间的关系。数据的关系成为人与人的关系,如果一个人没有融入一般数据坐标中,他将会成为一个孤立的人、一个赤裸的生命。尤其是,数字平台利用智能算法塑造人与人的关系,甚至人与非人的关系,每一个消费者、每一个生产者、每一个生产环节和劳动环节、每一个监督过程都被算法连接起来,任何事物都必须采取数字编码的形式反映在数字坐标中获得其存在意义。在数字经济时代的生产关系体现在数据这个"物"上,资本就赋予了数据"以特有的社会性质"。

随着数字技术的发展,数字资本崛起,利用数字平台收集、占有、储存、加工、处理数据,有效引导生产与投资,匹配供给与消费,形成凌驾于产业资本和金融资本之上的"无形的手",占据金字塔顶端。此时,数字资本在三种资本样态中占据主导和支配地位,推动形成数字化的普世架构,重塑资本积累体系。③

数字资本与其他样态资本不同之处在于,数字资本被赋予数字技术的特征。

(一)数据商品 + 网络正外部性

数据不是天然的商品,只有经过人类劳动并且用于交换才能由数据

---

① 《马克思恩格斯全集》第25卷,人民出版社1974年版,第920页。
② 李策划:《互联网时代数字劳动的政治经济学分析》,《改革与战略》2020年第3期。
③ 蓝江:《数字资本、一般数据与数字异化——数字资本的政治经济学批判导引》,《华中科技大学学报》(社会科学版)2018年第4期。

产品变成数据商品。在人类历史长河中，数据作为信息的符码化载体一直存在，但没有取得商品的性质，只有到数字经济时代，在数字技术助力下才体现出真正的使用价值，在特定的生产关系中以商品形式存在。

商品具有价值和使用价值两种因素，数据商品也具备价值和使用价值。就使用价值而言，数据产品本身是个体和社会经验、情感和思想观念的数字化记录，是个体生命生产、生活在统计意义上的存在。因此，对于个体生命和社会而言，数据产品体现和满足人的社会共性，反映了区别于动物的人是一种社会关系的本质。从这个意义上讲，数据产品具有的使用价值是用户获取认知、知识传播、社会交流、沟通合作等。同时，数据产品被收集、加工、处理以后，可以精准地使用在广告投放上，因而具有"第二种使用价值"。① 具体来说，数据产品的使用价值体现在四个领域。② 一是行为或趋势预测，数据分析技术可以根据现有数据生成"未来"，把预期的不确定性变为可知的确定性。二是市场供需匹配，以数据为基础构建的数字机器形成基于偏好识别的算法推荐，极大促进供给和需求的匹配，并且长期来看"匹配将变成一种基本服务，一种市场本应提供的基本功能"③。三是人机反应的变化，随着数字网络空间与现实空间不断融合，以数据为基础的基于 A/B 测试生产运营流程动态优化，提升平台用户体验。四是交易集合的拓展，以数据为基础的算法管理改善信息不对称，促进活动和场景自动化，场景化营销、虚拟交易拓宽了人类交易活动的市场空间。

就价值而言，数据是劳动产品。数据不是存在于自然界的天然物，而是人类劳动的产物。数据最初是个体活动过程中留下来的痕迹和信息，被称为原初数据；个体用户活动过程中的"纯净数据"被智能设备收集、储存、加工处理形成使用的数据时，数据变成了采集数据；采集到的数据被看作获取利润的手段和方式，即"资本+数据"时，可以看成资本数据；当数据作为资本积累条件，形成"数据+资本"时，数据

---

① 孔令全：《马克思劳动价值论之数字经济时代拓展——西方资本主义社会数字劳动价值创造研究》，《广东行政学院学报》2018 年第 2 期。

② Varian, Hal. R., "Beyond Big Data", *Business Economics*, Vol. 49, No. 1, 2014.

③ [美]维克托·迈尔-舍恩伯格、托马斯·拉姆什：《数据资本时代》，李晓霞、周涛译，中信出版社 2018 年版，第 75 页。

作为社会秩序的基础，形成数据资本。① 在数据演变过程中有劳动不断被加入进来，为数据提供价值基础。原初数据渗透着个体用户的劳动，具有一定的价值，只不过因为数据具有易忽略、难以评估与个体的控制力缺乏三个特征，个体容易忽略本身产生的数据所蕴含的价值。采集数据、资本数据和数据资本是数字平台利用智能算法占有、提取和匹配数据，而智能算法的构建则需要大量的劳动。因此，数据商品具有价值的背后是劳动。因此，数据商品的价值不是源于各种具体的数据，而是来自抽象的一般数据，代表着数字经济时代生产关系中"最普遍的价值"。

当然，数据产品转化为数据商品需要以一定规模为前提的。单个数据就像大海中的一滴水，所具有的价值少之又少，只有实现一定量的规模以后，数据的社会协作力才开始产生。梅特卡夫定律表明，网络具有的价值与网络规模的平方成正比，这其中蕴含的是网络规模越大产生的数据就越多，从而具有的使用价值也就越大。数据最开始是被用于优化平台服务的"正回路效应"，通过数字平台的双边效应，获取更多的数据，当数据不断聚集扩大时，数据的"富矿"功能不断显现，成为价值运动的新图景。

（二）数字劳动 + 规模报酬递增

数字劳动的雏形是达拉斯·斯迈兹（Dallas Walker Smythe）提出的"受众劳动"②，受此影响意大利自治主义马克思主义学派提出了"非物质劳动"，而非物质劳动在数字化时代就表现为"数字劳动"。学界对数字劳动进行深入分析，但由于对数字劳动的界定不统一，导致数字劳动类型繁多，比如福克斯认为数字劳动是 ICT 行业价值链中资本积累所必需的各种劳动，有六种具体形式的劳动；③ 也有学者从广义和狭义两方

---

① 田锋、吕金伟：《西方资本主义的时弊：从数据资本到数据剥削》，《自然辩证法研究》2020 年第 8 期。

② Dallas Walker Smythe, "Communications: Blind-spot of Western Marxism", *Canadian Journal of Political and Social Theory*, Vol. 3, 1977, p. 27.

③ Christian Fuchs, *Digital Labour and Karl Marx*, New York: Routledge, 2013. 具体形式包括（1）ICT 矿产采掘的奴隶般劳动；（2）富士康计算机硬件装配公认的劳动；（3）国际数字分工中的印度软件工程师劳动；（4）硅谷 ICT 装配工和贵族软件工程师；（5）泰罗制、主妇制的服务性工作——呼叫中心案例；（6）社交媒体用户的无偿劳动即产消者合一劳动。

面分析数字劳动,如黄再胜在狭义上认为数字劳动包括用户生成内容过程、数字机器制造中的数字劳动、数据商品产销中的数字劳动;① 韩文龙、刘璐认为数字劳动在广义上有四种,即传统雇佣经济领域下的数字劳动、互联网平台零工经济中的数字劳动、数字资本公司技术工人的数字劳动和非雇佣形式的产销型的数字劳动等。②

关于数字劳动概念的辨析需要从劳动的一般性和特殊性入手。在马克思看来,劳动"是人以自身的活动来中介、调整和控制人和自然之间的物质变换的过程"③。"劳动过程的简单要素是:有目的的活动或劳动本身,劳动对象和劳动资料。"④ "在劳动过程中,人的活动借助劳动资料使劳动对象发生预定的变化。"⑤ 数字劳动具有劳动的一般性和抽象性。数字劳动具有劳动的一般性,即抛开劳动的具体形式,数字劳动与工业劳动、农业劳动没有什么差别,都是抽象人类劳动,是人类具有目的性的耗费时间和劳动力的活动,即在数字劳动过程凝结价值。无论数字劳动形成的产品是有形的物质产品还是无形的知识、数据产品,都不妨碍数字劳动作为抽象的人类劳动凝结价值结晶。同时,数字劳动具有劳动的特殊性,即与传统的工业劳动相比,数字劳动采用数字工具,作用于数字化对象,形成数字化成果,使用不同的数字工具、从事不同的局部劳动形成的劳动成果也就不同,从而在使用价值上有差别。

数字劳动是一种新的劳动形式,是指把数字化终端作为劳动资料,使劳动对象发生改变的有目的的活动。由此衍生出两种类型的数字劳动:一是劳动资料数字化、劳动对象没有数字化的劳动形式,如网约车司机、外卖员、网络主播等;二是劳动资料数字化、劳动对象也数字化的劳动形式,如互联网企业员工、网络内容审核员;等等。其他形式的"数字劳动",比如情感、经验等在一定程度上并不符合劳动的定义。但

---

① 黄再胜:《数据的资本化与当代资本主义价值运动新特点》,《马克思主义研究》2020 年第 6 期。
② 韩文龙、刘璐:《数字劳动过程及其四种表现形式》,《财经科学》2020 年第 1 期。
③ 马克思:《资本论》第 1 卷,人民出版社 2004 年版,第 207—208 页。
④ 马克思:《资本论》第 1 卷,人民出版社 2004 年版,第 208 页。
⑤ 马克思:《资本论》第 1 卷,人民出版社 2004 年版,第 211 页。

这并不妨碍由此产生的数据成为资本追逐的目标,因为数据商品化是获取与分割价值和剩余价值的重要途径。这也是大众无意识地参与造就的一些数据,如数字阅读、浏览、收听、闲聊、衣食住行等活动产生的数据,被资本肆意侵犯的重要原因。

数字经济时代,数字劳动投入的增加并不会带来边际报酬递减效应,而是相反会带来边际报酬递增效应。数字劳动的增加意味着接入数字虚拟空间的数量增加,从而会以乘数倍增加数字虚拟空间内各虚拟主体之间的连接,扩大网络正外部效应,获得巨大的收益。数字劳动的增加并不需要增加太多的成本,只需要一个移动终端接入网络即可,因此是边际成本递减的。在边际成本递减和边际收益递增效应下,数字劳动数量,无论是劳动者的数量还是劳动时间都呈现不断增加趋势,数字劳动范围,无论是行业范围还是劳动界限都呈现不断扩大趋势。

(四) 数字平台+平台双边效应

数字经济时代,数字平台成为继工场、工厂之后的新组织形式。与工场、工厂的形成机制相同,数字平台是资本积累推动的使用数字技术体系的组织方式,能够有效组织各类生产资料,尤其是数据要素与数字劳动结合创造和占有价值和剩余价值。数字平台新组织具有分散化结合特征。工厂组织形式是把劳动者和生产资料都集中在有限的空间内,只有这样才能把劳动力与生产资料结合起来,而数字平台是以分散化、网络化的硬件设备为载体的,当劳动者使用数字平台时就实现劳动力与生产资料在数字虚拟空间中的集中,从而打造一个"社会工厂"。

根据划分标准不同,数字平台有不同的类型。斯尔尼塞克把数字平台划分为五类,即广告平台、产品平台、精益平台、云平台和工业物联网平台。[①] 曲佳宝根据资本积累方式把平台划分为受众创造型、供需匹配型和市场制造型三类平台。[②] 无论何种标准划分,数字平台都具有在数字劳动过程中收集、占有、提取、加工、处理数据的功能。数字平台是收集原初数据的接口,一旦被数字平台收集后就像是煤矿被发现而采

---

① [加] 尼克·斯尔尼塞克:《平台资本主义》,程水英译,广东人民出版社出版 2018 年版。

② 曲佳宝:《数据商品与平台经济中的资本积累》,《财经科学》2020 年第 9 期。

掘一样变成采掘数据,而采掘数据被深加工后就成为具有使用价值的数据商品。数字平台往往会通过制造热点新闻推荐增加点击数量,一旦用户点击进入以后,算法就会抓取用户浏览足迹,为用户描摹数字画像,为用户"自动"筛选"感兴趣"的热点新闻,导致用户"数字成瘾",持续不断地获取原初数据。数字平台采掘原初数据以后,通过算法对采掘数据进行搜索、安全加密交换、模式识别、数据压缩、自动更正、分析、模拟和优化等深加工,形成有使用价值的数据商品,即"数据的生成、价值挖掘离不开智能算法的深度加工和整合,只有经过算法处理的数据才是有价值的生产要素"[①]。算法支撑下数字平台收集、占有、提取、加工、处理数据的背后是数字劳动为其赋能,为资本创造和占有价值与剩余价值。

数字平台新组织还具有搜寻匹配功能。数字平台不生产产品、不交易产品,而是建立交易撮合机制,并利用信息搜寻匹配技术加快商品买卖时间,减少流通费用,实现流通革命。数字平台具有平台双边效应,即数字平台供给方数量增加,就会增加供给的产品丰富程度,并且在数字平台匹配搜寻功能下,需求方也会增加,而数字平台需求方数量增加,就会加快商品"惊险一跳",从而使供给方数量增加。这种一方数量增加或减少导致另一方数量增加或减少的现象称为平台双边效应。数字平台促进平台双边效应螺旋上升,像滚雪球一般推动供给方和需求方规模持续增加。平台双边效应改变传统竞争规则,让数字平台具有"赢者通吃"的潜力,也让资本积累提供源源不断的数据资源。

三 数字资本行为规律

数字资本产生后不意味着产业资本和金融资本就被扔进历史的垃圾堆里,产业资本仍然是资本主义不可取代的基础,数字资本与产业资本是协同前进的,金融资本在所有经济活动中仍起着重要作用,数字资本与金融资本是融合发展的。资本主义发展初期,机器大工业生产方式确立了产业资本的主导地位,支配和控制其他资本样态为生产和实现剩余

[①] 杨善奇、刘岩:《智能算法控制下的劳动过程研究》,《经济学家》2021年第12期。

价值服务。随着生产社会化程度提高,资本主义进入金融垄断阶段,金融资本控制着产业资本的货币来源,并且与产业资本结合建立新的积累体系。随着数字技术的发展,数字资本崛起,利用数字平台收集、占有、储存、加工、处理数据,有效引导生产与投资,匹配供给与消费,形成凌驾于产业资本和金融资本之上的"无形的手",占据金字塔顶端。此时,数字资本在三种资本样态中占据主导和支配地位,推动形成数字化的普世架构,重塑资本积累体系。①

(一)数字"圈地":数字资本原始积累

作为资本,数字资本具有一种权力,即按照它在社会总资本中占的份额而获得一定量的利润。无论数字资本从事生产活动还是从事流通活动,数字资本都要分割一部分劳动创造的剩余价值。并且,数字资本在数字化社会中具有垄断权力,在分割剩余价值时能够分取超额的剩余价值,从而获得超额利润。数字资本的垄断权力来源于数据,在数字平台这一新组织形式下,谁掌握更多数据,谁就拥有更多话语权。

同时,数据作为商品不仅具有使用价值和价值,在其中还包含着剩余价值,从而成为资本积累新路径。数据成为资本追逐的对象,尤其是原初数据就像被发现的新大陆一样,越早被圈占就越早宣示领地,从中源源不断地获取财富。原初数据是采集数据的源泉,个体用户则是采集数据的根源,个体用户在原初数据到采集数据中都扮演着重要角色。数字平台企业提供了采集数据的基本工具,形成了资本数据。因此,资本数据的所有权应是归个体用户和数字平台企业共有,不能把两者割裂开来。

数字资本无偿占有数据所有权,数字平台企业凭借垄断权力剥夺个体用户的数据所有权,并没有付给个体用户分毫。个体用户想要使用数字平台就必须与平台签订所谓法律条款和隐私声明,否则个体用户就无法使用数字平台。这些法律条款和隐私声明无非是数字资本圈占运动,就是把个体用户的隐私向数字平台公开,进而变成资本隐私。个体用户存储的文字、图片、录音、视频,以及使用过程中产生的搜索内容、浏

---

① 蓝江:《数字资本、一般数据与数字异化——数字资本的政治经济学批判导引》,《华中科技大学学报》(社会科学版)2018年第4期。

览记录和点击量等等都被数字平台垄断性地占有,并且一经被收集、占有就与个体用户毫无关系,变成一种身体剥削。尼古拉斯·卡尔断言:"社交平台赋予大众生产工具,可大众却不拥有他们生产的东西的所有权,互联网提供了一个有效机制,它能从大量免费劳动力所创造的经济价值中获利。"①

数字资本对数据的无偿占有还表现在从"就在那里"的数据地理大发现,到利用数字平台使用各种方式主动追逐。数字平台除了是圈占数据的有力工具,还为数字资本构建起数字监控的"牢笼",持续不断地为数据资本的"数据池"贡献数据。数据平台对用户生产内容的监控,比如抓取个体用户发布的内容,分析个体用户的消费偏好,有针对性地进行营销。数据平台对个体用户的浏览信息监控,比如抓取浏览的cookies痕迹,以匹配个体用户的偏好,你所看到的是数字资本想让你看到的,是因为数字资本正在无时无刻监视你的注意力动向,投其所好地推荐给你,从而吸引你。数字平台对个体用户的行为轨迹进行监控,个体用户在什么时间、什么位置用数字平台做了什么事情都被清楚地记录下来,形成个体用户日常生活轨迹的"全景式"监控。

有学者研究认为数字平台占有个体用户的数据是一种等价交换,因为它提供了一种服务,双方都能得到好处,这是一种双赢。"你跟你所访问的任何一个网站之间不言自明的游戏规则是:我从你那里得到一些好处,我也回馈给你一些好处。这个所谓好处就是私人信息。"② 在交易那一刻看上去的等价交换,在智能算法和"全景式"监控下,个体用户生产的数据成为剥夺和压榨自身的工具。

劳动与资本在签订合约时表面上是平等的、公正的,但我们都知道实际上资本家付给工人的工资只是必要劳动部分,剩余劳动部分被资本家无偿占有,更为关键的是资本家付给工人的工资也是工人创造出来的。类似地,个体用户使用数字平台时签订的协约,表面上是平等的公正的,大众免费使用平台,但以隐私权为代价,这一方面是数字技术内

---

① [美]尼古拉斯·卡尔:《数字乌托邦》,姜忠伟译,中信出版社2018年版,第37页。

② Terence Craig, Mary E. Ludloff, *Privacy and Big Data*, O'Reilly Media, Inc., 2011, pp. 6 – 7.

生要求被资本化,显示出好像是数字平台资本创造并提供的服务,但实际上任何其他非资本的形式同样能提供这样的服务;另一方面,隐私权交易是永久的,属于生命价值的一部分,而免费使用是暂时的,属于被侵占的一部分。

(二)数字剥削:占有剩余价值

1. 剥削范围从劳动向非劳动扩大

数字经济时代,数据商品成为新的价值增殖手段,从数字资本运动形态看,就必然要求尽可能更多地占有数据,以扩大资本积累范围。因此,只要能产生数据就是被剥削的对象,不再受限于雇佣劳动。

剥削范围扩大到社会全体人民。数字经济时代,上到耄耋老人,下到孩童,无论有没有受过基本教育,无论身体是否健康,无论白天还是黑夜,无论城市还是乡村,只要使用数字平台接入数字虚拟空间,这些人就都能够为数字资本创造剩余价值。但是这些人并不在雇佣劳动,他们没有获得相应的报酬,是无偿为数字资本创造剩余价值。

剥削范围扩大到所有时间。资本积累的内在动力总是要求尽可能多地占有剩余劳动时间,数字资本不仅占有劳动时间,还通过数字平台不断侵占生命时间,扩大剥削范围。数字资本通过数字平台打造的情景式、沉浸式场景,不断创造各种"灵光"吸引大众的注意力,不断占据休息时间,以致消灭睡眠。比如,数字平台利用大数据监控创造出"猜你喜欢""信息流"广告等,匹配个体用户的偏好,对个体用户形成刺激,让其不断地投入时间。再如,数字平台利用用户生成内容打造个体用户的朋友圈,让个体用户拥有现实世界和虚拟世界的双重身份,在虚拟坐标中构建人的各种社会关系。如果想要成为虚拟世界的"人",就必须维护虚拟世界的各种社会关系,因而必须发布数字内容、点赞、关注、评论和评分等,并且其连续性和及时性是必不可少的,从而也就吸引个体用户持续不断的注意力。一切时间都成为数字劳动时间,睡眠也不断被消灭。

2. 劳动剥削强度增强

数字技术作为先进生产力能够减少必要劳动时间,但在数字资本支配下,数字技术成为强化劳动剥削、延长劳动时间的工具。数字技术重塑劳动组织形式,形成模块化劳动,即通过劳动过程的模块化在全球范围内分工，形成前所未有的数字协作力，极大地缩短社会必要劳动能够时间，提高劳动生产率。数字资本凭借数字生产资料的垄断，通过数字平台指挥和管理全球的数字劳工，延长剩余劳动时间，把数字技术的全球协作力占为己有，为其带来超额剩余价值。

数字技术为延长劳动时间提供技术基础，数字技术构建的虚拟空间消灭了时间自然限制和空间地理限制，即工作日突破了自然日的界限，同时被突破的还有道德界限。工作的场所也不再是工厂或固定地点，只要有电脑和网络，就能够在虚拟空间里随时随地工作。资本积累的无限欲望则把延长劳动时间变成现实。在互联网行业中出现所谓"996""716"工作制，都是为了资本积累而不断延长劳动时间的必然结果。劳动时间也随着空间范围的扩大而延长。比如，由于工作的繁重和高强度，劳动者往往需要把工作带回家，或者当劳动者下班回到家以后，企业有紧急业务需要劳动者在家处理，那么劳动者把劳动场所改成家里的同时也在家里把劳动时间延长了。另外，互联网企业中经常采取项目制的劳动组织方式，即以一个项目为单位组织劳动者劳动，那么在这个项目的截止时间就是劳动者的工作日，也只有在项目完成以后劳动者才能拿到工资。为了在截止日拿到该项目的计件工资，劳动者除了睡眠以外全部用于工作，甚至24小时都在劳动。

在数字劳动过程中，出现了以"在线招募"合股员工的自雇佣劳动形式，在软件生产领域最为显著。[1] 自雇员虽然没有受到资本雇佣，并且在劳动过程中使用的生产资料也属于自己，但他们却没有摆脱资本关系，没有摆脱被资本剥削的命运。在资本关系下，自雇员想要实现劳动力再生产就必须把劳动产品卖出去。但自雇员的劳动产品能否卖出去取决于其使用价值，自雇员不得不监督自己花费更多劳动改善产品使用价值，同时还要对劳动产品进行营销，也就是说，自雇员承担了资本家的一些职能。

数字经济时代，劳动者已经脱离一无所有的状态，如电脑和手机成为数字化生存的生活必需品，从而成为劳动力再生产的重要组成部分。

---

[1] 黄再胜：《数据的资本化与当代资本主义价值运动新特点》，《马克思主义研究》2020年第6期。

但数字资本凭借算法权力和数据垄断，强制剥夺劳动者的劳动成果。在数字资本积累的过程中，数字劳动对数字资本的依附关系得到进一步强化。

(三) 数字积累：垄断

资本为了更快积累，往往通过资本集中方式进行资本扩张，这就要资本家内部进行激烈的竞争，竞争的结果就形成垄断。"竞争的结果总是许多较小的资本家垮台，他们的资本一部分转入胜利者手中，一部分归于消灭。"① "资本所以能在这里，在一个人手中增长成巨大的量，是因为它在那里，在许多单个人的手中被夺走了。"② 因此，垄断是资本积累和集中的必然结果。

平台垄断具有自然垄断属性。数字资本具有网络正外部性、边际规模报酬递减和平台双边效应的特性，使数字平台在供给端和需求端的反馈和锁定机制，创造"赢者通吃"逻辑，数字平台具有垄断趋势。数字平台的垄断还不能完全释放数字资本的特性，因此数字平台一旦建立垄断势力，往往会通过捆绑或搭售进行跨行业的纵向一体化发展。现实中，很多平台企业都是跨行业的纵向一体化，如美团外卖并购"大众点评"，发展"美团收银"和"美团快驴"，将到店消费业务和外卖业务捆绑起来，同时还提供商家满足经营金融需求的"美团小贷"，从而将整个餐饮业进一步纳入自身平台生态。另外，垄断性数字平台利用数字技术的分层式技术特征构，通过兼并中小型数字平台，构建层级嵌套式的生态体系，从而使数字平台在竞争中处于不败之地。比如脸书2012年用7.15亿美元收购了13名员工的照片墙，2014年又以190亿美元收购了仅有55名员工的瓦次普（WhatApps）。数字平台层级嵌套式的生态体系，形成海量"数据池"，最大限度发挥数字资本的特性。"数据驱动型并购导致了大量数据的积累，令并购后的实体获取他人无法逾越的竞争优势。"③

平台垄断数字资本扩张的结果。与产业资本扩张、金融资本扩张方

---

① 马克思：《资本论》第1卷，人民出版社2018年版，第722页。
② 马克思：《资本论》第1卷，人民出版社2018年版，第723页。
③ 中国信息通信研究院：《数字经济治理白皮书（2019）》，中国信息通信网（http://www.caict.ac.cn/kxyj/qwfb/bps/201912/t20191226272660.htm）。

式不同，虽然客观上都是要求商品销量的扩大、市场占有率提升，但数字资本通过扩大"数字领地"实现的。数字平台是扩大"数字领地"的先锋，算法是扩大"数字领地"的坚船利炮。数字平台依靠算法执行数字资本扩张职能。算法通过构建监视体系获得数据"新大陆"。数据的获取是"新大陆"发现，谁能够最早发现"新大陆"，谁就能够获得垄断优势。数字平台往往会通过制造热点新闻推荐增加点击数量，一旦用户点击进入以后，算法就会抓取用户浏览足迹，为用户描摹数字画像，为用户"自动"筛选"感兴趣"的热点新闻，构建"信息茧房"，持续不断地获取数据。数字平台的使用过程就是被算法监视过程，数字平台使用算法在数据生成、数据收集、数据储存、数据处理和数据应用等方面构建监视体系。比如脸书在全球拥有庞大的用户，其算法能够生成、搜集、储存和处理海量帖子和照片，以确定并影响年轻人的情绪状态。当然，脸书不是真的关心年轻人的情绪状态，而是通过算法为不同情绪状态的用户匹配不同商品。数据监控不仅在"无数人的个人生活被圈在一个固定的小天地里，看个性化推荐的新闻，阅读个性化定制的消费指南，他们感觉很舒服，事实上，我们出让的数据正在成为我们的电子脚镣和枷锁"①。

数字资本凭借数字技术手段和不断增强的数字资本内聚力，让数字资本寡头拥有部门大多资本量，其他小资本也依附于数字资本寡头，从而使数字资本建立数字平台垄断以及由此产生的平台垄断生态。数字资本寡头一旦建立部门垄断，就获得了超越部门的控制力，拥有跨部门吸附资本的能力，演变成一个庞大的社会机构，在获取垄断利润的同时，也对生产过程、流通过程以及日常生活产生重要影响。

四 数字资本的评价

（一）数字资本二重性

1. 数字资本提高生产社会化程度

数字技术搭建的数字虚拟空间打造联合生产的基础。数据是由单个

---

① 涂子沛：《数文明：大数据如何重塑人类文明、商业形态和个人世界》，中信出版社2018年版，第XX—XXI页。

个体生命产生的，但是各个数据的价值和使用价值几乎为零，可以忽略不计，只有通过数字虚拟空间把一个一个数据汇总起来，才能形成任何以往原材料都无法比拟的价值和使用价值。从这个意义上讲，数据本身就具有社会性，即由每个个体生命产生并汇聚起来，形成庞大的生产力。

数字资本充分释放数据形成的庞大生产力，提高生产社会化程度。"生产社会化发展以技术革命为核心，其发展趋势体现为劳动社会化的不断发展和生产资料社会化使用水平的不断提升。"① 数字技术变革生产条件，提高生产资料的信息化、数字化和智能化水平，把生产资料接入数字虚拟空间，从而实现生产资料规模化基础上的数字虚拟空间集中化。数字技术推动生产资料规模化发展，同时，数字资本通过数字平台连接在空间分散的生产资料，统一生产过程和劳动过程，从而实现生产资料的协同分工。

数字资本以数字平台为纽带，聚集和协调劳动分工，提高劳动社会化程度。数字技术深化了生产分工，延长了生产链条，把分工扩展到全球各地。在分工生产中，劳动者与生产资料结合生产产品，完成生产分工中不同环节和任务，而数字平台组合不同分工中的局部劳动，形成整体劳动。在劳动过程中，数字平台根据生产数据信息，把劳动者编织成一张网，每个人具有自己的劳动任务，每个人劳动任务又是整个网的一部分，通过这张网把每个人的劳动任务连接起来，形成整个劳动过程。数字平台把分散在全球各地的劳动任务连接起来，让劳动过程从个人独立向社会协作转变，形成前所未有的社会协作力。数字平台还利用信息收集、存储、加工、传递、匹配等方面优势，提高生产的计划性。数字平台能够汇总生产链条上每一个独立的生产环节相应的信息，并作出相应的生产计划，协调整个产业链的劳动过程。当生产链条环节独立出来，以商品交换代替产品交换，即社会分工代替企业内分工，尤其是随着模块化和生产外包的发展，出现企业间网络化分工协作体系。在数字平台的协调和指挥下，企业间网络化分工的劳动过程和生产过程

---

① 王璐、李晨阳：《数字经济下的生产社会化与企业分工协作：演进与特性》，《北京行政学院学报》2022 年第 1 期。

在时间和空间上更具有连续性和计划性，以数据为基础的劳动分工和协作能力不断完善，增强整个社会分工协作力，极大地提高了生产社会化程度。

2. 数字资本积累加大两极分化

智能算法和数字机器没有伦理和道德，数字资本塑造的商品化世界不仅意味着社会的不公平，还进一步加剧数字技术的剥削倾向，加深贫富两极分化趋势。数字资本第一次以最为赤裸的方式还原人与人之间的关系，却以最为隐蔽的方式掩盖资本雇佣劳动关系。人不仅被还原为数值，人与人之间的关系也被塑造成毫无关联的数值关系，掩盖了数值背后物的关系，更为彻底地掩盖了人的关系。生命政治被还原为个体统计，从这个意义上讲，生命就是数据，如果一个人没有被纳入数字资本的普世构建中，那么这个人相当于被数字放逐，是没有生命的。但在智能算法监控下，数据正在加速汇集到少数数字垄断平台，数据占有的极端化，同时数字资本把数字技术的网络正外部性规律塑造成"赢者通吃"，造就了财富极其不平等的分配。"庞大的人群通过网络提供了惊人的价值。但是财富的绝大部分流向了数据的集合者和分流者，而不是'原始数据'的提供者。"① "技术红利和财富分化的结合并不是一种巧合。技术进步，尤其是数字技术领域的进步，正在被数字资本定义成财富和收入史无前例地重新分配规则。数字技术既在为社会又在为创新者的财富创造着红利，但同时也减少了先前重要的劳动力因素，使得很多人不得不面临收入大幅下降的困境。"② 在"赢者通吃"的竞争作用下，收入分配格局变成幂律分布，即百分之二十的参与者获得了百分之八十甚至更多的收益。事实上，数字经济时代的"造富"速度远超以往，传统行业的企业做到 10 亿美元平均需要 34 年，而科技行业平均需要 11 年，其中 eBay 只用三年就做到 10 亿美元。与数字经济时代企业规模快速膨胀相比，劳动者的工资增长十分缓慢。

---

① [美]杰伦·拉尼尔：《互联网冲击》，李龙泉、祝朝伟译，中信出版社 2014 年版，第 5 页。

② [美]埃里克·布莱恩约弗森、安德鲁·麦卡菲：《第二次机器革命：数字化技术将如何改变我们的经济与社会》，蒋永军译，中信出版社 2016 年版，第 178 页。

(二) 数字资本治理

数字资本具有积极和消极两方面影响，如果不对数字资本进行治理，放任数字资本野蛮生长和无序扩张，数字资本将会全力膨胀，降低劳动生产率，导致严重两极分化。

首先，完善算法治理。数字平台能够获得垄断地位重要原因来自算法垄断。数据是附属于算法的，只有经过算法搜集、加工、处理后，数据才具有使用价值，才具有垄断权力。算法是冰冷的智能机器，能够为人们作出观看与否、使用与否的决策，看似解放了大脑，其实是构筑了一个"牢笼"。因为并不是算法代替大脑作出观看与否、使用与否的决策，而是算法设计者代替算法使用者作出决策。"算法及其决策程序是由它们的研发者塑造的，在细节上渗透着研发者的主观特质。"[①] 在数字平台使用算法之前，算法就被赋予了设计者的意图，更确切地说是数字资本的意图，一旦数字平台使用算法执行相应职能，算法就会按照数字资本的意图推动数字平台完成任务。比如电子商务平台出现的"大数据杀熟"现象，与其说是算法滥用，毋宁说是数字资本进行积累的必然结果，数据是没有生命力的，不会因为跟哪个消费者比较熟就会索要更高的价格，背后是算法按照数字资本意图收集、分析消费者数据以确定消费者偏好，从而设定价格歧视，获取更高利润。

因此，算法治理不仅仅治理算法本身，还要规制算法设计，要公开算法的设计目的、设计原理和设计过程，按照算法设计按照规则透明、可问责原则进行算法监管规制。数字资本不仅获得算法权力，也要承担算法合规义务，在权责统一中消除算法偏见，发挥算法作为智能机器提升劳动生产率功能，促进生产力发展，提高生产社会化程度。

其次，为数字资本发展设置"红绿灯"，明确数字资本发展的方向，防止数字资本野蛮生长和无序扩张。引导数字资本进入利国利民领域，而不是与民争利领域，"发挥其促进科技进步、繁荣市场经济、便利人民生活、参与国际竞争的积极作用，使之始终服从和服务于人民和国家利益，为全面建设社会主义现代化国家、实现中华民族伟大

[①] 汝绪华：《算法政治：风险、发生逻辑与治理》，《厦门大学学报》（哲学社会科学版）2018年第6期。

复兴贡献力量"①。符合国家产业发展规划的重点领域为数字资本开绿灯。其中，科技创新是星辰大海，数字资本能够发挥海量数据资源和数字平台组织撬动产业数字化、智能化升级，攻坚关键技术"卡脖子"难题，让数字资本成为中国创造的引领者和筑基者。对于涉及民生的领域为数字资本开黄灯。数字资本能够促进民生领域相关产业的发展，但是民生领域相关产业在资本化后又会带来一系列的问题，因此需要设置黄灯，等待数字资本在民生领域试点探索出一条成功经验后，再为其开绿灯。对于不符合国家价值导向的领域为数字资本开红灯，明确禁止数字资本进入，防止数字资本的逐利性损害经济社会发展。

最后，不断探索并完善数字资本监管体系。针对数字资本行为健全事前引导、事中防范、事后监管相衔接的全链条数字资本监管体系，建立健全全方位、多层次、立体化的监管手段，构建政府、行业协会、社会大众"三位一体"监管格局。按照《关于平台经济领域的反垄断指南》和新通过的《中华人民共和国反垄断法》反对数字平台垄断和不正当竞争，遏制数字平台滥用市场支配地位以流量要挟让商家和消费者"二选一"，以资本优势对初创企业"扼杀式并购"，以算法垄断侵蚀个人隐私等行为。谨防数字资本与公共权力结合形成数字寡头，充分促动数字资本成为连接生产要素的纽带，调动整个社会生产活力。

---

① 习近平：《正确认识和把握我国发展重大理论和实践问题》，《求是》2022年第10期。

参考文献

一 中文参考文献

著作类

马克思:《资本论》第1卷,人民出版社2004年版。
马克思:《资本论》第2卷,人民出版社2004年版。
马克思:《资本论》第3卷,人民出版社2004年版。
《马克思恩格斯全集》第46卷(上册),人民出版社1979年版。
《马克思恩格斯全集》第46卷(下册),人民出版社1980年版。
《马克思恩格斯全集》第47卷,人民出版社1979年版。
《马克思恩格斯选集》第4卷,人民出版社2012年版。
李海刚:《电子商务物流与供应链管理》,北京大学出版社2014年版。
宋则行、樊亢:《世界经济史》(下卷),经济科学出版社1994年版。
王国华:《中国现代物流大全》,中国铁道出版社2004年版。
中国社会科学院研究室:《世界沧桑150年:〈共产党宣言〉发表以来世界发生的主要变化》,社会科学文献出版社2002年版。
[法]弗朗索瓦·沙奈:《资本全球化》,齐建华译,中央编译出版社2001年版。
[美]保罗·克鲁格曼:《美国怎么了?一个自由主义者的良知》,刘波译,中信出版社2008年版。
[美]查尔斯·C.波里尔、迈克尔·J.鲍尔:《电子供应链管理》,谢冬梅等译,机械工业出版社2002年版。
[美]戴维·F.诺布尔:《生产力:工业自动化的社会史》,李风华译,中国人民大学出版社2007年版。

［美］丹·席勒：《数字资本主义》，杨立平译，江西人民出版社 2001 年版。

［美］哈里·布雷弗曼：《劳动与垄断资本：二十世纪中劳动的退化》，方生等译，商务印书馆 1978 年版。

［美］加里·P. 施奈德：《电子商务》，机械工业出版社 2014 年版。

［美］杰里米·里夫金：《零边际成本社会：一个物联网、合作共赢的新经济时代》，赛迪研究院专家组译，中信出版社 2014 年版。

［日］青木昌彦、安藤晴彦：《模块时代：新产业结构的本质》，周国荣等译，上海远东出版社 2003 年版。

［日］日本综合研究所供应链研究部：《供应链管理》，李建华译，中信出版社 2001 年版。

［西］曼纽尔·卡斯特：《网络社会的崛起》，夏铸九、王志弘等译，社会科学文献出版社 2001 年版。

［英］大卫·哈维：《跟大卫·哈维读〈资本论〉》，谢福胜，李连波等校译，上海译文出版社 2016 年版。

［英］大卫·哈维：《后现代的状况》，阎嘉译，商务印书馆 2003 年版。

论文类

巴曙松、谌鹏：《互动与融合：互联网金融时代的竞争新格局》，《中国农村金融》2012 年第 24 期。

陈波：《资本循环："积累悖论"与经济金融化》，《社会科学》2018 年第 3 期。

陈其林：《产业革命之技术与制度层面的考察》，《中国经济问题》2005 年第 4 期。

陈硕颖：《模块化生产网络背景下的劳动关系研究》，《教学与研究》2011 年第 5 期。

陈享光、袁辉：《论现代金融资本的循环与积累》，《学习论坛》2011 年第 9 期。

陈享光、朱仁泽：《基于马克思价值形式理论的金融化分析》，《经济纵横》2022 年第 3 期。

陈永志：《新技术革命与马克思生产劳动理论》，《经济评论》2002 年第 3 期。

陈志武：《互联网金融到底有多新》，《新金融》2014年第4期。

成思危：《虚拟经济探微》，《南开学报》2003年第2期。

崔学东：《新自由主义导致美国劳动关系不断恶化》，《红旗文稿》2012年第20期。

代玉簪：《信贷资产证券化与中国商业银行稳定性研究》，博士学位论文，对外经济贸易大学，2017年。

杜梅：《电子商务的经济学分析》，博士学位论文，西南财经大学，2001年。

冯子标、靳共元：《论"社会主义资本"》，《中国社会科学》1994年第3期。

高良谋、胡国栋：《模块化生产网络中的劳动关系嬗变：层级分化与协同治理》，《中国工业经济》2012年第10期。

高晓雨、马东妍、王涛：《中国制造信息化指数构建和评估研究》，《制造业自动化》2017年第3期。

何爱平、徐艳：《劳动资料数字化发展背景下资本主义劳动关系的新变化——基于马克思主义政治经济学视角的分析》，《经济纵横》2021年第11期。

何秉孟：《美国金融危机与国际金融垄断资本主义》，《中国社会科学》2010年第2期。

何国勇：《国际金融危机的成因、前景及启示》，《特区实践与理论》2009年第4期。

何强、龚振炜：《2013年中国信息化发展指数（Ⅱ）》，《国际比较研究》2014年第3期。

何玉长、王伟：《数字生产力的性质与应用》，《学术月刊》2021年第7期。

贺立龙、刘雪晴、董自立：《科技革命对资本主义经济金融化的影响》，《东方论坛》2022年第4期。

侯廷智：《也论社会主义"资本"理论的难题——兼与简新华、马迪军先生商榷》，《当代经济研究》2003年第11期。

胡宏力：《论传统市场功能在电子市场新形势下的变化》，《山西大学学报》（哲学社会科学版）2005年第2期。

黄卫平、朱文晖：《温特制：美国新经济与全球产业重组的微观基础》，

《美国研究》2004年第2期。

黄泽清、陈享光：《从属性金融化的政治经济学研究》，《教学与研究》2022年第4期。

嵇飞：《次贷危机与当代资本主义危机的新特征——考斯达斯·拉帕维查斯访谈》，《国外理论动态》2008年第7期。

金鳞：《互联网改变金融》，《东方证券行业研究报告》，2013年。

金世伟、艾文国、李一军：《基于电子商务的供应链管理与ERP集成的研究》，《决策借鉴》2002年第6期。

李策划：《互联网时代数字劳动的政治经济学分析》，《改革与战略》2020年第3期。

李广乾、沈俊杰：《电子商务与电子商务经济：概念与框架》，《产业经济评论》2014年第3期。

李骏阳：《论电子商务对流通效率与交易费用的影响》，《商业经济与管理》2002年第8期。

李其庆：《马克思经济学视阈下的金融全球化》，《当代经济研究》2008年第2期。

李晓华：《产业组织的垂直解体与网络化》，《中国工业经济》2005年第7期。

李允尧、刘海运、黄少坚：《平台经济理论研究动态》，《经济学动态》2013年第7期。

梁萌：《互联网领域中的知识工人》，《学术探索》2014年第3期。

林玢：《资本循环和周转理论在物流业建设中的运用》，《改革探索》2003年第8期。

刘凤义：《劳动力商品理论与资本主义多样性研究论纲》，《政治经济学评论》2016年第1期。

刘凤义、王媛媛：《"苹果—富士康"模式中的劳动关系问题》，《当代经济研究》2015年第2期。

刘国巍：《物流技术创新对物流业的影响测度与路径分析——基于2000—2015年省际空间杜宾面板数据模型》，《中国流通经济》2018年第1期。

刘海藩：《当前金融危机的原因与应对》，《马克思主义研究》2009年第

2 期。

刘澜飚、沈鑫、郭步超：《互联网金融发展及其对传统金融模式的影响探讨》，《经济学动态》2013 年第 8 期。

刘晓欣、宋立义、梁志杰：《实体经济、虚拟经济及关系研究述评》，《现代财经》2016 年第 7 期。

刘晓欣、田恒：《中国经济从"脱实向虚"到"脱虚向实"——基于马克思主义政治经济学的分析视角》，《社会科学战线》2020 年第 8 期。

刘晓欣、张艺鹏：《中国经济"脱实向虚"倾向的理论与实证研究——基于虚拟经济与实体经济产业关联的视角》，《上海经济研究》2019 年第 2 期。

刘元琪：《金融资本的新发展与当代资本主义经济的金融化》，《当代世界与社会主义》2014 年第 1 期。

刘泽云：《资本循环理论与金融危机》，《河北金融》2010 年第 11 期。

刘芷豪：《电子商务应用、供应链协同与流通产业集群的互动关系探讨》，《商业经济研究》2021 年第 8 期。

鲁春义：《经济金融化的理论机制及其实践——基于资本积累理论的视角》，《山东社会科学》2021 年第 8 期。

鲁品越：《流通费用、交易成本与经济空间的创造——〈资本论〉微观流通理论的当代建构》，《财经研究》2016 年第 1 期。

陆之瑶：《重估钢铁行业过剩产能》，《中国经济报告》2017 年第 12 期。

栾文莲：《金融化加剧了资本主义社会的矛盾与危机》，《世界经济与政治》2016 年第 7 期。

马锦生：《美国资本积累金融化实现机制及发展趋势》，《政治经济学评论》2014 年第 4 期。

马艳、李韵、蔡民强：《"互联网空间"的政治经济学解释》，《学术月刊》2016 年第 11 期。

马艳、杨培祥：《广义虚拟经济视角下互联网金融的叠加虚拟性研究》，《广义虚拟经济研究》2019 年第 3 期。

迈克尔·赫德森：《从马克思到高盛：虚拟资本的幻想和产业的金融化（上）》，曹浩瀚译，《国外理论动态》2010 年第 9 期。

孟捷、李怡乐：《改革以来劳动力商品化和雇佣关系的发展——波兰尼和马克思的视角》,《开放时代》2013 年第 5 期。

孟晓明:《电子商务供应链管理与传统供应链管理的比较》,《中国管理信息化》2006 年第 3 期。

倪梦佳:《电子商务对经济增长的促进机制研究——基于马克思商品经营资本理论的视角》,硕士学位论文,南京财经大学,2014 年。

彭俞超:《论现代市场经济中的金融资本——基于金融部门资本收益率的分析》,博士学位论文,中央财经大学,2016 年。

皮天雷、赵铁:《互联网金融:范畴、革新与展望》,《财经科学》2014 年第 6 期。

秦臻、王生升:《信息技术条件下生产网络的特征与影响——一个政治经济学分析》,《教学与研究》2022 年第 5 期。

荣兆梓:《生产力、公有资本与中国特色社会主义——兼评资本与公有制不相容论》,《经济研究》2017 年第 4 期。

宋宪萍、孙茂竹:《资本逻辑视阈中的全球空间生产研究》,《马克思主义研究》2012 年第 6 期。

速继明:《互联网技术革命与社会进步》,《教学与研究》2016 年第 7 期。

孙博:《中国影子银行发展研究》,博士学位论文,吉林大学,2016 年。

唐文全、傅晓兴:《信息技术、互联网与知识经济》,《管理信息系统》2000 年第 4 期。

佟新、梁萌:《致富神话与技术符号秩序——论我国互联网企业的劳动关系》,《江苏社会科学》2015 年第 1 期。

王超贤、李晨惠:《中美比较视角下我国电子商务的演进道路——从模仿起步到分化创新的三个特征事实》,《企业经济》2022 年第 1 期。

王军华:《基于自组织理论的电子商务市场网络演化机制探讨》,《商业经济研究》2017 年第 2 期。

王璐、李晨阳:《平台经济生产过程的政治经济学分析》,《经济学家》2021 年第 6 期。

王奇、李涵、赵国昌、牛耕:《农村电子商务服务点、贸易成本与家庭网络消费》,《财贸经济》2022 年第 6 期。

王伟光:《国际金融垄断资本主义是垄断资本主义的最新发展,是新型帝国主义》，《社会科学战线》2022 年第 8 期。

王文珍、李文静：《平台经济发展对我国劳动关系的影响》，《中国劳动》2017 年第 1 期。

王宇、阚博：《互联网金融对商业银行盈利的影响》，《财经科学》2021 年第 11 期。

吴晓求：《互联网金融：成长的逻辑》，《财贸经济》2015 年第 2 期。

吴庄莹：《从马克思资本周转理论看现代物流》，《理论观察》2004 年第 5 期。

向威霖、苏培、王在全：《货币循环与实体经济增长》，《上海经济研究》2022 年第 6 期。

肖大勇、胡晓鹏：《互联网金融体系的信用创造机制与货币政策启示》，《福建论坛》（人文社会科学版）2014 年第 1 期。

肖潇：《数字时代电子商务数据流通：合规方案、法律模式与规范路径》，《中国流通经济》2022 年第 2 期。

谢富胜：《资本主义劳动过程与马克思主义经济学》，《教学与研究》2007 年第 5 期。

谢平：《互联网金融的现实与未来》，《新金融》2014 年第 4 期。

谢平、邹传伟：《互联网金融模式研究》，《金融研究》2012 年第 12 期。

谢荣博：《论网络生产方式是生产方式发展的新阶段》，《现代商贸工业》2012 年第 1 期。

谢子门：《当今步入互联网金融时代的进一步思考》，《中国商贸》2013 年第 13 期。

鄢显俊：《从技术经济范式到信息技术范式——论科技—产业革命在技术经济范式形成及转型中的作用》，《数量经济技术经济研究》2004 年第 12 期。

鄢显俊：《互联网时代的全球化：缘起及经济特征》，《世界经济与政治》2003 年第 4 期。

鄢显俊：《信息垄断：信息技术革命视阈里的当代资本主义新变化》，博士学位论文，云南大学，2010 年。

杨继国：《货币资本回流规律与虚拟经济危机》，《当代经济研究》2013 年第 5 期。

杨继军、范从来：《"中国制造"对全球经济"大稳健"的影响——基于价值链的实证检验》，《中国社会科学》2015 年第 10 期。

杨叔子：《先进制造技术及其发展趋势》，《中国科技信息》2004 年第 13 期。

杨志、赵秀丽：《网络二重性与资本主义生产方式新解——网络经济与生产方式关系研究系列之一》，《福建论坛》（人文社会科学版）2008 年第 7 期。

杨志、赵秀丽：《网络二重性与资本主义生产方式新解——网络经济与生产方式关系研究系列之二》，《福建论坛》（人文社会科学版）2008 年第 10 期。

易明：《电子商务对流通渠道的影响分析》，《商业研究》2005 年第 1 期。

尹斌：《金融资本主义的危机与中国发展战略》，《国外理论动态》2011 年第 12 期。

余福茂、孙晓莉：《电子商务驱动产业集群供应链协同机制案例研究》，《科技管理研究》2018 年第 2 期。

袁辉、陈享光：《金融主导积累体制视角下的现代危机》，《当代经济研究》2012 年第 7 期。

翟斯：《马克思的生息资本理论与当代资本主义金融化——基于虚拟资本积累视角的考察》，《哲学动态》2017 年第 2 期。

张德育：《知识和知识产品不能混淆——兼与王鹏程商榷》，《经济学动态》1985 年第 8 期。

张建军、赵启兰：《基于"互联网+"的产品供应链与物流服务供应链联动发展的演化机理研究——从"去中间化"到"去中心化"》，《商业经济与管理》2017 年第 5 期。

张建云：《大数据互联网与物质生产方式根本变革》，《教学与研究》2016 年第 11 期。

张俊山：《"前生产阶段"——现代资本积累的新领域》，《福建论坛》（人文社会科学版）2008 年第 1 期。

张世琦：《互联网信息技术革命背景下人类生产方式变革》，硕士学位论文，沈阳师范大学，2015 年。

张彤玉、李强:《当前国际金融危机的成因、性质和趋势》,《中国人民大学学报》2009 年第 4 期。

张小茜、任莉莉、朱佳雪:《互联网金融及其监管对传统银行的溢出效应》,《财贸经济》2023 年第 8 期。

张宇、蔡万焕:《金融垄断资本及其新阶段的特点》,《中国人民大学学报》2009 年第 4 期。

章连标、杨小渊:《互联网金融对我国商业银行的影响及应对策略研究》,《浙江金融》2013 年第 10 期。

赵峰、陈诚:《金融化时代的金融利润来源:一个马克思主义的"三维剥削"视角》,《财经科学》2022 年第 1 期。

赵峰、田佳禾:《当前中国经济金融化的水平和趋势——一个结构的和比较的分析》,《政治经济学评论》2015 年第 3 期。

赵振:《"互联网+"跨界经营:创造性破坏视角》,《中国工业经济》2015 年第 10 期。

郑礼肖:《马克思主义政治经济学视域下数字劳动的含义辨析》,《理论月刊》2021 年第 8 期。

郑联盛:《中国互联网金融:模式、影响、本质与风险》,《国际经济评论》2014 年第 5 期。

郑联盛、刘亮、徐建军:《互联网金融的现状、模式与风险:基于美国经验的分析》,《金融市场研究》2014 年第 2 期。

周宇:《互联网金融:一场划时代的金融变革》,《探索与争鸣》2013 年第 9 期。

《信息化要警惕新的"拜物教"》,《求知》2002 年第 3 期。

[美] 查尔斯·杜西格基斯·布拉德舍尔:《美国"苹果"为何只能"中国制造"?》,观察者网 (https://www.guancha.cn/TMT/2012_01_31_64834.shtml)。

[美] 斯蒂芬·雷丝尼克、理查德·沃尔夫:《经济危机:一种马克思主义的解读——兼与凯恩斯主义经济学和新古典主义经济学比较》,《国外理论动态》2010 年第 10 期。

[英] 考斯达斯·拉帕维查斯:《金融化了的资本主义:危机和金融掠夺》,李安译,《政治经济学评论》2009 年第 1 期。

二 英文参考文献

Allen, F., J. McAndrews, P. Strahan, "E-finance: An *Introduction*", *Journal of Financial Services Research*, 2002 (22).

Allen, H., Hawkins, J., Sato, S., "Electronic Trading and Its Implications for Financial Systems", *BIS Papers Chapters with Number* 07 – 04, November, 2001.

Bakos J., "Toward Managers Model for E-business Strategy Decision", *Journal of General Management*, 2005 (4).

Baldwin, C. Y, Clark, K. B., "Managing in an Age of Modularity", *Harvard Business Review*, 1997 (32).

Carnoy, *Sustainable Flexibility: Work, Family and Community in the Information Age*, Cambridge, MA: Harvard University Press, 2000.

Charles, C. P., Michael B., *E-Supply Chain*, Ikrrett-Kcchler Publishers, Inc. 2000.

Crotty, J., "The Neoliberal Paradox: The Impact of Destructive Product Market Competition and 'Modern' Financial Markets on Nonfinancial Corporation Performance in the Neoliberal Era", in Epstein, G. ed., *Financialization and the World Economy*, Cheltenham, Edward Elgar, 2005.

Elizabeth M. Daniel, David J. Grinshaw, "Development of an Electronic-business Planning Model for Small and Medium-sized Enterprises", *International Journal of Logistics Research and Applications*, 2003 (4).

Flecker, Jörg, Haidinger Bettina, Schönauer Annika, "Divide and Serve: The Labour Process in Service Value Chains and Networks", *Competition & Change*, Vol. 17, No. 1, 2013.

Gary Gereffi, John Humphrey, Timoth Sturgeon, "The Governance of Global Value Chains", *Review of International Political Economy*, Vol. 12, No. 1, 2005.

Gary Gereffi, "International Trade and Industrial Upgrading in the Apparel Commodity Chain", *Journal of International Economics*, Vol. 48, No. 1, 1999.

Hardt, M., Negri, A., *Multitude: War and Democracy in the Age of Empire*, London: Hamilton, 2004.

Lapavitsas, Costas, "Financialised Capitalism: Crisis and Financial Expropriation", *Historical Materialism*, 2009, 17 (17).

Lazonick, W., M., O'Sullivan, "Maximizing Shareholder Value: A New Ideology for Corporate Governance", *Economy and Society*, Vol. 29, No. 1, 2000.

Martin Christopher, *Logistics and Supply Chain Management*, London: Pirmin Publishing, 1998.

Martin Sokolm, *Economic Geographies of Globalization*, Cheltenham: Edward Elgar Publishing, 2011.

Martin Sokolm, "Towards a 'Newer' Economic Geography? Injecting Finance and Financialisation into Economic Geographies", *Cambridge Journal of Regions, Economy and Society*, Vol. 6, No. 3, 2013.

Mckinsey & Company, "Mapping Global Capital Markets", Fourth Annual Report, January 2008.

Michael Wallance, David Brady, "Globalization or Spatialization? The Worldwide Spatial Restructuring of the Labor Process", in Terrence McDonough, Michael Reich, David M Kotz ed., *Contemporary Capitalism and Its Crises: Social Structure of Accumulation Theory for the 21st Century*, New York: Cambridge University Press, 2010.

Mishkin, F., P. Strahan: "What Will Technology Do to the Financial Structure?", NBer Working Paper, 1999.

Susan McGrath-Champ, Al Rainnie, Graham Pickren, Andrew Herod, "Global Destruction Networks, the Labour Process and Employment Relations", *Journal of Industrial Relations*, Vol. 57, No. 2, 2015.

Seyhold, "How to Be an E-survivor in Current Economic Climate: E-commerce Strategies and Tactics to Adopt for Success", *Journal of E-Business*, Vol. 2, 2002.

Sturgeon, T. J., "Modular Production Networks: A New American Model of Industrial Organization", *Industrial and Corporate Change*, Vol. 11,

No. 3, 2002.

Sweezy, P., "Economic Reminiscences", *Monthly Review*, Vol. 47, No. 1, 1995.

Toporowski, J., "Monetary Policy in an Era of Capital Market Inflation. Jerome Levy Economics Institute", Bard College Working Paper, 1999.

Ulrich, K. T., Eppinger, S. D., *Product Design and Development*, 1st ed. Boston: McGraw-Hill, 1995.

Ulrich, K. T., "The Role of Product Architecture in the Manufacturing Firm", *Research Policy*, Vol. 24, No. 3, 1995.

Vamsi Vakulabharana, "Merchant Capital in Neoliberal Capitalism: A Mere Appendage to Industrial Capital or a Determining Force?", *Studies in People's History*, Vol. 2, No. 1, 2015.

Wallance M., Brady D., "Globalization or Spatialization? The Worldwide Spatial Restructuring of The Labor Process", Contemporary Capitalism and Its Crises: Social Structure of Accumulation Theory for the 21st Century, 2010.

William Milberg, Deborah Winkler, "Financialisation and the Dynamics of Offshoring in the USA", *Cambridge Journal of Economics*, Vol. 34, No. 2, 2010.